U0903731

NATC 北京新世纪跨国公司研究所
Beijing New Century Academy on Transnational Corporations

2012 走向世界的中国跨国公司

2012 CHINESE TRANSNATIONAL CORPORATIONS

王志乐　主　编

丁继华　副主编

北京

图书在版编目（CIP）数据

2012走向世界的中国跨国公司/王志乐主编

北京：中国经济出版社，2012.3

ISBN 978-7-5136-0677-6

Ⅰ.①2… Ⅱ.①王… Ⅲ.①跨国公司—跨国经营—研究—中国 Ⅳ.①F279.247

中国版本图书馆CIP数据核字（2012）第035615号

责任编辑 孟庆玲

责任审读 贺 静

责任印制 张江虹

封面设计 白巢文

出版发行 中国经济出版社

印 刷 者 北京市人民文学印刷厂

经 销 者 各地新华书店

开　　本 787mm×1092mm 1/16

印　　张 18.25

字　　数 327千字

版　　次 2012年3月第1版

印　　次 2012年3月第1次

书　　号 ISBN 978-7-5136-0677-6/F·9242

定　　价 58.00元

中国经济出版社 **网址** www.economyph.com **社址** 北京市西城区百万庄北街3号 **邮编** 100037

本版图书如存在印装质量问题，请与本社发行中心联系调换（联系电话：010-68319116）

本书作者

王志乐　北京新世纪跨国公司研究所所长，联合国全球契约组织第十项原则专家组成员
撰写总报告“深化互利共赢强化合规管理”和专题报告“强化合规经营推动对外投资健康发展”

丁继华　北京新世纪跨国公司研究所研究咨询部副主任
参与总报告写作，负责本书统稿及 20 家公司案例编写

蒋　姮　博士商务部研究院副研究员，北京新世纪跨国公司研究所副所长
撰写“高冲突地区投资风险的再认识”、“跨国经营优势模式的重新定位及中国实践”；参与总报告写作

郭凌晨　博士北京新世纪跨国公司研究所研究咨询部副主任
撰写“国外支持企业国际投资经营的经验及其启示”；参与总报告写作

张广荣　商务部研究院副研究员
撰写“中国企业走出去的六大非市场风险及对策”

陈卫东　中国海洋石油总公司能源经济研究院首席能源研究员
撰写“唯改革唯创新才有未来”

王　炜　毕马威全球中国业务部总监
撰写“中国企业：成败并购”，与山东财政学院国际经贸学院吴共同撰写“中国与印度企业在欧洲跨国并购之比较及中国企业应对之策”

谢卫军　中国五矿集团公司办公厅副主任
撰写案例“海外履责创新经营打造世界一流金属矿产企业—中国五矿集团公司开展跨国经营的经历、战略及思考”

埃森哲　卓越绩效研究院
撰写“行百里半九十：中国企业通往国际竞争力之路”

前　言

从1992年以来，我们研究跨国公司整整20年了。开始我们研究的重点是进入中国的境外跨国公司。中国加入世贸组织以后，走向世界的中国跨国公司逐渐成为我们的研究重点。

中国企业对外投资的快速发展始于中国加入世贸组织。入世最初两年中国企业对外投资并不多。2002年和2003年中国企业对外投资不到30亿美元。入世5年后中国企业对外投资急剧放大。近4年来，中国企业每年对外投资金额都在600亿美元左右。入世十年中国企业对外投资一共达到3124亿美元。中国跨国公司已经成为全球成长最快的跨国公司群体。

2004年，我们编辑出版了《走向世界的中国跨国公司》，对当时出现的一批中国跨国公司对外投资的案例进行了研究。2007年，我们编辑出版了第二本《走向世界的中国跨国公司》。书中选录了20多个对外投资案例。5年后的今天，我们又编撰了第三本《走向世界的中国跨国公司》。

如果把2004年、2007年和今年三本书的案例做一对比，我们不难发现，与前两本书相比，本书发表的21个中国跨国公司对外投资案例的投资规模明显放大，投资成功率也明显提高。更加值得注意的是，一些中国企业在跨国经营实践中制定了清晰的全球战略，承担了全面的全球责任。正是在跨国经营实践中，中国企业出现了一批具有全球视野的跨国经营的领军人物。

发达国家的跨国公司已经有几十年甚至上百年发展历史。冷战结束以后，全球市场形成以来，传统的跨国公司已经或正在转型为全球公司。他们为适应经济全球化潮流调整了全球战略，完善了全球管理和治理结构，提升了全球责任理念。中国跨国公司刚刚走出国门，面临的是全球化时代新的竞争环境和新的竞争规则。中国跨国公司不得不从跨国经营直接迈向全球经营。我们不少企业缺乏适应全球竞争和经营所需要的全球战略、全球管治结构以及全球责任理念。

中国企业面临这些问题主要是由于对外投资缺乏实践经验所致。中国企业真正大规模对外投资始于入世后，特别是最近4年。在这么短的时间里开始了如此大规模的对外投资，出现这样那样的困难，遭受这样那样的挫折并不奇怪。我们面临的问题在于如何正视面临的挑战，创新对外投资的理论，并在此基础上，借鉴国际跨国公司的经验和中国其他企业的经验，创新对外投资的实践。

近年来，中国跨国公司在跨国经营的理论和实践上都在不断创新。我们有必要回顾中国跨国公司最新的发展，总结他们在理论和实践方面的创新，从而促进更多的跨国公司从中国走向世界。本书通过案例研究，初步总结了一批中国跨国公司的跨国经营的理论和实践。

我们发现，那些成功地走向世界的中国跨国公司往往都制定了适应经济全球化发展的跨国经营战略。他们认识到，仅仅从本企业或本国经济发展需要出发对外投资难以被投资东道国接纳。企业对外投资战略必须贯彻互利共赢的原则。北大荒集团和新疆建设兵团为解决粮食安全问题而在海外开发了几十万亩甚至上百万亩耕地。在实践中他们认识到，在海外种粮不仅为了解决中国粮食安全，而且也是为了改善当地粮食供给。中国的粮食安全只有在全球粮食安全这个大系统中才能真正得到解决。他们的对外投资战略升华了，由此得到投资东道国的支持。

我们也发现，那些成功地走向世界的中国跨国公司往往都承担了全面的全球责任，强化了合规经营。2010 年 1 月 25 日，意大利总统纳波利塔诺将素有“意大利企业奥斯卡奖”美誉的“莱昂纳多奖”颁发给中联重工科技发展股份有限公司（中联重科）董事长詹纯新。詹纯新获此殊荣是由于他在中意经济合作中做出的重要贡献。中联重科在收购意大利 CIFA 公司过程中高度关注企业的责任。2008 年，金融危机席卷全球，相当多的跨国公司大幅裁员，但中联重科没有辞掉一名意大利员工，反而让 CIFA 在中联总部增加了一个生产车间。中意员工在同一个平台上工作，形成“厂中厂”模式，不仅化解了 CIFA 的用工压力，而且实现制造平台的共享，制造工艺的提升。

我们还发现，那些成功地走向世界的中国跨国公司不断创新对外投资方式，从而提高成功率。在我们研究的案例中，既有中国铝业联合美铝共同收购力拓股权的成功案例，也有上海汽车联合通用汽车共同在印度投资的成功案例，还有上工申贝收购德国公司后引入民企形成不同所有制企业合作投资成功的案例。

中国企业在对外投资实践中创造了许多成功的经验。中国企业需要学习和借鉴其他国家跨国公司对外投资的经验，更需要学习和借鉴其他中国企业的经验和教训。我希望这本书能够引起中国企业的关注，书中的成功案例能够为更多的企业借鉴。

在此我感谢为我们提供资料和接待我们访问的企业，感谢那些帮助我们的个人和单位。由于他们的大力协助，我们得以成功编写和出版本书。

王志乐
北京新世纪跨国公司研究所所长
联合国全球契约组织第十项原则专家组成员

目录 CONTENTS

一、总报告

二、专题报告

三、公司报告

总 报 告

深化互利共赢 强化合规管理

——中国企业对外投资的理论与实践创新

2011 年 12 月 11 日，中国加入世界贸易组织整整 10 周年了。“入世”10 年来，中国经济出现了全面融入全球经济和跨国公司大规模投资中国的态势。10 年中，我国共吸收外资近8 000亿美元。与此同时，中国企业对外投资迅速增长，达到3 124亿美元。特别是近 4 年来，中国企业每年对外投资额都超过 550 亿美元，成为国际投资中成长最快的跨国公司群体。

中国跨国公司虽然发展迅速，跨国经营的实践和理论都在不断创新，但总体来看，与老牌跨国公司相比，差距很大。随着对外投资额急剧增加，其经验不足的弱点日益突出，面临着越来越严峻的挑战。及时总结中国企业跨国经营的经验和问题，促进中国企业在走向世界的过程中健康、持续发展，是本报告研究的出发点。

一、中国企业对外投资新发展

中国企业对外投资的发展是在全球经济和全球跨国投资的大背景中出现的。尽管在 2008 年开始的国际金融危机导致全球跨国投资显著减少，但从 2011 年以来，全球外商直接投资正在缓慢回升，全球外商直接投资格局也在发生新的变化。

（一）全球跨境直接投资新发展

受全球经济危机的影响，全球外国直接投资（FDI）从 2007 年的19 790亿美元的峰值降到 2008 年的17 440亿美元，到 2009 年又下降到11 185亿美元。到 2010 年，全球外国直接投资有所回升，达到12 440亿美元，低于危机前平均水平 15 个百分点，比 2007 的峰值低 39 个百分点。2011 年上半年，全球 FDI 流入量比 2010 年同期增长2%。根据联合国贸易和发展组织数据，2011年全球外国直接投资(FDI)增长17%，达1.5万亿美元，超过了危机前3年的平均水平，有望在2013年接近2万亿美元的峰值。跨国公司持有大量的现金，全球范围内开展公司和产业重组，股票市值持续攀升，以及部分国家逐渐退出金融和非金融公司的股权，为世界各地公司创造了新的投资机会。

全球经济危机正在改变世界经济格局，全球外国直接投资出现了新的变化。

1. 发达国家跨境投资下降，新兴国家跨境投资上升

从2008年开始，欧洲一些国家出现主权债务危机，美国经济下滑，使投资者信心不断下降，发达国家的跨国并购数量减少，对外国投资流入量的需求强烈，对外国直接投资的流出量减少明显。

发展中国家和转型经济体较快的经济增长速度和在后危机时代释放出来的市场潜力，受到各国跨国公司的青睐，吸引了全球将近一半的国际投资流入量。联合国合国贸易和发展组织《2010—2012年世界投资前景调查报告》显示，世界前15个最具有吸引力的投资目的地中，有9个是发展中国家和转型经济体。

新兴经济体的外国直接投资流出量也达到了一个新的高度。2009年，新兴经济体的对外投资流出量占到全球FDI流出量的1/4。2010年，前20个国际投资国家中有6个来自发展中国家和转型经济体。与发达国家跨国公司相比，这些国家的跨国公司的对外直接投资呈强劲增长态势。预计到2012年，发展中国家和转型经济体将成为全球FDI最主要的投资来源地，有望成为全球FDI新一轮增长的动力源泉。中国、印度、俄罗斯将成为全球最具有投资潜力的对外投资者(见表1－1)。

表1－1　　2007—2010年按区域分列的外国直接投资流量　　单位：百万美元

区域	FDI流入量				FDI流出量			
	2007	2008	2009	2010	2007	2008	2009	2010
全球	1 970 940	1 744 101	1 185 030	1 243 671	2 174 803	1 910 509	1 170 527	1 323 337
发达经济体	1 306 818	965 113	602 835	601 906	1 829 044	1 541 232	850 975	935 190
发展中经济体	573 032	658 002	510 578	573 568	294 177	308 891	270 750	327 564

资料来源：《2011年世界投资报告》，www.unctad.org/diae

2. 低碳产业在跨境投资中日益受到重视

全球经济危机引发了各国对经济发展方式的反思与调整，努力寻求新的经济增长点和竞争优势成为各国经济发展面临的迫切问题。通过发展低碳经济相关产业来增加就业和复苏经济；通过加大投资绿色经济领域，如风能和太阳能、节能建筑、有机农业等；通过技术创新占领未来经济的制高点，成为各国产业调整的方向。美国政府提出“再工业化”与实施绿色新政，推动了美国经济发展方式的转变；欧盟也提出了“绿色经济”计划，制定了欧盟发展低碳技术的“路线图”；英国把绿色经济确定为国家发展战略，发布了《英国低碳转换计划》文件。

低碳经济给外国直接投资带来新的商业机会，各国通过出台相关政策，建立新的经济园区，引导外国投资进入可再生能源领域，节能环保领域。在传统产业中的低碳投资以及跨国公司通过非股权方式参与低碳投资方面，伴随着世界向低碳经济的转型，跨国低碳投资潜力巨大。

联合国世界投资报告(2010)呼吁，为了确保国际投资协定为缓解气候变化做出贡献，在今后的国际投资协定中引入有利于气候的条款(如促进低碳投资的内容，环境例外规则)，以及达成多边谅解，以确保现有国际投资协定与气候变化等方面的全球和国家政策动态相一致。

3. 非股权经营模式的发展成为跨境投资的新特征

《2011 年世界投资报告》指出，非股权经营模式正呈现出良好的发展前景。非股权经营模式包括合同制造、服务外包、订单农业、特许经营、技术许可、管理合同等。借助这样的模式，跨国公司可以在不拥有东道国企业股权的情况下掌控企业的生产经营活动，从而协调全球价值链。据联合国贸易发展组织估算，全球范围内跨境非股权经营模式在 2010 年创造了超过 2 万亿美元的销售额。其中，合同制造与服务外包贡献了其中的 1.1 万亿 ~ 1.3 万亿美元，特许经营额约为3 300亿 ~ 3 500亿美元，技术许可经营总额3 400亿 ~ 3 600亿美元，管理合同总额达到了 1 000亿美元，订单农业也遍布全球 110 多个国家。几乎在所有的行业中，非股权经营模式的增长速度均好于其所在行业的总体增长水平。

4. 跨境投资中跨国并购反弹绿地投资下降

跨国并购和绿地投资是企业对外直接投资的主要方式。2010 年跨国并购总额是 2007 年历史最高位时的 1/3，但与 2009 年同比上升了 36 个百分点。而作为国际直接投资的主要模式，绿地投资的项目数则再次减少。不过，绿地投资在

2011 年前 5 个月的投资额与项目数均与 2010 年同比有明显增长(见图 1－1)。

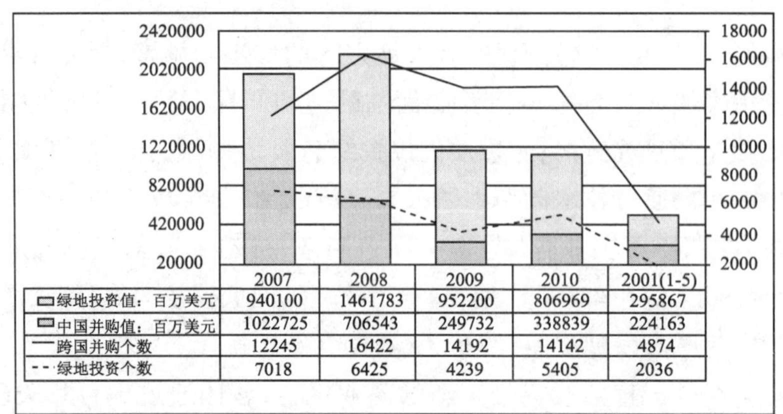

	2007	2008	2009	2010	2001(1-5)
绿地投资值：百万美元	940100	1461783	952200	806969	295867
中国并购值：百万美元	1022725	706543	249732	338839	224163
跨国并购个数	12245	16422	14192	14142	4874
绿地投资个数	7018	6425	4239	5405	2036

图 1－1　2007—2011 年前期全球跨国并购与绿地投资，其中，绿地投资是 2011 年 1—4 月份

资料来源，根据 UNCTAD，《2011 年世界投资报告》

按照全球经济发展规律，经济危机后，全球产业结构调整会加快，企业间兼并重组会加速进行，全球会出现新的并购浪潮。新一轮全球并购浪潮出现的原因会与当前资金流动性过剩有相当大关系。特别是 2010 年 11 月美国推出的第二轮量化宽松政策，造成全球流动性泛滥。另外，企业并购成为企业富余资金的一个优先出路。

5. 强化负责任的商业行为成为跨境投资新趋势

跨国公司通过投资并带动全球价值链发展，通过全球商业活动影响全球社会和环境。企业在跨国经营中，不仅要承担经济责任，还要对当地经济社会、民生改善、环境保护承担责任。同时，基于跨国公司对产业链有重要的影响力和带动力，还需要对供应链上企业的公司责任进行有效管理和监督，这是后金融危机时代公司责任发展不可避免的趋势。通过对供应链上企业的社会责任进行有效管理，可使得供应链上的企业获得良好的声誉和长期的友好合作，并获取稳定持久的竞争优势，进而提高供应链的整体竞争力。

跨国经营需要重点关注在投资者和东道国中取得权利和责任的平衡。要求公司不仅在母国承担责任，还要在东道国承担责任，即全球经营要承担全球责任。当前跨国经营对公司责任提出了许多挑战，最主要的挑战来自于公司按照公司责任标准制定的内容去实施。后危机时代，对外投资中应该更多体现负责任的跨国经营行为，为推动企业和当地社会可持续发展做出贡献。

（二）中国企业对外投资新发展

国际金融危机也给中国经济发展带来了深远的影响。整个经济增长下行的压力增加，经济结构调整、产业升级的迫切性日益突出，充足的现金资本促使国内企业加快对外投资。在“十二五”时期，中央政府提出吸引外资与对外投资并重，通过国际投资合作促进开放型经济体系的建设。

近年来，在全球经济危机背景下，中国企业对外直接投资逆势而上，对外投资数量保持了较快的增长。

1. 中国企业对外投资发展

从1990—2011年以来，中国企业对外投资年均增长达24%。从中国对外直接投资流量统计来看，自2003年开始，中国对外投资流量持续增长，2005年中国对外直接投资流量达到122.6亿美元，比2004年增长了一倍。2008年达到559.1亿美元，比2007年265.1亿美元增长了一倍。据商务部统计，2011年中国企业对外非金融类直接投资，累计实现直接投资600.7亿美元，同比增长1.8%（见图1－2）。

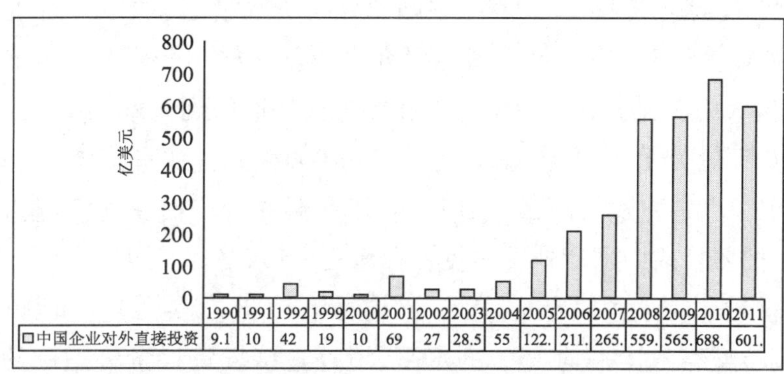

	1990	1991	1992	1999	2000	2001	2002	2003	2004	2005	2006	2007	2008	2009	2010	2011
□中国企业对外直接投资	9.1	10	42	19	10	69	27	28.5	55	122.	211.	265.	559.	565.	688.	601.

图1－2　中国企业对外直接投资统计

数据来源，历年中国对外直接投资公报

2. 中国企业对外投资前景分析

2010年中国的对外直接投资首次超过日本，达到创纪录的680亿美元，位居世界第五。截至2010年底，中国13 000多家投资者设立境外企业1.6万家，对外直接投资存量累计3 172亿美元。未来一段时间，中国企业海外投资的加速发展的趋势将得到延续。

第一,对外投资还有相当大的提升空间

中国对外直接投资存量与GDP之比从2003年的2.0%保持逐年上升的势头,到2008年达到3.4%,2010已经达到5.1%。从世界各国对外投资与各国GDP的比重来看,中国对外直接投资存量占GDP的比重还不到世界平均水平,比发展中经济体的平均水平低10个百分点,这与中国吸引外资、经济总量很不相称。

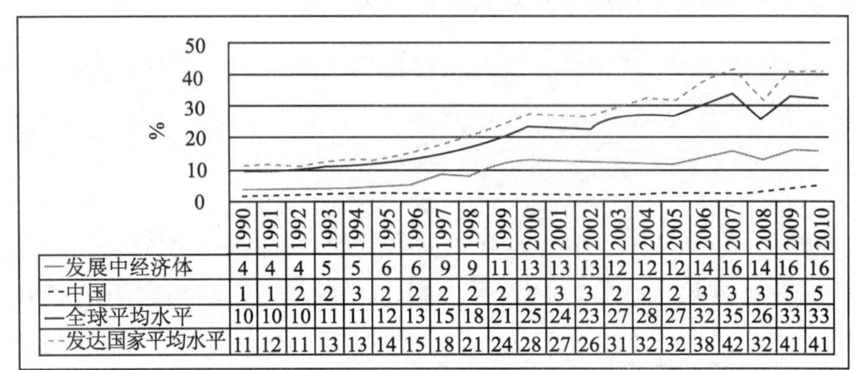

	1990	1991	1992	1993	1994	1995	1996	1997	1998	1999	2000	2001	2002	2003	2004	2005	2006	2007	2008	2009	2010
—发展中经济体	4	4	4	5	5	6	6	9	9	11	13	13	13	12	12	12	14	16	14	16	16
--中国	1	1	2	2	3	2	2	2	2	2	2	3	3	2	2	2	3	3	3	5	5
—全球平均水平	10	10	10	11	11	12	13	15	18	21	25	24	23	27	28	27	32	35	26	33	33
--发达国家平均水平	11	12	11	13	13	14	15	18	21	24	28	27	26	31	32	32	38	42	32	41	41

图1-3　中国与世界经济体的对外直接投资存量与当年的GDP占比

数据来源:根据UNCTAD,《2011年世界投资报告》

随着融入全球经济程度的加深,中国对外投资数量还会加大。根据亚洲协会美中关系中心与伍德罗·威尔逊国际研究中心基辛格中美研究所发布的特别报告《敞开美国大门·充分利用中国海外直接投资》预计,到2020年,中国的GDP可能会超过20万亿美元,或人均GDP将达到14 000美元。如果传统的GDP与对外直接投资的比例关系成立,那么今后10年中,即使按保守估计,境外直接投资也将迅猛增长。按照目前中国对外直接投资存量占GDP5%的低比例计算,到2020年新增对外直接投资将达到1万亿美元(平均每年1 000亿美元)。如果中国的这个比例上升到转型经济体平均15%的水平,境外直接投资存量将达到约3万亿美元,或平均每年对外投资约3 000亿美元。基于这样的估算,到2020年,中国的境外直接投资存量会达到1万亿到2万亿美元之间。

第二,对外投资可以获得优质资产

境外优质资产大幅缩水,企业投资并购优质资产的机会增多,投资成本降低,交易条件改善,国际技术资产价格下降,出售现象增多,这是国际金融危机给中国企业整合海外资源提供的难得的机会。部分中资企业已强化了海外技术资源投资与合作;国际上部分知名品牌出现了经营困难或陷入资金周转困难,为中资企业低成本整合提供了条件;国际原油、天然气、铜、铁矿石等资产和股票价格大幅度下降,也为中国企业对外投资的发展带来重大机遇,部分中资企业已强化了海外收购、参股及其他形式的能源、资源合作；受金融危机影响，跨国公司普遍执行瘦身计划，境外高端人才价格大幅度缩水，为中资企业整合海外人才提供了良好的环境。

第三，对外投资可以寻求新的增长点

随着人民币不断升值，中国企业在海外并购资产更便宜，为企业收购海外资产降低了成本。国际金融危机正在加快人民币国际化进程，人民币国际化对企业海外投融资提供便利，大大拓宽了企业利用资金的渠道，降低筹集资本或进行资本交易的成本，提高投融资效率。

近年来，国内投资条件在不断变化，国内企业资金相对充裕，投资需求较强。在国内，企业越来越难找到产生高效益的优质投资机会，包括房地产开发在内的一些"泡沫资产"类别投资过度，对外投资却可以产生新的利润来源。中国国际贸易促进会2011年4月公布的《中国企业对外投资现状及意向调查报告（2008—2010）》显示，今后2～5年，88%的企业将显著增加投资并适度增加海外投资，反映出企业在未来一定时期内对外投资的意愿比较强烈。

3. 中国企业对外投资能力不断增强

自2002年开始，中国对外投资流量持续增长。在整个"十一五"时期，中国对外直接投资（非金融类）流量合计是2 166亿美元。这些年来，企业对外投资能力在不断增强。商务部确定的"十二五"商务发展主要任务和重点工作，要保持对外直接投资年均增长17%左右，5年累计5 600亿美元，"引进来"与"走出去"规模大体相当。

第一，交易额度增大与成功率提高

据相关统计数据，2009年中国企业共完成38起海外并购交易，披露价格的30起并购事件总金额达到160.99亿美元①。其中，资源开发领域的并购活动不仅频繁而且交易规模较大。例如，中石化收购瑞士Addax石油公司（72.4亿美元）、中石油收购新加坡石油公司（10亿美元）、五矿有色收购澳大利亚OZ矿业公司主要资产等并购项目，其规模均超过10亿美元。

2010年，中国企业共完成57起海外并购交易，披露的并购金额达到131.95亿美元，与2009年海外并购38起相比，同比增长50.0%。② 大型的并购案例有，中石化集团国际石油勘探开发有限公司出资71.09亿美元增资Repsol巴西子公司。浙江民营企业吉利控股出资总价约为18亿美元收购沃尔沃。

① 付碧莲．中国海外并购"四大悬念"贯穿2010［N］国际金融报，2010－1－21.

② 2010年中国十大并购交易［OL］福布斯中文网，http://www.forbeschina.com/review/201101/0007083.shtml.

金融数据提供商 Dealogic 的统计数据显示,2011 年中国企业海外并购金额前10 名中,能源行业并购占 8 起。其中,中石化海外并购 4 起,中海油 1 起。10 大并购案例涉及的并购金额总和高达 277.43 亿美元,其中单笔并购金额在 20 亿美元以上的 7 起(见表 1－2)。

表 1－2　　2011 年中国企业海外并购金额前 10 名排行榜

公告日期	状态	被并购方	并购方	并购金额(亿美元)
2011.11.11	未完成	葡萄牙油企高普巴西子公司 30% 股权	中国石油化工集团	48.00
2011.12.22	未完成	葡萄牙电力公司 EDP21.35% 股权	中国三峡总公司	35.26
2011.12.12	未完成	中国燃气(384.HK)95.78% 股权	新奥能源(52.68%)中国石油化工集团	34.28
2011.8.10	已完成	法国燃气苏伊士集团旗下从事油气勘探开发和生产业务子公司 30% 股权	中国投资公司	32.73
2011.10.9	已完成	加拿大油气生产商日光能源公司	中国石油化工集团	28.98
2011.1.11	已完成	挪威硅生产商埃肯公司	中国化工集团	21.73
2011.12.23	已完成	澳大利亚罗斯特煤炭公司	兖矿集团	20.88
2011.9.2	已完成	巴西矿冶公司 15% 股权	中信集团、首钢集团、太原钢铁、上海宝钢、鞍山钢铁	19.50
2011.7.20	已完成	加拿大油矿开发商 POTI	中国海洋石油总公司	18.42
2011.2.25	已完成	澳大利亚太平洋液化天然气公司 15% 股权	中国石油化工集团	17.65

资料来源:财新网(http://www.caixin.cn)

第二,跨国并购整合能力增强

经历30 年的对外开放,中国企业与外资企业进行合资、合作等,积累了境外投资合作的经验,对外投资能力得到了提升。这些年来,一些中国企业通过对外投资和跨国经营,也在不断地总结积累与分享传播经验,对对外投资有了更好的理解,也更容易获得成功。

许多企业在对外投资中,积极利用当地的资源,在当地开展市场营销,组建当地的销售网络,实现了市场营销本土化;雇佣当地的人员,实现了管理人才的本土化;在投资所在国进行资本募集,有条件的选择在海外发行股票,实现了资本运作的本土化；与当地的供应商建立密切合作关系，实现了供应链的本土化。万向集团就地取材，开展本土化经营，它的企业哲学就是：收购美国企业，让它们自己运作，让竞争对手变成自己的合作对象。

跨国并购成为中国企业对外投资的主要方式，并购后的整合成为并购是否最终成功的关键。并购整合涉及并购与被并购双方企业的管理、人力资源、销售、品牌、文化等各个方面。2005 年联想并购 IBM PC 业务部门，两年后实现扭亏为盈。2008 年，受国际金融危机的影响，企业再次出现亏损。直到 2011 财年，联想才实现了赢利。在国际金融危机后，联想还能实现赢利，因为联想在并购 IBM PC 后，对双方的人力资源、销售渠道、两大品牌之间进行了相对成功的整合。

跨国并购中文化整合是关键。通过并购意大利 CIFA 公司中联重科董事长詹纯新总结了企业文化整合的内容。他认为包容、共享、责任是中国企业融入国际经济的新姿态。包容就是尊重、理解和主动适应。中西方文化存在很大的差异，这种差异会成为企业国际化发展的重大障碍。清除障碍最需要的是包容。因为你是“外来物种”，只能通过改变自己，来融入当地人文。如果不能放低姿态，所有的人都将是你的“天敌”。共享意味着坦诚和开放，意味着合作与共赢。国际化不是经济殖民，不是文化殖民，不是谁买下谁、谁征服谁，而是树立共同的愿景，形成共同的利益体，谋求共同的发展。责任意味着要在当地做一个好的企业公民，也意味着承担更多的应尽的责任。责任往往是交互的、成双成对的。企业对员工负责，员工必然对企业负责，从而演化为一种双向承诺。

跨国并购要密切关注全球产业发展趋势。中国企业往往缺乏核心技术，希望通过跨国并购获得技术。企业有时为了获得核心技术，在没有对全球产业发展趋势做出正确判断的情况下，就盲目实施跨国并购，容易出现问题。TCL 在实施跨国并购后，由于并购后企业系统转型与全球彩电市场重大产业转型的“双波”共振使得 TCL 曾经一度出现大幅度的亏损，经历两年的卧薪尝胆，到 2008 年 TCL 扭亏为赢，实现健康发展。

跨国并购后要注重与母国企业协同互动。企业并购的一个主要目的就是产生协同效应，这就要求企业对并购企业进行有效互动，充分发挥整体效益。上工申贝并购 DA 公司，其战略规划是，先利用 DA 公司的先进技术和研发能力，在上海建立 DA 制造和 DA 销售，然后逐步把欧洲的技术和研发能力向中国转移，实现欧亚联动。但金融危机打乱了上工申贝的计划。上工申贝通过增加企业收入、降低成本，引入战略投资者，成功地渡过了危机。

在总结教训时，上工申贝认为，如果并购后通过向国内快速转移技术和研发，建立起竞争优势，并占领国内市场，受到的冲击就会小得多。

4. 从被动接受到主动应对国际规则

WTO 的一个重要原则是在海外投资要透明化，要求企业在合法的前提下，能够做到创新、增加实力，公开透明。华为在国际化过程中，始终打不开美国电信市场，遭到了美国国家安全机构的审查，政治团体的反对，外国媒体的炒作等。在与英国电信运营商的合作中，对方就对华为的管理提出了很多批评性建议。这其中一个主要原因就是华为在海外投资时企业的透明化上做得不够好。华为是一个非上市公司，它的财务与管理都还没有相当的透明性，在海外一直都有一种说法是该企业有中国军方背景，在美国实施并购会影响美国国家安全。尽管华为高管多次出面批驳华为没有影响美国国家安全，并强调严格遵守全球安全标准，但是还是遭到挫折。

今天，国际投资体系变得越来越庞大和复杂，以至于政府和投资者到了难以应对的程度。据联合国贸发组织统计，当前的国际投资协定多达数千个，而且许多协定和多边争端调节机制尚在谈判中。中国的企业在进行海外投资时必须要遵循国际的和双方或多边的投资规则，才能够提升中国投资方的水平、标准、实力。比如，与有关国家签订经济合作、投资保护、海关互助合作、避免双重征税协定。司法协助、领事条约、社会保险、检验检疫等政府间双边协定，减少和排除境外贸易投资壁垒。

加入世贸组织的 10 年中，中国企业对外投资在加快的同时，对 WTO 规则有了深入的了解，遵守国际规则意识也在增强。在对待国际规则态度上发生了转变，从过去对外投资不太重视国际规则，对一些国际规则理解不到位，对投资所在国的环境、文化等不够熟悉，到现在更加重视国际规则，对国际投资环境更加关注，主动参与国际论坛，应用投资所在国的法律和国际性的规则来为自己创造条件。比如，国内有一些企业通过加入联合国全球契约组织，发布社会责任报告等，通过向国际社会做出负责任的承诺，大大地提升了企业的国际形象。

二、中国企业对外投资面临的新挑战

中国企业对外投资机遇增加，对外投资能力增强。但是，与西方发达国家 200 多年跨国经营的历史相比，中国企业对外投资经营只有 30 多年的历史，还处在对外投资的初期阶段。金融危机后，中国企业对外投资面临严峻挑战，全球商业合规潮流的兴起、部分地区冲突不断和高风险地区投资的复杂性等更增加了中国企业对外投资的风险。

(一)缺乏适应全球发展的对外投资战略

在经济全球化潮流推动下,全球企业界发生了巨大的变化,其中最引人注目的是跨国公司(Transnational Corporations)向全球公司(Global Corporations)的转型。

一批跨国公司从过去的多国经营转向全球经营。他们或者在全球最适宜的地点设置采购中心、制造组装中心、研究开发中心,或者把价值链若干环节外包,或者通过并购其他企业,打造全球产业链,全球经营成为企业经营的常态。

当一个公司超过一半的资产在海外,超过一半的收入来自海外,超过一半的雇员在海外就业时,海外利益成为企业主要来源,海外经营成为公司经营的重心。海外经营的重要性不断上升,母国经营的重要性则相对下降。这种情况在瑞士、荷兰等小国的跨国公司中,例如飞利浦、诺基亚、雀巢、ABB 等公司中特别明显。

由于全球公司的全球化程度大大提高,公司的战略、管理架构和经营理念也都进行了相应的调整。管理架构从母国为中心辐射若干国家子公司的中心辐射式的结构转变为多中心多结点的网络管理模式。经营理念也从股东价值最大化向全球责任转变(见表 1-3)。

表 1-3　全球最大 100 家跨国公司全球化程度的变化　单位:%

	1994	1999	2010
海外资产占总资产比例	41.1	41.7	62
海外销售占总销售比例	45.6	49.2	64
海外雇员占总雇员比例	43.6	45.6	56

注:根据历年《世界投资报告》整理,1994 年资产栏数字是 1995 年的。

根据《2011 年世界投资报告》数据显示,进入世界最大的 100 家非金融类跨国公司排名的跨国指数平均值约 60.0%。进入世界最大的发展中国家跨国公司排名的 100 家公司的跨国指数平均值高达 52.1%,其中俄罗斯有 9 家跨国公司入榜,它们的跨国指数平均值约 33.0%;新加坡 8 家跨国公司入榜,它们的跨国指数平均值高达 67.4%;南非 8 家跨国公司入榜,它们的跨国指数平均值 52.7%;中国台湾的 13 家跨国公司入榜,它们的跨国指数平均值是 53.2%;中国香港 18 家跨国公司入榜,它们的跨国指数平均值 74.0%;印度 7 家跨国公司入榜,他们的跨国指数平均值是 50.1%;中国 9 家跨国公司入榜,它们的跨国指数平均值是 24.5%。

中国跨国公司的跨国指数相对较低,像中石油的跨国指数还不到 3%,说明在全球范围内配置资产、全球市场份额占有和全球人才使用等方面与全球公司的差距巨大(见表 1-4)。

表 1-4　中国进入世界最大的 100 个发展中国家的跨国公司排名跨国指数

	资产		销售		雇员		跨国指数(%)
公司	海外	总量	海外	总量	海外	总量	
中信集团	43 814	315 433	10 878	30 605	25 285	125 215	23.2
中远集团	28 092	36 287	18 354	27 908	4 207	71 584	49.7
中石油	11 594	325 327	4 732	178 343	29 877	1 585 000	2.7
中化集团	8 124	25 132	27 492	35 577	225	42 282	36.7
中海油	6 648	75 913	4 898	30 680	1 739	51 000	9.4
联想	3 957	8 956	8 713	16 605	5 130	22 205	39.9
中铁建	3 580	41 444	3 265	50 501	20 426	209 103	8.3
中兴	3 017	10 173	4 372	8 823	21 821	70 345	36.7
中国五矿	2 352	18 889	3 994	24 956	12 535	100 656	13.6

数据来源:《2011 世界投资报告》附表 30。

中国企业在建立全球网络和全球价值链的过程中处在低附加值阶段,不能用全球的资源经营高附加值业务。许多企业在跨国经营时,缺乏清晰的战略规划,在向海外扩张时没有清晰的战略重点,缺少详尽的市场调查和论证,一些投资决策带有浓厚的机会主义色彩,从而导致战略失误。还有一些企业,依托国内市场的垄断优势,在国内往往可以低价获得许多能源、矿产资源,对外投资的动力不足,缺乏长远眼光。有些企业对外投资,不计成本不考虑风险,结果也相当不理想。

(二)缺乏适应全球化经营的管治结构

中国跨国公司在企业现代治理和现代管理方面与全球先进的跨国公司相比差距也很大。

1. 缺乏适应全球化经营的企业治理结构

1990 年代以来,跨国公司国际化的深入发展,股权结构出现了变化,海外股东逐渐增加,国际持股比例不断攀升,全球化程度越来越高。在企业治理方面,很多跨国公司引入了不同国家或地区的专业人士担任企业的独立董事,从而建立具有真正意义上的国际化董事会,为企业有效进行战略管理和科学决策提供制度保障。我国一些企业在海外投资时,注意学习国际先进经验,取得较好成效。如:

中远集团旗下的中远太平洋、中远国际和中国远洋等三家公司在香港联交所相继上市。2003 年,中远太平洋成为第一家晋升香港恒生指数成分股(蓝筹股)的中资航运公司。2004 年 3 月 1 日，中远投资成为新加坡海峡时报指数成分股。通过国际化的资本运作，不但为中远筹集到了宝贵的发展资金，而且促使中远建立了国际化的管治机制，实现了股东、社会、企业价值三个回报最大化的目标。

但是，大量走出去的国有企业在现代公司治理方面依然存在问题。国有企业改革发展最大难点是建立完善的现代公司治理制度，这是现代企业核心竞争力的关键。走出去的国有企业的管理决策中心一般设在国内，很难及时了解和准确判断企业在海外的经营情况。在国有企业内部往往又未能形成清晰的利益机制、决策机制和监督机制，造成对外投资重大项目失败概率较大。这些年媒体曝光的中央企业对外投资失误的案例也不少见。

民营企业的治理结构、管理制度、行为规范也需要在海外投资经营中不断调整，以适应更复杂、更具挑战性的经营环境。大多数民营企业的所有者和经营者就是创业者个人，决策权全部掌握在一个人手中，决策程序很难做到科学、规范。

2. 缺乏适应全球化经营的企业管理结构。

当前，全球各大跨国公司的管理结构已经从过去的中心辐射式管理调整到全球网络式管理。各个区域拥有不同的管理权限，能够及时对不同的市场情况做出准确判断，在集权与分权间取得了有效的平衡和协调。

中国的跨国公司基本上还是以母国为中心辐射若干国家子公司的中心辐射式的管理模式，即公司总部拥有绝对的决策控制权。这样的管理模式很难适应当今世界高度复杂的经济环境和快速变化的市场环境，很难在国际竞争中做出快速决策，科学管理。

（三）缺乏适应全球发展的企业责任理念

全球公司承担的责任从过去的股东价值最大化提升到强化包括股东、社会和环境责任在内的公司责任体系。这意味着企业不仅为公司股东负责，而且也为企业所处的社会和环境负责；不仅为企业所在国的社会和环境负责，而且也对海外投资目标国的社会和环境负责，即承担全球责任。

近年来全球企业强调企业社会责任的同时，企业的合规问题也越来越受到重视。这是因为环保、慈善、劳工、公益等企业责任指标是显性的，但包括反商业贿赂在内的合规责任是隐性的，同时又是更具根本性的，它体现企业基本的商业道德伦理和文化，是企业履行社会责任的基础。

近年来少数中国企业在海外发生的问题恰恰反映了一些中国企业在公司责任方面存在的问题。

据媒体报道,1997年开始在中国航油新加坡公司出任总裁的陈久霖,因发布虚假业绩,违背上市公司董事职责,没有向交易所披露巨额亏损,欺骗德国银行和进行局内人交易等罪名,于2006年3月被新加坡初等法院判决服刑4年零3个月,罚款33万新元。

2005年4月20日北京矿冶研究总院与中国有色矿业集团在赞比亚共同投资设立的BGRIMM炸药公司发生特大爆炸事故,造成46人死亡,另有3人在医院治疗。商务部以此案为例,要求境外中资企业,特别是从事高危行业生产经营的企业,建立完善的规章制度,增强安全意识与风险防范意识,加强内部管理,杜绝此类事故的发生。

最近,一些在海外投资或承包工程的中国企业被世界银行认定涉嫌欺诈和贿赂,被列入世界银行的黑名单,并且在一定时期内被禁止承接世界银行资助的项目。被列入黑名单的企业有:中国地质工程集团公司、中国路桥工程有限责任公司、中国建筑工程总公司、中国武夷实业股份有限公司以及中国第一冶金建设有限责任公司(简称中国一冶)。世界银行指控的事实也许有误,有的中国企业可能被冤枉。但是这个事件告诉我们,国际组织在全球正在加大合规反腐的力度,中国企业在海外投资面临合规反腐的严峻挑战。

(四)缺乏在高风险地区投资的风险管控经验

2012年1月27日,中水电29名员工被苏丹反政府武装劫持。仅仅四天后又有25名中国员工被埃及部落武装劫持。连续发生的海外工人遇险事件使得中国在受冲突影响和高风险地区的投资风险空前凸显。近年来,中国企业在海外投资经营的过程中,接连遭遇突发事件。不仅中国企业的海外员工屡屡成为当地政治和武装冲突的人质,甚至一些重大项目也因为政治矛盾而被迫停止,如中国最大的海外水电投资项目——中国电力投资集团在缅甸的密松大坝项目由于缅甸政权更迭而在2011年9月底被暂停建设。

当地区的政治矛盾不断加大而演变成大规模的武装冲突,则可能对中国企业的海外投资经营带来巨大的影响。2011年2月15日利比亚发生战乱后,包括中国中冶、中国建筑、中国铁建、葛州坝集团等多家企业的中资项目全部搁浅,其中大型项目50个,主要集中在基建和电信领域,涉及的合同金额达188亿美元。尽管当前战事结束,但何时复工仍然未知。考虑到战乱造成的固定资产损失、承包工程垫付款损失、3万人员的大规模撤离等大量费用,此次利比亚战乱给中国企业所造成的损失是非常巨大。

上述事件大都发生在“受冲突影响与高风险地区”,此类地区一般资源丰富,经济却不发达，亟待大规模开发，所以对于大部分还处于“走出去”初级阶段的中国企业而言，这些地区无疑具有巨大的吸引力。以中国企业在非洲的投资为例，截至2011年中国对非各类投资累计超过400亿美元，其中直接投资147亿美元，而且在非投资的中方企业也已超过了2 000家。

这类高风险地区具有投资机遇，但是其政治的不稳定和矛盾冲突不断，又给企业带来了极大的投资风险。由于过于依赖执政当局的政治支持，导致中国企业对当地的其他利益相关者的了解和重视不足、对投资所在地区的公共关系处理不平衡，使得中国企业及其员工很容易在地区冲突和政治矛盾中受到牵连。随着中国企业大量“走出去”，中国企业在受冲突影响与高风险地区的海外投资和经贸活动所面临的风险进入了高发期，加强风险预警措施、有效控制风险已经成为摆在中国企业“走出去”过程中亟待加强的重要课题。

三、中国企业对外投资理论创新

抓住对外投资机遇与化解对外投资风险，需要创新对外投资理论和实践。

传统的国际投资理论大多以发达国家大跨国公司为研究对象，强调国际投资经营企业的前提条件，强调一国产业和企业之各种既有优势，包括既有的垄断优势、内部化能力优势、技术优势和发展阶段优势。按照这种理论，中国许多企业都不具备这些优势，不可能进行国际投资经营。

但事实上，许多中国的大、中、小企业都成功地走上了国际投资经营的道路，不少企业还直接打入了发达国家的市场，并取得了较好的经营业绩。对此，西方传统的对外直接投资理论无法说明和解释。于是，有些西方国家学者将中国企业海外经营的成功主要归于中国政府的支持和驱动，或归于中国企业的不公平竞争，包括牺牲社会责任、环境责任和商业道德等。

为了破解国际上的这种质疑，也为了给中国企业的国际经营战略提供具备高度适应性的理论基础和实施办法，近年来，我研究所在梳理分析传统国际投资优势理论的基础上，指出了传统优势理论的局限性，特别是针对全球经济发展的最新形势及中国独特国情所存在的局限性。

（一）国际投资经营战略的传统理论依据

国际上传统的跨国公司国际投资理论主要以发达国家大跨国公司为研究对象，强调跨国公司对外直接投资的条件——既有的各类优势。这些传统理论的出发点是：企业的跨国经营面临着更高交易成本和风险，因此企业跨国经营的必要条件是具备某种其他竞争者所没有的优势[①]。跨国公司国际投资传统理论的具体内容简述及分析如下。

1. 垄断优势理论

垄断优势理论是海默于1960年在其博士论文《国内企业的国际化经营:对外直接投资的研究》中首先提出的。海默认为一家公司之所以对外直接投资是由于它具有一种或数种当地厂商所缺少的优势,而且这种垄断优势足以抵消跨国经营所产生的障碍、可能发生的风险和额外增加的成本而且能获取满意的利润。垄断优势理论回答了企业"为何"进行境外直接投资这个核心的理论问题,对企业对外直接投资从事跨国经营的条件和因素作了科学的分析和说明,对于指导和推动发达国家的企业进行跨国经营起到了积极作用。但该理论无法解释不具技术等垄断优势的中国企业为什么也日益增多地向发达国家进行跨国经营的情况。

2. 内部化理论

内部化理论是由英国学者巴克利和卡森两人在1976年出版的有广泛影响的《跨国公司的未来》一书首先提出的。他们把自己的理论建立在由美国学者科斯提出的交易费用学说的概念基础上。科斯认为只要企业能在内部组织交易并且其费用低于公开市场交易的成本,企业就应该将交易内部化即以统一的行政管理取代市场机制。

内部化理论主要解决了企业"何时"进行境外直接投资这个核心理论问题,指出当具备用低成本在企业内部转移优势的能力时,就可以对外投资以将产业链上的外部交易变为内部交易,以克服中间产业市场的不完全性。这一理论比起垄断优势理论有所发展。首先这种理论较符合生产过程的实际,对中国企业的跨国经营能做出一定解释。其次这种理论用动态分析取代静态分析,强调企业优势的内部转移和应用,比较接近实际情况。但内部交易为什么非要跨越国界?缺少从国际经济环境方面进行分析说明是这一理论的缺陷。

3. 产品生命周期理论

产品生命周期理论最先由美国哈佛大学教授弗农于1966年首先提出。他认为企业对外直接投资是伴随产品生命周期运动展开的,是对出口产品方式的替代。他指出企业生产的产品按生产技术应用状况可分为新产品、成熟产品、标准

---

① 尼·胡德、斯蒂芬·杨:《跨国企业经济学》经济科学出版社,1990年,第55页。

化产品三个阶段。在不同阶段,由于要素密集度不同、产品所属类型不同、技术先进程度不同以及产品价格不同,使得各国在产品处于不同时期时所具有的比较利益不同。对外直接投资的最佳行业选择是生产进入成熟期的行业,而且选择靠近市场和生产要素价格低的地区,这是延长产品盈利时间的最佳途径。

产品生命周期理论主要回答了"何地"这个核心理论问题,较好地解释了国际直接投资的区位流向,对中国企业也有指导意义。比如中国轻纺、家电、电子、食品等处于技术成熟期或标准化期的行业,已具备了相当的技术条件、资金实力、人才优势和经营能力,但目前国内生产能力过剩,竞争激烈,利润微薄,而反倾销、贸易保护主义对这些行业产品的出口又极为不利,所以这些行业的中国企业,可以按照产品生命周期理论及世界经济格局形成和发展的规律,走到接近海外主要市场和具有更低成本要素的国家和地区发展跨国经营。该理论适用于中国初次进行跨国经营的、生产最终产品的企业,但对已经多次和广泛在全球进行跨国经营的中国企业的行为无法进行解释。

4. 投资发展周期理论

邓宁(John Dunning)在1981年提出国际生产折中理论,继而延伸与发展出国际投资发展周期理论。该理论的基本思想是,一国的经济发展状况和水平对本国企业的所有权优势和内部化优势的实现以及本国区位优势的状况都将产生重大影响,从而决定该国直接投资的地位和状态。邓宁将各国以人均GDP为标准的经济发展水平分为四个阶段,并指出在不同阶段直接投资的流出入状况。

投资发展周期理论的突出贡献在于回答了"何阶段"这个核心的理论问题,从宏观上构建了一国直接投资的演进模型。实践表明,世界上多数发达国家和发展中国家国际投资地位的变化基本符合这一趋势。但仅以人均国民生产总值这个单一指标来反映各国的经济发展阶段并据此来判断各国的优势状态和国际投资规模,难免会使结论与实际产生一定程度的背离。

(二)国际投资经营战略传统理论的局限性

以上传统的国际直接投资理论产生的前提是,各国的供给、生产条件不可改变,资源和生产要素不能安全自由地在国际间流动。然而,20世纪90年代以来冷战结束以及经济全球化与信息化的快速发展,跨国公司向全球公司转变,推动了人力、资本、技术、信息、商品、服务的跨国流动,各种生产要素全球优化配置,原有的经济、贸易和投资的格局以及经济运行模式均发生了变化。国际投资经营战略的传统理论已不能解释新出现的问题。

国际投资战略理论需要"与时俱进"。

1. 信息技术和新经济的飞速发展，导致国际投资经营的成本大幅降低

所谓"新经济"，是指由信息技术和当代其他高科技驱动，以创造性的人力资源为依托，以知识和信息的生产、加工、分配和使用为基础的可持续发展的新型经济形态。新经济把经济活动数字化、网络化，使知识的储存数字化、编码化，知识的生产、流通和使用都能通过计算机和网络技术运行，它改变了资源配置方式，以全球市场为导向，促使资本、生产、管理、商品、劳动力、信息和技术等跨国界流动的成本大幅降低，给世界各国的经济社会带来一场革命性变革。

2. 贸易投资便利化的全球政策性变化，导致跨国投资经营的障碍和风险大幅降低

企业跨国经营必然涉及到产品、资本、技术的跨国界转移，各国政府支持和欢迎这种经营活动，是跨国经营的基本前提条件。1990 年代初冷战的结束把世界上所有的不同类型的国家都程度不同地卷入了全球化的大潮，各国普遍要求国家行为的规范化和有序化，国际协调的需要从未像今天这样迫切，完善国际协调机制的条件趋于成熟。表现在全球化、区域化、多边性和双边性的制度化协调机制均有重大突破，内容涉及经济、政治、能源、环保等各个方面；与此同时，规范国际关系的运行体制、原则已被绝大多数国家所接受和认可。这大大降低了国际投资经营的障碍和风险。

3. 全球公司的发展，导致发展中国家企业进行国际投资经营的必要性大幅上升

1990 年代以来，发达资本主义国家的跨国公司加速了全球配置资源的竞争，在这一进程中，原先作为跨国公司投资目标国之第二梯队的广大发展中国家也被纳入跨国公司全球战略，包括中国在内的一些新兴市场国家甚至成为跨国公司必争之地，这导致包括中国在内的发展中国家的国内市场迅速国际化，进而导致发展中国家的各类企业，包括具备或不具备优势的企业，都必须在全球范围内配置生产要素，才能维持正常的生存与发展。不同的企业只是时间上有先有后、程度上有多有少而已。

4. 全球性产业的发展，使得企业国际投资经营的阶段性规律弱化

1990 年代以来，以知识经济为代表的新产业获得飞速发展，与此同时跨国公

司加速全球配置资源,“以世界为工厂,以各国为车间”直接促进了生产网络国际化体系的逐步形成,继而推动了全球产业的形成,即产业链全球细分和分布,这两者效应的叠加,完全打破了以往世界经济发展的规律和步骤,它使后进国家和不发达国家有可能通过加入跨国公司的全球产业链而获得原先在国内自成体系的产业链中无法获得的跨越式发展机会,摆脱本国经济发展阶段的限制,跨越国际投资经营的一个或几个阶段(海外贸易 - 海外营销 - 海外生产和研发 - 跨国公司),直接发展成为跨国公司。比如吉利对沃尔沃的收购就是一个体现。这是因为发展中国家的产业尚未完全定型,相比之下,这些国家完全可能对“全球产业”和“新产业”适应更快,转型也更快,因而能发挥后发优势,获得超常规发展。

5. 全球化的深入使得企业竞争范围扩大,影响竞争优势的因子更加多元复杂,导致优势的相对性特征凸现

从整体上看,发达国家大垄断企业具有明显优势,但从某一行业分析,不同国家的企业可能各有所长,在某些因素上均可能具有相对的优势。在全球化深化的环境下,随着企业配置资源和竞争范围扩大,影响优势的因素也扩大,不仅包括国内资源禀赋的结构、国内市场特点、消费者需求、技术配套能力、经济制度等,还同时包括投资目标国的相应情况等诸多方面。但与此同时,世界经济发展又具有较大不平衡性。两个因素的叠加导致任何企业的既有优势作为对外直接投资的条件均只能是相对的,而不是绝对的;优势的强弱也是相对同一区域、同一市场中同一行业的其他企业而言。例如中国制造业的企业将密集使用劳动和规模较小的设备和技术转移到发展程度更低的国家,相对于发达国家密集使用资金的先进技术更具有区位优势,更适应发展中国家的市场规模特点、消费者需求特点、技术配套能力、政府管制方法等。

(三)重新定位中国企业国际投资经营的战略思路

总之,在经济全球化条件下,跨国经营已经成为企业成长的一般方式。一个仅在国内配置生产要素的企业,面对许多在全球范围内调配生产要素的竞争对手,是难以生存和发展的。而通过跨国经营,可以赢得国际竞争优势。美国国会对上千家企业的一项跨度达十年的调查发现,跨国企业比本土企业的存活率高50%[①]。因此,我们要突破传统国际投资经营理论的桎梏,从全球化的时代性视角,重新定位中国企业跨国经营的战略思路。

---

① 康荣平:“中国企业‘走出去’的若干理论探索”,载全国工商联2008年度“中国民营企业‘走出去’状况调查”书稿。

1. 应充分认识全球化、全球公司和全球产业发展的最新形势，重新认识出去的必要性、战略性、全局性和长期性

把具有比较优势的供给过剩能力转移到国外市场，把国内市场发展受到限制的企业供应链扩展到国外市场；逐步由点到线，由线到面地发展地区乃至全球供应链综合运作能力，从而提升中国企业的国际竞争力。

2. 应充分认识全球公司的发展规律，主动融入并扩张于全球公司推动的全球产业链中，实现跨越式发展

关于企业跨国经营的发展模式，较流行的观点是渐进式发展模式，即依次经历不规律地间接出口、规律地间接出口、直接出口、建立海外销售机构、建立海外生产机构。但是，在全球化背景下，随着国内市场国际化、国际市场国内化，中国企业在开展跨国经营的过程中，也可以不用完全按照国际化的几个阶段一步一步地向前发展，而是依据自身条件的许可，直接通过对外直接投资进入国际市场，开展跨国经营。

3. 应充分认识全球产业发展的规律，通过国际投资经营主动促进中国制造业的梯度转移

相对于以往产业变迁的先例，中国存在一些特殊情况。例如，中国人口众多且城市化进程缓慢，因而存在相对较大，且持续时间较长的低廉劳动力资源；再比如，中国内部市场广阔，特别是大量农村市场对较低端的产品仍有广泛需求，从而产业升级缓慢。但即便如此，人民币的不断升值以及国内各方面成本的不断攀升已经对中国产品的国际竞争力造成了威胁；加之发达国家保护主义倾向的抬头，因此，从长远来看，中国制造业的对外转移也是必然会发生的。与其被动地接受产业转移的结果，不如主动地探索转移的可能性。

4. 应充分把握贸易投资便利化的机会，通过国际投资经营缓解国内能源压力、适度利用和掌控国际资源

近几年，不少国企和民企，通过参股或控股的方式投资于拥有资源的国外企业。从效果上看，这种方式只能部分地解决问题，难以持续。一方面，参股或控股拥有资源的国外企业只是拥有了部分收益的分配权，并不等于拥有资源本身；另一方面，资源是国家财富，从历史上看，没有任何一个国家会坐视本国的资源大量被外国掌控，更不用说实质性的大量外流了。因此，这种获取他国资源的方式，势

必会受到抵制。为此,探索将国内部分能耗较高的产业采取分散、缓慢地向资源丰富的发展中国家转移等办法,拓展获取资源的渠道。这种方式有利于中国企业充分有效地利用和掌控部分国际资源,拓展获取收益的空间,提高国际经营的能力。

5. 应充分利用信息技术和新经济带来的跨国经营便利,分享发展中国家成长机会、整合发达国家的比较优势

中国是一个发展中的国家,改革开放30多年来,经济的大发展,呈现出大量的机会。例如,许多产业从无到有的建设;国内市场从小到大、从低到高的发展等等。新兴市场存在大量的发展机会,中国企业从自身的成长中体会到这一点,并会抓住时机。华为、中兴成功开拓海外发展中国家市场,快速提高经济规模,实现了与发展中国家共同成长。

作为"跟随者",中国的对外投资起步晚,缺少国际化人才。相对于投资发达国家市场,中国企业投资于发展中国家市场会相对容易,因为中国的经济发展水平和制度环境与发展中国家相对比较接近,通过加大对发展中国家的投资,既可以分享发展中国家的投资机会,又有利于中国企业对海外市场的初步探索和国际化人才的逐步培养。

此外,还应充分考虑投资发达国家的战略需求。从长远来看,投资发达国家首先应定位于跨越贸易保护,分享世界上最大规模的消费市场。其次要定位于获取技术、品牌等要素资源,引领企业竞争能力的提高和促进产业升级。

四、中国企业对外投资实践创新

近年来,中国企业在对外投资战略、对外投资模式等方面都有创新。本书搜集的21家中国企业对外投资案例就体现了中国企业对外投资的实践创新。

(一)实施互利共赢的全球战略

国际化过程要根据企业所在产业特点,把握全球产业发展趋势,做到价值共享,多方共赢,遵循准确定位,发挥优势,量力而行的原则。

在国际化战略制定中,建立起一个具有国际视野的战略管理委员会对企业至关重要。充分发挥战略管理的统领作用,引导企业突出主业,提升核心竞争力。企业实现正确定位,以全球的视野对企业长远性、根本性的重大管理,战略决策进行审视。对自己所处的国际国内环境经常进行科学的分析,充分研究全球市场和

竞争对手,研究全球科技和产业格局的变化,在此基础上制定并且动态调整优化发展战略。我国企业的预见性与国际先进企业相比是有差距的,优秀的跨国企业往往能够洞悉产业发展的趋势和前景,经审慎研究确定发展战略及目标之后,就坚持不懈地为之奋斗,即使经理人变更也不会改变。中国企业必须高度重视战略管理,防范战略性风险,促进企业可持续发展。

制定国际化经营战略,要具有全球化的战略思维和开放的视野。过去,一些企业对外投资考虑比较多的是本企业或者本国产业发展的利益。国内缺少能源,就到国外去收购和开采油田;国内缺少铁矿,就到国外去收购和开采铁矿。在实现本企业战略目标同时,如何为当地创造价值?

北大荒集团在国际化过程中就有深刻的体会。出于增加供给保障粮食安全的目标,该公司在海外开发了100多万亩耕地。由于物流成本和进出口关税较高,粮食运回国内在经济上并不合算。新疆兵团在非洲也开发了几十万亩耕地,面临同样的问题。这两家公司的领导在实践中修订了跨国经营战略。他们认为,要站在解决全球粮食安全的高度来考虑中国的粮食安全。通过在海外种粮,改善当地的粮食供给,着眼于全球粮食安全,中国的粮食安全才能在全球粮食安全这个大系统中得到解决。

对于能源问题,中国企业在海外投资石油等,由于运输成本高,外国政府的管制等问题,在海外生产的石油运回中国成本过高,中国企业在当地生产,当地销售,产生的利润可以在就近的市场购买,然后在国内销售,这样就增加了全球资源的供给,也缓解了国内对海外资源能源的需求。所以,中国企业对外投资,要有全球视野的高度,对外投资就是要促进全球资源、能源的大循环,充分发挥国际国内市场的优势,为全球消费者提供福利,也为企业提供发展空间,实现多方共赢。

截至2010年年底以保障国家石油安全为目的的中国企业投资海外油田及承包工程项目共计700亿美元。2010年三大石油公司海外权益原油近7 000万吨,然而中国石油公司运回国内的原油仅为500万吨左右,仅占海外权益原油的1/12。其原因在于受运输成本、市场环境等多重制约,把所有海外取得份额油全部运回国内既不现实,也不经济。换言之,中国企业通过海外收购油田而直接实现国家能源安全难以成功。我们需要换一个思路,在对外投资能源项目同时融入全球能源交易体系来求得能源安全。正如中海油能源经济研究院首席研究员陈卫东所说:全球化的时代是合作的时代,参与其中才能发挥自己的作用,参与其中才能改造和利用它。在这里大国责任不是“重打锣鼓另开张”,而是主动参与、积极作为、创建和谐、共同发展。全球化的时代,一国的能源安全是不存在的,只有保障了全球能源安全,才有一国能源的长久安全。

（二）在对外投资中实现互利共赢

中国企业要更多地关注竞争企业之间和竞争企业之外利益相关方的互利关系，在竞争中看到双方还有利益共同点。在对待利益相关方时，海外企业要与东道国的消费者、政府、社会、社区、员工等利益相关方建立相关的联系，要有一个互利共赢的理念。

上工申贝在国际金融危机中对海外公司负责任的应对，表现出强烈的全球责任心，为企业海外经营赢得了好的口碑。2010 年 9 月德国比勒菲尔德市举行了“杜克普爱华 150 周年庆典”，该市市长克劳森说：“没有中国母公司上工申贝集团的支持，就没有今天的庆典。”这充分肯定了上工申贝对 DA 公司的并购发挥的作用，也说明了德国当地的政府和市民认同中国企业。中国驻德国副总领事崔东明说：“上工申贝并购公司后的成功运作为中德企业合作交流树立了一个良好的典范。”

2010 年 1 月 25 日，意大利总统纳波利塔诺将素有“意大利企业奥斯卡奖”美誉的“莱昂纳多奖”的国际奖项颁发给中联重工科技发展股份有限公司（中联重科公司）董事长詹纯新。詹纯新获此殊荣是由于他在中意经济合作中做出的重要贡献，这也是中国企业家首次获得该国际奖项。

纳波利塔诺在颁奖致辞中两次提到詹纯新在投资收购意大利混凝土机械设备制造商 CIFA 公司的过程中对意大利所做出的贡献。他说，将这个奖项授予詹纯新具有非常重要的意义，说明意大利对新兴发展中国家给予越来越多的关注，发展中国家在经济建设中取得的成就也为意大利经济发展树立了榜样。

（三）创新对外投资的合作模式

国有、民营、合资等企业主体的体制不同，具有的优势与劣势也不相同；与国内企业相比，国外跨国公司与海外本地企业所具有的优势与劣势也不相同。对外投资就是要整合国内外资源，发挥不同企业的制度优势、专业优势、管理优势等不同的优势，通过合作来实现对外投资模式的创新。

1. 推进各种资本合作投资

随着中国企业对外投资经验的积累，以往仅依靠一家国有资本或民营资本进行单独对外直接投资的局面正逐渐发生改变。许多企业在对外直接投资中实施资本联合策略，通过联合各种资本，包括民营资本、国有资本、境外资本等，整合了各方资源，发挥了各种资本的优势，提高了中国企业对外投资的成功率。

第一，国有、民营、外国资本的合作。

大多数国有企业在国内凭借垄断地位，占据诸多优势。比如，良好的银企关系，充裕的资金，强大的国内资源调动能力，较大的规模和较强的承受风险能力。但是国有企业对外投资的政治风险正在日益增加，往往被西方国家的政客、媒体、竞争对手用来炒作，通过扣上影响投资所在国国家安全的帽子，达到阻止国有企业对外投资的目的。

国内民营企业规模相对较小，资金紧张，承受风险能力有限。但是，民营企业体制机制灵活，决策迅速，海外投资中引起的政治关注风险不高，容易得到东道国的身份认可。

江苏沙钢集团与瑞钢联集团有限公司、香港泛亚矿产有限公司等3家共同出资，收购澳大利亚的Australian Bulk Minerals项目（“ABM项目”）。通过海外并购获得权益矿的方式最大限度地保证企业在经营过程中对原材料的稳定供给。在获取海外矿产资源时，沙钢充分发挥民营企业的体制机制优势，联合发挥国有资本的资本充足、实力强大，国外资本的本土优势与丰富的经验等，联合不同属性的资本优势，将海外并购的风险控制在最低，从而实现了合作多赢的海外投资。

上工申贝在深陷国际金融危机的困境之时，引入民营资本中捷股份公司这一新的投资者对上工欧洲进行持股，为公司带来了现金流，缓解资金紧张局面。通过战略投资者的引入，上工申贝实现了国有资本、民营资本、外国资本三种资本的合作，从而开启了三种所有制经济合作的新局面。

第二，中国企业与国外跨国公司的合作。

中国企业与国外跨国公司合作，淡化了国有企业的身份，还充分利用了跨国公司的国际投资经验，提高了对外投资的效率。

2008年2月中铝集团携手美国铝业合作收购力拓英国公司12%的普通股股份，并持有力拓集团9.3%的股份成为其单一最大股东。此次并购无论是中铝还是外界都认为中铝海外收购做得相当漂亮，中铝与美铝合作一起并购国外企业也被看成一种提高中国企业海外并购成功率的新策略与新模式。

第三，与在国内的合资企业共同对外投资

通过对外引资，中外企业通过合作，已经形成了许多合资合作企业平台。未来，这些企业还可以与跨国公司深度合作，可以把这种合作带到国外，共同开拓国外市场。通过策略创新与主体创新实现对外投资的新合作，合资企业对外投资中，就可以借助跨国公司在全球现有的资源和平台进行对外投资。如果这种合作能有效开展，将有助于中国企业积累对外投资经验，减少对外投资进入壁垒，增加企业对外投资成功的几率。

通用汽车与上海汽车已有多年的合作,双方通过合作积累了合资经营经验。2009年,双方合资在印度建立合资公司,借助通用汽车在印度的品牌、销售网络、两个整车厂和一个发动机工厂,在印度生产并销售由上海通用、泛亚汽车技术中心、上汽通用五菱主导开发的小型和微型车产品。两家公司由开始在中国国内的合作进一步扩展到国外投资的合作,无疑为上海汽车打开国际投资的大门提供了便利。

2. 发挥专业服务公司的作用

中国企业对外投资借用外部专业服务机构力量已经成为趋势,企业对外投资应该增强合作意识。通过与管理咨询公司、会计咨询服务公司、公关公司、商业银行、投资银行、私募基金、行业协会等合作,形成专业化的投资队伍,尽可能多利用专业力量,降低企业对外投资的风险。

中国企业对外投资观念正在逐渐发生改变,国际投资专业分工意识在逐渐增强。中国企业对外投资会利用更多的专业投资机构提供专业服务,从中获得许多专业服务。而且,许多企业对外投资中都选择全球著名的投资中介机构,从他们那里获得国际化的专业建议。

吉利并购沃尔沃充分体现了合作意识,吉利聘请了全球专业的投行、律师行和会计师行,组成了200人的收购团队。并购启动之初,吉利就聘请罗兰贝格对沃尔沃项目展开了为期100天的内部审查。此后,吉利又聘请德勤会计师事务所负责收购项目的财务咨询,研究收购完成后的企业整合工作,包括国内市场营销、网点分布、物流及全球联合运营。由罗斯柴尔德银行(LCF Rothschild Group)的团队作为收购项目的财务顾问,负责对卖方的总体协调,并提供对沃尔沃的估值分析,帮助吉利与沃尔沃的员工、工会和供应商进行沟通。吉利的顾问团队还包括英国富尔德律师事务所企业业务律师以及知识产权专家,负责收购项目的相关法律事务,包括知识产权、商业协议、诉讼、雇佣、不动产、进口、海关及关税、经销商及特许经营、竞争及国家援助等方面的法律尽职调查,以及全部交易文件的全面标注。专业公关公司博然思维公司帮助吉利进行公共关系管理,负责项目的总体公关策划、媒体战略制定和实施,包括全球范围内的相关媒体报道和对公众舆论进行监测。

3. 发挥私募股权基金的积极作用

近年来,私募股权投资(Private Equity,简称“PE”)受到跨国投资者的青睐。PE具有敏锐的眼光、丰富的并购经验、人才资源、雄厚的资本和整合管理经验,因其兼具出资人和企业整合管理者的双重身份，在并购后的持续一段时间里，会继续关注和参与并购后企业的整合与成长，成为一定意义上的共同投资者。在未来对外投资中，应强化企业与PE合作。

2008年9月，中联重科联同弘毅、曼达林、高盛共同收购意大利机械工程企业CIFA100%股权。投资方共同向该香港特殊目的公司出资，其中中联的投资实体Zoomlion Overseas Investment Management（H. K.）Co. Limited持有60%股权，弘毅的投资实体Sunny Castle International Limited持有18.04%股权；曼达林的投资实体Ace Concept Holdings Limited持有9.04%股权；高盛的投资实体GS Hony Holdings I Ltd. 持有12.92%股权。收购完成后，中联重科一跃成为全球最大的混凝土机械制造企业。这种交易安排一方面减轻了中联重科短期的财务负担，更重要的是联合这些熟悉西方商界游戏规则的机构组成了收购整合的“文化缓冲地带”。弘毅投资是具有国际视野的中国本土基金，其控股人联想集团收购整合IBM PC的经验为中联重科提供了很好借鉴；高盛公司是具有全球投资管理经验的纯国际化基金；而曼达林基金的股东之一是意大利最大银行联合圣保罗银行，其管理团队对中国国情有深入的研究，成功搭建了双方融合的桥梁。引入共同投资者可以有效缓解文化和理念的冲突，确保收购后重组整合的顺利实施。

联想并购IBM PC业务请的是两家美国的私募基金，它们作为投资者与管理层以及其他股东合作，共同让交易获得成功。私募给联想带来了很多好的观念和经验，从董事会层面到运营层面为联想提供建议。在董事会层面，特别是战略上起到了积极的作用，他们的角色不是领导或指导，而是积极参与联想制定战略的对话，并在如何发展国际业务上积极提出建议。在运营层面，他们派出专家在制造、供应链甚至人力资源方面提供了帮助。

（四）根据不同条件选择相应的投资方式

企业一般是通过绿地投资和跨国并购进行对外直接投资。中国企业有40%选择绿地投资方式，有超过30%的企业采取设立合资企业方式进行投资。中国企业在对发达国家的投资中，采取兼并或收购海外公司的方式进行投资的企业比例达到22%；在投资发展中国家时，该比例为15%。从长远来看，中国对外投资方式呈现多元化的特点，跨国并购将成为主要的方式。

随着中国企业对外直接投资日益活跃，投资方式也从绿地投资逐渐向跨国并购方式转变。未来中国企业对外投资方式中，跨境并购将成为对外投资的主要方式。据ChinaVenture发布分析报告称，2005—2010年6年间，中国企业出境并购交易的完成数量与总披露规模分别实现了95%和211%的年均增速，其势头之迅猛超过并购市场的整体水平。据商务部统计,2011 年以并购方式实现的直接投资 222 亿美元,占我国同期对外投资总额的 37% 。

绿地投资与跨国并购相比,各有优劣。

在对发达国家的传统产业进行投资时,并购的方式能使企业更快进入当地市场,有助于提高企业的效率。避免出现绿地投资后,与当地企业竞争压力过大或因增加新的产能导致产能过剩等问题。中联重科收购意大利 SIFA,上工申贝收购德国 DA,北京一机床收购德国科堡都是成功案例。

在对发展中国家市场和新兴产业进行投资时,绿地投资会比较合适。由于当地社会经济发展需要增加产品供给,新建企业能快速增加产量,提高产品质量,会受到当地政府的欢迎。在发展中国家采用并购手段直接投资,会遭到当地政府、舆论的质疑,当地企业、行业协会等也会设置壁垒,面临的困难可能比较多(见表 1-5)。

表 1-5　　优劣势对比—绿地投资 VS 并购

项　目	绿地投资	并购
缓解产能过剩	×	√
利于人才吸引	×	√
压缩经验曲线	×	√
借用高端品牌	×	√
增强渠道互补	×	√
移植研发能力	×	√
获得技术提升	×	√
社会/文化融合度强	×	√
整合难度较低	√	×
成功概率较高	√	×

五、中国企业对外投资需要强化合规经营

最近几年跨国公司强化责任的趋势出现了新的动向,强化合规经营成为跨国公司发展的新趋势。

“合规”一词是由英文“compliance”翻译而来。它通常包含以下三层含义:①遵守法规,即公司总部所在国和经营所在国的法律法规及监管规定;②遵守规制,即企业内部规章包括企业的商业行为准则;③遵守规范,即职业操守和道德规

范等。合规是一个企业走向规范经营的系统化过程。广义的"合规"泛指企业在经营活动包括全流程各个环节中合规。狭义的"合规"聚焦在反对各种形式的商业腐败上。

(一)全球强化合规发展新趋势

在经济全球化的背景下,商业贿赂也国际化和全球化了,反贿赂因而不再是一国独自的事情,全球反腐败合作已经成为大势所趋。联合国秘书长潘基文更是将腐败定性为"全球性威胁",一个主要原因是,此次金融风暴的缘起与贪婪和腐败有着直接的联系。

20 世纪 80 年代以来,特别是 1992 年以来,越来越多的西方国家通过了类似美国《反海外腐败法》的法律,打击企业的海外贿赂行为。越来越多的国际组织也先后通过各种形式打击海外贿赂行为并强调该行为的巨大危害。行贿"黑名单"被纳入全球信用管理体系,成为合规管理的重要工具,并作为对企业或对国家的信用评价标准。透明国际可以被看做已经初具规模的国际范围合规监察组织;世界银行等一些组织也已将跨国公司的贿赂记录纳入信用管理,将禁止有不合规记录的企业参加营利性国际项目或对某国进行营利性投资;或将禁止某些国家参加营利性国际组织,从而迫使各国及各企业重视合规管理。

在 OECD 公约经济合作与发展组织出台后的 10 年中(1997 年 11 月 21 日至 2008 年),缔约国惩罚了 150 个触犯海外贿赂的个人和公司,并且正调查 250 个海外贿赂的相关案件。世界银行公开披露参与腐败活动的公司名单,迄今已取消了近 100 个公司参与世行项目的资格。美国《反海外腐败法》的追诉活动则不断升级,初期的 20 年间只有 17 家公司和 33 个自然人成为被告人,但是从 1998—2008 年这 10 年间就有 50 多家公司和 70 多个自然人成为被告人。而非政府性国际民间机构"透明国际"组织则越来越积极地促进在世界范围内建立起广泛的反腐败联盟。

后金融危机时代,恢复消费者和投资者信心十分重要,各行业将进行格局重塑,实体经济领域需要的是那些真正有实力的企业,而不是将精力放在实施商业贿赂的那些个体。在全球应对和跨越金融危机的关键时期,包括《反海外腐败法》在内的多项合规法律准则均加快了实施频率、扩大了实施范围。可以预见,后危机时代,随着全球金融监管日益严格,"合规"将成为国内外跨国机构加紧协调的全球措施之一。全球强化合规已是大势所趋。

(二)对外投资要强化合规经营

美国反海外腐败法和英国反贿赂法等打击海外腐败的法规素称"长臂"法律,

中国在英美等国上市的公司、英美等国公司在中国设立的子公司、代表处及其雇员，甚至通过英美银行转账的中国企业，都是其管辖范围，如有腐败行为都会受到制裁。

中国有关政府机构应当制定中国海外企业合规管理指引，也可以制定中国企业反海外腐败的法规，引导企业在海外强化合规管理遏制商业贿赂。

国外跨国公司早期对外投资不承担社会和环境责任，甚至前不久一些国家还允许跨国公司在国外承接项目时通过中介提供贿赂。中国企业刚刚对外投资就要求承担全面的责任，要求严格的合规经营确实令人感觉不公平。但是在经济全球化潮流推动下，国际组织以及各个国家都按照全球最高标准要求后来者。在这种情况下，只能以强化企业责任和合规经营来应对新挑战。

金融危机之后，"走出去"的对外投资企业特别应当加强对合规风险的认识。国外跨国公司以及中国企业的经验表明，各个公司第一把手重视企业全面责任和合规体系建设是企业强化合规的前提。

中国越来越多的企业正在走向世界。强化对外投资企业的社会环境责任，特别是强化企业合规经营是促进中国企业对外投资健康发展的关键所在。为此，我们需要总结和推广强化责任合规经营的成功经验，需要建立和健全公司内部的合规体系，还需要加强合规风险预警和控制机制。

（三）借鉴跨国公司强化合规的经验

2008 年的西门子腐败案被美国证交会视为历史上最严重的企业腐败案，这家德国工程巨头近年来共花费 10 多亿美元贿赂至少 10 个国家的政府官员，以赢得供电、医疗设备和炼油厂建造等项目的合同。在地铁列车和信号设备、高压传输线路、医疗设备等的销售上，西门子在中国也曾有广泛而隐蔽的行贿行为。为此，西门子向美国司法部和证交会支付 8 亿美元罚款，向德国有关部门支付 8.14 亿美元罚款（含 2007 年已上缴的 2.01 亿欧元罚款），是自美国《反海外腐败法》施行以来的最大一笔罚款。

但西门子的快速回应也是史无前例的，包括撤换高层领导，雇用美国律师事务所展开全球调查，以及全面建立和加强内部合规控制体系。例如西门子立刻邀请了独立的第三方，美国的 Debevoise & Plimpton LLP 律师事务所对西门子做全球整体彻查，查阅了所有相关业务记录，询问了西门子多个国家子公司的高层和中层管理人员。西门子给 Debevoise 提供了充分的时间和支持彻查所有历史问题，在合规方面的顾问费用超过 8.5 亿欧元。

除了彻底自查，西门子也加强了 100 多道内部控制程序，并层层把关，确保在西门子全球100多个国家的所属企业中落到实处。在不到一年的时间里，西门子中国的几十家企业也基本落实了内部控制程序。2007年西门子公司在道琼斯可持续发展指数的分数为0，到2009年，西门子再次入选道琼斯可持续发展指数排行榜，并荣登多元化行业榜首，取得了100分的最高分。

西门子已经在组织内部建立了首席合规官（CCO），强化企业的合规管理，它所建立的一整套的制度和程序，值得中国企业借鉴。

1. 向社会乃至国际社会做出反商业贿赂的承诺

预防具体的贿赂风险的措施，比如好处费、加速费、政治捐助等。执行反贿赂政策的整体策略。公司高级管理层的支持，传达公司的反贿赂立场，通过承诺宣言，向公司内外传达出对贿赂零容忍的坚定态度。

2. 建立反商业贿赂程序

高层适当参加制定反贿赂程序。建立风险评估程序，高级管理层进行整体风险评估，适当的资源整合。对现在和未来的合作方的尽职审查，要采取恰当的态度和具备风险意识，对为公司服务，或将为公司服务，或代表公司的个人进行尽职审查，减少贿赂风险。金融和商业控制，包括足够的记账，审计和花费审批程序。做到交易透明和信息公开。建立决策程序，避免利益冲突。突出执行程序，对于违反反贿赂政策，有详细的纪律和惩罚程序。对贿赂事项的举报程序。其他执行反贿赂政策的详细计划，例如如何适用于单独的项目或不同的部门。

3. 制定反商业贿赂的规定

比如，关于礼品、招待费、促销费、慈善和政治捐助等规定。直接或间接雇佣规定，包括招聘、合同条款、记录处分、酬劳等。管理其他与公司有紧密关系的个人的商业关系。

最后，形成完善的反商业贿赂机制。公司政策和程序的沟通以及培训。做到反贿赂程序的监控、复审和评估改进，逐渐完善，形成一套循环反馈机制。

（四）借鉴国内公司强化合规经营的经验

中国企业进行对外投资时应该重视合规经营，一旦出现违规情况，就会受到国际组织的制裁。比如，世界银行就发布了因涉嫌欺诈和贿赂而在一定时期内被禁止承接世界银行资助项目的企业名单（包括其直接或间接控制的公司），中国地质工程集团公司、中国路桥工程有限责任公司、中国建筑工程总公司、中国武夷实业股份有限公司就被列入了这个黑名单，这些企业在全球竞争中显然将处于非常被动和不利的地位。

据不完全统计，从2010年6月至2011年11月12日，中国在美国上市的概念股公司遭遇停牌退市的总数达到42家。其中，28家被勒令退市，6家主动完成了私有化退市，1家退回OTCBB场外市场交易，1家因破产而退市，另有6家企业的股票被停牌至今。这些公司遭到不同程度的财务质疑，使得整个中国海外上市的概股公司陷入了史无前例的诚信危机。虽然不能全部认为中国公司存在问题，但是这些公司遭到处理，说明在合规经营上存在一定程度的问题，这为赴海外上市的中国企业合规经营敲响了警钟。

中国一批企业在对外投资中也创造了许多成功的合规反腐经验。

中交股份公司下属一家子公司被世界银行认定在海外项目中有商业腐败行为而被停止接受该行项目。该公司认真总结经验教训，建立了《海外业务合规管理办法》等9项制度以及配套操作流程指引，满足了世界银行等国际组织的合规要求。

2010年11月至2011年2月，中国海洋石油总公司在中国海油全系统全面开展合规运营、廉洁从业专项效能监察，重点检查所属单位在依法合规运营方面、管理人员在廉洁从业方面存在的问题。总公司领导亲自开展“依法合规运营、廉洁自律从业”的专题教育，进行专项效能监察动员。单位和领导个人按照单位合规运营对照检查提纲进行自查，并按规定填写领导人员2010年度廉洁从业报告表。根据干部管理权限，由总公司、所属单位分别组织领导人员年度廉洁从业报告，开展廉洁从业承诺。总公司派出监事会开展巡视工作，检查指导相关单位进行自查自纠情况。通过这次监察活动，在全体员工中牢固树立了依法合规运营、廉洁从业的经营理念。进一步提升了公司生产经营管理和风险防控水平。

中交股份和中海油等公司的经验表明，中国企业完全可以强化合规经营，关键在于领导的认识与重视。

(五)建立和健全公司合规经营体系

2011年5月28日国务院发布的《2011年深化经济体制改革重点工作意见的通知》中，将建立健全境外投资风险防控机制，完善风险预警体系，列为加快转变经济发展方式深化改革的八大重要措施之一。

中海油和中交股份等先进企业已经把合规风险作为对外投资的重大风险加以防范。中国企业应当按照国务院和有关部门的要求，强化风险意识，建立健全合规经营体系。

值得注意的是,按照英、美等发达国家反商业腐败的司法实践,都强调企业要建立健全合规管理体系。一旦企业某个部门或个人出现问题,企业只有在举证自身建立了"完善的合规管理企业制度"的企业才能免责。这个思路值得中国有关部门和企业借鉴。

全球正在兴起和发展的强化公司责任特别是强化合规反腐的潮流,对中国企业是严峻的挑战。公司责任不仅涉及愿景、使命等企业内部问题,而且也越来越成为企业参与全球竞争所必须面对的外部问题,成为全球企业间一种刚性的制度约束。强化公司责任和合规反腐实际上是关系到提升公司软竞争力的重大问题。我们应当下硬功夫强化软竞争力,从而使中国企业在对外投资中健康发展。

(六)在受冲突影响和高风险地区推进负责任的商业行为

受冲突影响和高风险地区投资的问题已经引起联合国等国际组织的重视。2010年由联合国全球契约组织牵头,组织专家根据跨国公司的实践编写了《在受冲突影响与高风险地区负责任商业实践指南》,其目的在于协助企业在受冲突影响和高风险地区采取负责任的商业实践,从而避免和减少风险并实现与当地互利共赢。

该指南认为,在高风险地区进行经营活动,任何规模的企业都会面临诸多难以解决的困境。虽然存在挑战,但许多困难可以通过早期的积极举措得以化解。

指南认为,受冲突影响和高风险地区往往具备以下特征:侵犯人权行为;非法或不具备代表性的政府的存在;缺乏平等的经济和社会机会;系统性的对某公民群体的歧视;缺乏政治参与;对包括自然资源在内的收入的非妥善管理;腐败盛行以及充斥高度风险和责任的长期贫困。

企业在这样的地区推进经营必须特别强调负责任的商业行为。例如,指南建议在开展经营时:①企业要将社区参与与对话作为测评和监控企业运营影响的重要元素,与当地社区建立有意义的和建设性的关系;②按照现行标准建立争端解决政策和机制;③将企业现有的政策以及具体挑战的解决程序向有关利益相关方进行通告;④确保社区的广泛参与。企业应采取适当措施,以确保社区成员提出申诉的自由和安全,并使其了解其担忧将被及时地处理。

中国企业在受冲突影响和高风险地区投资时,应该借鉴其他跨国公司的经验和教训,研究和学习联合国全球契约组织发布的这个指南。调整自己的战略以应对复杂的局面。

全球契约组织提供的指南是对其他跨国公司经验教训的总结。主要探讨在这些地区投资如何通过负责任的商业行为规避风险和与当地实现互利共赢。其实，在采取负责任的商业行为之前，更为重要的是对这些地区投资作出正确决策。

在受冲突影响和高风险地区投资首先需要对当地投资风险特别是潜在风险有足够的调查和分析。我们不仅要从当地政府而且要从当地非政府组织和与政府对立的反对派或者地方势力了解情况，才可能得到全面的充分的信息。如果仅根据政府提供的信息做决策，极易陷入当地政治矛盾。如果发现企业难以克服的潜在风险，就应当理性地做出决断。否则，盲目的非理性投资暂时可能获利，长远看则是风险巨大的失败的投资。

一旦决定和实施在受冲突影响和高风险地区投资，一定要按照负责任的商业行为准则做事。与当地政府交往尽力防范行贿受贿等腐败行为，做到合规经营；要与反对派、非政府组织以及地方组织交往，建立合作关系，实现利益共享；要进行社会责任投资，为当地民众带来利益。总之努力做到与当地社会互利共赢，而不仅仅与当地政府或某些社会组织互利共赢。

六、中国对外投资需要完善支持服务体系

中国实施“走出去”战略的时间并不长，但是在较短的时间里已经初步建立起了比较全面的政策支持和服务体系（见表1－6）。

表1－6　　中国对企业走出去的政策支持体系概览

信息和服务支持	2002年出台《关于成立境外中资企业商（协）会的暂行规定》，各驻外商会不定期举办各类投资洽谈会，组织招商团，提供境外项目信息和投资境外培训课程等服务
	2004年商务部设立“中国对外经济合作指南网”等为企业境外投资提供信息服务
	2006年国家设立中国国际投资促进会，为企业境外投资提供便利
	2009年各驻外经商机构编写发布162各国家（地区）的对外投资合作指南
	2009年《境外投资管理办法》明确中国政府主管部门对境外投资企业提供的全方位政府服务
直接的财政金融支持	2004年发布《关于对国家鼓励的境外投资重点项目给予信贷支持政策的通知》
	2006年发布《关于进一步加大对境外重点项目金融保险支持力度有关问题的通知》
	2005年针对资源能源类对外投资项目，出台《国外矿产资源风险勘查专项资金管理暂行办法》
	2005年印发《对外经济技术合作专项资金管理办法》
	2009年新增220亿美元优惠贷款

续表

税收优惠	到2011年，中国已对外签署96个避免双重征税协定，中国内地和香港、澳门签署了避免双重征税安排，其中93个协定和港澳安排已生效
	对承担援助项目的企业实行税收优惠
	对在境外遇到不可抗风险而造成损失的企业给予所得税优惠
	关税优惠
投资保险	2005年出台《关于建立境外投资重点项目风险保障机制有关问题的通知》
双边或多边投资保护	截至2007年6月，中国已与121个国家签订了双边投资保护协定 在多边协定方面，中国签署了《解决国家与他国国民之间投资争端公约》、《多边投资担保机构公约》
投资管理制度	2004年《境外投资项目核准暂行管理办法》 2005年《境外投资开办企业核准工作细则》 2009年《境外投资管理办法》、《对外承包工程资格管理办法》 2011年1月《境外直接投资人民币结算试点管理办法》 2011年6月《中央企业境外国有资产监督管理暂行办法》和《中央企业境外国有产权管理暂行办法》 2011年4月，经国务院批准，国家发改委、商务部会同有关部门，正式启动"走出去"部级协调机制

可以说，这些年中国企业的海外投资经营发展迅速，与政府不断加强对企业海外投资的支持是分不开的。但客观地讲，中国已有的境外投资管理和服务体系仍然有许多不完善的地方。未来，需要在以下几个方面进一步完善中国企业走出去的政策支持体系：

(一)发挥政府主导作用，加强制度保障

1. 抓紧制定企业海外投资经营的总体战略规划

中国应根据中国国民经济和社会发展的实际状况和要求，制定中国跨国经营的总体发展战略，并将其列入国民经济发展规划之中。同时，应结合国际经济发展的状况，制定出符合中国实际的经营区域、行业、融资、生产、市场战略等方面的规划，以更好和更有效地指导企业的国际投资经营，避免盲目性和自相竞争。

2. 改革审批体制，提高审批效率

设立一个统一独立的管理机构，如海外投资委员会，在宏观层面上统一领导和协调组织全国的对外投资活动。海外投资委员会应统一目前中国海外投资的

审批标准，在海外投资产业指导目录的基础上，可以结合项目金额和企业的所有制性质而采取不同的审批方式。其中，国有企业应该成为政府对外投资管理的主要对象，其限额以下的项目为自动许可，限额以上的由海外投资委员会进行核准。对于需核准的项目，国家应进一步简化审批程序，减少审批内容，提高审批效率，并将审批内容、程序、标准等对外公布，接受社会和企业的监督。对私营企业的海外投资，只要不属于中国限制投资的敏感领域，应逐步过渡为登记备案制。

3. 加快对企业海外投资经营的立法

系统健全的立法体系是保证企业海外投资得以顺利实施的根本和保障。在总体法律框架方面，中国首先应制定一部符合国际惯例和中国国情的《海外投资法》作为调整境外投资的基本法，以便对中国的投资目标、投资主体、投资形式、审批程序、资金融通、企业管理、社会责任等方面做出原则性规定。在此基础上，可以根据海外投资实践，及时补充境外投资法的实施细则及其他的单项法规，如《境外投资企业所得税法》、《对外投资保险法》、《反海外腐败法》等，彻底改变中国企业海外投资经营无法可依、无章可循的局面。

（二）完善对企业海外投资经营的政策促进体系

目前，由于国内企业在境外缺乏信用基础，企业向境外银行贷款时面临门槛高、利率高、额度少、期限短等困难，再加上国内金融机构“走出去”时间也不长，海外运作能力、经验不足，海外分支机构还比较少，而且分布不均匀，因而对企业的支持难以跟上企业“走出去”的步伐。金融支持的不足已经成为限制中国企业海外投资和在国外进一步发展的短板。

要完善中国支持企业“走出去”的金融体系。

1. 应加大政策性银行对企业走出去的支持力度

如进一步提高进出口银行等政策性金融支持企业海外投资经营的能力，增加资本金，使之能相应扩展优惠贷款和贷款贴息的规模和范围，增强银行抗风险的能力，而且中国的优惠贷款不应只局限于境外资源开发项目等四类项目，对于国内产业结构调整升级有带动作用的服务业投资，有利于转移中国过剩生产能力的生产加工项目，能利用国外先进技术和人力资源的高新技术企业等都应成为资助的对象。还应进一步加快政策性银行在境外设置分支机构的速度，重点是市场前景好、潜力大，中国企业开始进入投资，但金融资源匮乏，商业银行不愿意设点的欠发达国家和新兴市场国家。

2. 拓宽企业的融资渠道

比如,可以建立对外产业投资基金,进行专业化投资。可以设立若干类似中非发展基金的股权投资基金,直接对企业境外投资的项目和公司进行股本投资,基金可以采取国家、企业、银行、专业投资机构相结合的股权设计,实行商业化操作;还可以设立对外并购基金(VC 或 PE),专门通过股权并购,在国际上获取知识产权、品牌、市场份额和资源。

进一步放宽贷款担保限制,如允许金融机构的境外分行向中国的境外企业发放贷款,并支持有条件的企业在国内外资本市场上市、发行债券。

3. 鼓励境内商业银行等金融机构为企业跨国经营提供全方位金融服务

如,可以参照外资银行奉行以本国企业为主要目标客户群的"跟随客户"经验,鼓励商业银行在民营企业对外投资比较集中的区域,尤其是境外经贸合作区、工业园区所在地设立支行或办事处,为走出去的民营企业提供本地化金融服务。同时,境内银行应该进一步与国际接轨,丰富金融产品,为企业跨国经营提供必要的融资支持。

在财税政策支持方面,可以设立海外投资发展基金、中小企业海外产业投资基金、对国家利益有重大意义的产业投资基金等,建立与完善中国的基金支持体系。这些基金可以由财政部、地区政府、商业银行、非银行金融机构以及海外投资企业共同出资组成,根据企业申请,通过一定审核标准,向海外投资提供风险贷款。

另外,以产业政策为引导,凭借多种支持手段,扩大税收政策的支持力度。比如,对于国家重点鼓励的投资行业和项目给予一定年限的所得税减免;对作为实物投资的出境物资和通过境外投资带动的机器设备、中间产品的出口给予全额退税;完善目前的税收抵免制度,补充间接抵免的具体操作方法,并将加速折旧、延期纳税、设立亏损准备金等间接鼓励措施引进中国的税法。

(三)健全对企业国际投资经营的风险控制体系

为了帮助企业加强"走出去"的风险控制,可以进一步完善如下几个方面:

1. 建立公共信息服务平台

政府可以借助中国驻外机构、商会、已在境外开展经营的银行和其他金融机构等各界的力量，加强对重点国家和地区的政治经济形势、民族宗教矛盾、不同阶层力量对比等重要政治信息的收集、整理、评估和发布。通过搭建政治风险信息网络服务平台，为中国企业“走出去”提供及时、准确、专业、权威的政治信息预警。目前，商务部的国别障碍报告系统、投资促进局的《国别投资指南》和中国出口信保公司的《国别风险报告》已经发挥出一定的风险防范功能，但还有待进一步促进和相互协调，以便发挥更大的作用。

2. 提供经济外交支撑

中国政府应充分利用和平外交手段，与相关国家建立友好合作关系，为中国企业的海外投资提供实质性的保障机制，必要时给予灵活、务实的外交努力和支持。中国要加大使馆、外交部、商务部等主要涉外工作部门的经济外交力度，充分发挥磋商机制作用，加大力度推动投资保护、司法协助、领事保护、社会保险等国家间双边、多边协定的签订，营造良好的对外投资保护环境。

3. 完善对外投资保险制度

目前，以政策性保险手段支持企业跨国投资的制度在中国正逐步形成，但起步晚，支持力度不大，特别是依托于双边投资保护协定的保险机制还很落后。今后，政府要在中国出口信保公司的基础上，允许、鼓励其他保险企业参与对外投资的保险业务；尽快开发国外投资保险的新品种，推进多种商业性、政策性保险；在全球范围内对政治风险进行分保和再保险，进一步分散风险；设立国家海外投资风险基金，增强中国企业跨国投资的整体抗风险能力。对于一些特殊行业的境外投资，应当尽快发展完善境外投资保险制度，为其提供风险保障。比如，资源能源类的境外投资在企业经营过程中面临政治的、法律的诸多风险，且此类项目投资巨大，企业自身难以承受相关风险，尤其是中国在境外能够获取的资源能源大多分布于政治经济不稳定的敏感地区，所以应当尽快建立系统完备的资源能源类境外投资的保险制度。对于此类项目，保险公司应当承担较高额度的风险损失，以化解潜在的境外投资风险，消除企业境外投资的顾虑。此外，还应当设立海外资源勘探开发专项基金，支持中国的资源能源类企业开展对外投资，获取海外矿产资源，满足国内的资源供应需求。

（四）完善企业国际投资经营的服务保障体系

随着中国境外投资规模的扩大，企业更加需要获得多元化的境外投资相关服务。境外投资服务主要包括投资国环境调研分析，海外投资经营过程中涉及的法律服务、财务服务和税务服务等内容。中国企业目前获得境外投资所需信息的渠道相对有限，除了政府公布的官方信息外，大部分只能求助于国外的中介服务机构。而中国国内的境外投资服务机构相对缺乏，服务水平较低，服务内容也不够丰富，整体发展水平相对滞后。虽然中国已经在境外投资服务方面做了很多工作，但是政府的力量是有限的，不可能满足企业越来越多元化的需求。政府在提供基本的、相对宏观的境外投资服务的基础上，必须积极发展国内非政府的境外投资服务体系，为中国企业走出国门提供多方位的服务。

1. 大力加强中国专业服务公司的国际化建设

主要的工作应集中在规范现有相关机构的运作模式与相关人员的业务素质方面，中国的信用评级、会计和律师行业的市场化较晚，市场发展也还很不完善。因此，当务之急是培养一批业务熟练、国际交流能力强、相关经验丰富的专业化人才；同时，应按照国际通行模式规范中国相关领域的公司运营与业务操作，早日实现在这些经济领域的国内企业与机构的经营运作规范化与国际化。

2. 推动和鼓励投资银行的壮大与海外业务的发展

重点扶植一批有实力的国内银行，在大量积累经验的基础上不失时机地走出国门，有计划、有目的地在重点国家和地区设立分支机构，同时要搞好已有的海外网点建设。重点为中国的境外企业提供相关的融资、流动资金贷款等方面的支持，更好地为中国跨国经营型企业服务。

3. 要调动各种进出口商会和行业协会的积极作用

商会与各类行业协会在服务的专业性、联系的广泛性以及信息观察的敏锐性等方面具有优势，由于该类机构来源于民间，来源于专业化的市场和企业，因此在信息沟通和交流，提供咨询与服务，以及在不同行业和企业间建立联系等方面，行会与商会的优势会更为明显。所以，在推动中国企业国际投资经营的过程中，应充分调动各种进出口商会和行业协会的积极性，维护中国企业的海外利益，防止不正当竞争，保持正常的海外经营发展与竞争秩序。

专题报告

跨国经营优势模式的重新定位及中国实践

强化合规经营 推动对外投资健康发展

高冲突地区投资风险的再认识

——中国在缅甸投资的案例研究

中国与印度企业在欧洲跨国并购之比较

中国企业：成败并购

唯改革唯创新才有未来

中国企业走出去的六大非市场风险及对策

——论资源能源类海

外投资、对外承包工程的非市场风险

行百里半九十

——中国企业通往国际竞争力之路

国外支持企业国际投资经营的经验及其启示

跨国经营优势模式的重新定位及中国实践

传统的国际投资理论大多以发达国家大跨国公司为研究对象，强调国际投资经营企业的前提条件，强调一国产业和企业之各种既有优势，包括既有的垄断优势、内部化能力优势、技术优势和发展阶段优势。按照这种理论，我国许多企业都不具备这些优势，不可能进行国际投资经营。

但事实上，许多中国的大、中、小企业都成功地走上了国际投资经营的道路，不少企业还直接打入了发达国家的市场，并取得了较好的经营业绩。对此，西方传统的对外直接投资理论无法说明和解释。于是，有些西方国家学者将中国企业海外经营的成功主要归于我国政府的支持和驱动，或归于我国企业的不公平竞争，包括牺牲社会责任、环境责任和商业道德等。

为了破解国际上的这种质疑，本文在梳理分析传统国际投资优势理论的基础上，针对全球经济发展的最新形势及我国独特的国情，提出了更具有时代特征和更符合我国独特国情的两种新的优势理论，即相对优势理论和互补优势理论。在文章的结尾，我们依据新的优势理论，结合我国企业跨国经营特点和趋势，提出了我国企业国际投资经营模式选择的战略性框架。

一、跨国经营模式的传统思路及其局限性

国际上传统的跨国公司国际投资理论主要以发达国家大跨国公司为研究对象，强调跨国公司对外直接投资的条件——既有的各类优势。这些传统理论的出发点是：企业的跨国经营面临着有质的区别的更高交易成本和风险，因此企业跨国经营的必要条件是具备某种竞争者所没有的优势[①]。跨国公司国际投资传统理

---

① 尼·胡德、斯蒂芬·杨：《跨国企业经济学》经济科学出版社，1990 年，第 55 页。

论的具体内容简述及分析如下。

(一)国际投资经营战略的传统理论依据

1. 垄断优势理论

垄断优势理论是海默于1960年在其博士论文《国内企业的国际化经营:对外直接投资的研究》一文中首先提出的。海默认为一家公司之所以对外直接投资是由于它具有一种或数种当地厂商所缺少的优势,而且这种垄断优势足以抵消跨国经营所产生的障碍、可能发生的风险和额外增加的成本而且能获取满意的利润。垄断优势理论回答了“为何”这个核心的理论问题,对企业对外直接投资从事跨国经营的条件和因素作了科学的分析和说明,对于指导和推动发达国家的企业进行跨国经营起到了积极作用。但该理论无法解释不具技术等垄断优势的我国企业为什么也日益增多地向发达国家进行跨国经营的情况。

2. 内部化理论

内部化理论是由英国学者巴克利和卡森两人在1976年出版的有广泛影响的《跨国公司的未来》一书首先提出的。他们把自己的理论建立在由美国学者科斯提出的交易费用学说的概念基础上。科斯认为只要企业能在内部组织交易并且其费用低于公开市场交易的成本,企业就应该将交易内部化即以统一的行政管理取代市场机制。

内部化理论主要解决了“何时”这个核心理论问题,指出当具备用低成本在企业内部转移优势的能力时,就可以对外投资以将产业链上的外部交易变为内部交易,以克服中间产业市场的不完全性。内部化理论发展了垄断优势理论。首先这种理论较符合生产过程的实际,对我国企业的跨国经营能做一定解释。其次这种理论用动态分析取代静态分析,强调企业优势的内部转移和应用,比较接近实际情况。但内部交易为什么非要跨越国界?由于缺少从国际经济环境方面进行分析说明,使这一理论存在缺陷。

3. 产品生命周期理论

产品生命周期理论最先由美国哈佛大学教授弗农于1966年首先提出。他认为企业对外直接投资是伴随产品生命周期运动展开的,是对出口产品方式的替代。他指出企业生产的产品按生产技术应用状况可分为新产品、成熟产品、标准化产品三个阶段。在不同阶段,由于要素密集度不同、产品所属类型不同、技术先进程度不同以及产品价格不同,使得各国在产品处于不同时期时所具有的比较利益不同。对外直接投资的最佳行业选择是生产进入成熟期的行业,而且选择靠近市场和生产要素价格低的地区,这是延长产品盈利时间的最佳途径。

产品生命周期理论主要回答了"何地"这个核心理论问题,较好地解释了国际直接投资的区位流向,对我国企业也有指导意义。比如我国轻纺、家电、电子、食品等处于技术成熟期或标准化期的行业,已具备了相当的技术条件、资金实力、人才优势和经营能力,但目前国内生产能力过剩,竞争激烈,利润微薄,而反倾销、贸易保护主义对这些行业产品的出口又极为不利,所以我国的这类企业,可以按照产品生命周期理论及世界经济格局形成和发展的规律,走到接近海外主要市场和具有更低成本要素的国家和地区发展跨国经营。该理论的局限性是主要适用于我国初次进行跨国经营的、生产最终产品的企业,对于已经多次和广泛在全球进行跨国经营的我国企业的行为难以进行解释。

4. 投资发展周期理论

邓宁(John Dunning)在 1981 年提出国际生产折中理论,继而延伸与发展出国际投资发展周期理论。该理论的基本思想是,一国的经济发展状况和水平对本国企业的所有权优势和内部化优势的实现以及本国区位优势的状况都将产生重大影响,从而决定该国直接投资的地位和状态。邓宁将各国以人均 GDP 为标准的经济发展水平分为四个阶段,并指出在不同阶段直接投资的流出入状况。

投资发展周期理论的突出贡献在于回答了"何阶段"这个核心的理论问题,从宏观上构建了一国直接投资的演进模型。实践表明,世界上多数发达国家和发展中国家国际投资地位的变化基本上符合这一趋势。但仅以人均国民生产总值这个单一指标来反映各国的经济发展阶段并据此来判断各国的优势状态和国际投资规模,难免会使结论与实际产生一定程度的背离。

(二)国际投资经营战略传统理论的局限性

以上传统的国际直接投资理论产生的前提是,各国的供给、生产条件不可改变,资源和生产要素不能安全自由地在国际间流动。然而,20 世纪 90 年代以来冷战结束以及经济全球化与信息化的快速发展,已使上述(前提)条件发生了巨大而深刻的改变,大大加速了人力、资本、技术、信息、商品、服务的跨国流动,促进各种生产要素全球优化配置,改变了原有经济、贸易和投资的格局,也使经济运行模式发生了变化。

认识这些变化,是我们能否做到国际投资战略理论"与时俱进"的关键。

1. 信息技术和新经济的飞速发展，导致国际投资经营的成本大幅降低

所谓“新经济”，是指由信息技术和当代其他高科技驱动，以创造性的人力资源为依托，以知识和信息的生产、加工、分配和使用为基础的可持续发展的新型经济形态。新经济把经济活动数字化、网络化，使知识的储存数字化、编码化，这样，知识的生产、流通和使用都能通过计算机和网络技术来运行，它改变了资源配置方式，以全球市场为导向，促使资本、生产、管理、商品、劳动力、信息和技术等跨国界流动的成本大幅降低，给世界各国的经济社会带来一场革命性变革。

2. 贸易投资便利化的全球政策性变化，导致跨国投资经营的障碍和风险大幅降低

企业跨国经营必然涉及产品、资本、技术的跨国界转移，各国政府支持和欢迎这种经营活动，是跨国经营的基本前提条件。1990 年代初冷战的结束把世界上所有的不同类型的国家都程度不同地卷入了全球化的大潮，各国普遍要求国家行为的规范化和有序化，国际协调的需要从未像今天这样迫切，完善国际协调机制的条件趋于成熟。这不仅表现在全球化、区域化、多边性和双边性的制度化协调机制均有重大突破，内容涉及经济、政治、能源、环保等各个方面，而且表现在大量规范国际关系的运行体制、原则已被绝大多数国家所接受和认可。这大大降低了国际投资经营的障碍和风险。

3. 全球公司的发展，导致发展中国家企业进行国际投资经营的必要性大幅上升

1990 年代以来，发达资本主义国家的跨国公司加速了全球配置资源的竞争，在这一进程中，原先作为跨国公司投资目标国之第二梯队的广大发展中国家也被纳入跨国公司全球战略，包括中国在内的一些新兴市场国家甚至成为跨国公司必争之地，这导致包括中国在内的发展中国家的国内市场迅速国际化，进而导致发展中国家的各类企业，包括具备或不具备优势的企业，均也必须在全球范围内配置生产要素，才能维持正常的生存与发展，只是时间上有先有后、程度上有多有少而已。

4. 全球性产业的发展，使得企业国际投资经营的阶段性规律弱化

1990 年代以来，以知识经济为代表的新产业获得飞速发展，与此同时跨国公

司加速全球配置资源,“以世界为工厂,以各国为车间”直接促进了生产网络国际化体系的逐步形成,继而推动了全球产业的形成,即产业链全球细分和分布,这两者效应的叠加,完全打破了以往世界经济发展的规律和步骤,它使后进国家和不发达国家有可能通过加入跨国公司的全球产业链而获得原先在国内自成体系的产业链中无法获得的跨越式发展机会,摆脱本国经济发展阶段的限制,跨越国际投资经营的一个或几个阶段(海外贸易 - 海外营销 - 海外生产和研发 - 跨国公司),直接发展成为跨国公司。比如吉利对沃尔沃的收购就是一个体现。这是因为发展中国家的产业尚未完全定型,相比之下,这些国家完全可能对“全球产业”和“新产业”适应更快,转型也更快,因而能发挥后发优势,获得超常规发展。

5. 全球化的深入使得企业竞争范围扩大,影响竞争优势的因子更加多元复杂,导致优势的相对性特征凸现

从整体上看,发达国家大垄断企业具有明显优势,但从某一行业分析,不同国家的企业可能各有所长,在某些因素上均可能具有相对的优势。在全球化深化的环境下,随着企业配置资源和竞争范围的扩大,影响优势的因素也相应增加,不仅包括国内的资源禀赋的结构、国内市场特点、消费者需求、技术配套能力、经济制度等,还同时包括投资目标国的相应情况等诸多方面。但与此同时,世界经济发展又具有较大不平衡性。两个因素的叠加导致任何企业的既有优势作为对外直接投资的条件均只能是相对的,而不是绝对的;优势的强弱也是相对同一区域、同一市场中同一行业的其他企业而言。例如中国制造业的企业将密集使用劳动力和规模较小的设备和技术转移到发展程度更低的国家,相对于发达国家密集使用资金的先进技术更具有区位优势,更适应发展中国家的市场规模特点、消费者需求特点、技术配套能力、政府管制方法等。

(三)重新定位我国企业国际投资经营的战略思路

总之,在经济全球化条件下,跨国经营已经成为企业成长的一般方式。一个仅在国内配置生产要素的企业,面对许多在全球范围内调配生产要素的竞争企业,是难以生存和发展的。而通过跨国经营,可以赢得国际竞争优势。美国国会对上千家企业的一项跨度达 10 年的调查发现,跨国企业比本土企业的存活率高 50%①。因此,我们要突破传统国际投资经营理论的桎梏,从全球化的时代性视角,重新定位我国企业跨国经营的战略思路。

① 康荣平:“中国企业‘走出去’的若干理论探索”,载全国工商联 2008 年度“中国民营企业‘走出去’状况调查”书稿。

1. 应充分认识全球化、全球公司和全球产业发展的最新形势，重新认识走出去的必要性、战略性、全局性和长期性

把具有比较优势的供给过剩能力转移到国外市场,把国内市场发展受到限制的企业供应链扩展到国外市场;逐步由点到线,由线到面地发展地区乃至全球供应链综合运作能力,从而提升我国企业的国际竞争力。

2. 应充分认识全球公司的发展规律，主动融入并扩张于全球公司推动的全球产业链中，实现跨越式发展

关于企业跨国经营的发展模式,较流行的观点是渐进式发展模式。即依次经历不规律地间接出口、规律地间接出口、直接出口、建立海外销售机构、建立海外生产机构。但是,在全球化背景下,随着国内市场国际化、国际市场国内化,中国企业在开展跨国经营的过程中,也可以不用完全按照国际化的几个阶段一步一步地向前发展,而是依据自身条件的许可,通过对外直接投资进入国际市场,开展跨国经营。

3. 应充分认识全球产业发展的规律，通过国际投资经营主动促进我国制造业的梯度转移

相对于以往产业变迁的先例,我国存在一些特殊情况。例如,我国人口众多且城市化进程缓慢,因而存在相对较大、且持续时间较长的低廉劳动力资源;再比如,我国内部市场广阔,特别是大量农村市场对较低端的产品仍有广泛需求,从而产业升级缓慢。但即便如此,人民币的不断升值以及国内各方面成本的不断攀升已经对我国产品的国际竞争力造成了威胁;加之发达国家保护主义倾向的抬头,因此,从长远来看,我国制造业的对外转移也是必然会发生的。与其被动地接受产业转移的结果,不如主动地探索转移的可能性。

4. 应充分把握贸易投资便利化的机会，通过国际投资经营缓解国内能源压力、适度利用和掌控国际资源

近几年,不少国企和民企,通过参股或控股的方式投资于拥有资源的国外企业,这种方式也只能部分地解决问题,并且难以持续。一方面,参股或控股拥有的资源的国外企业只是拥有了部分收益的分配权,并不等于拥有资源本身[12];加之,资源对于各国来讲,都是国家财富,从历史上看,没有任何一个国家会坐视本国的资源大量被外国掌控,更不用说实质性的大量外流了。因此,这种获取他国资源的方式，势必会受到国家的抵制。为此，探索将大量消耗能源的部分产业适度分散、缓慢地实现向资源丰富的发展中国家的转移，在一定程度上，会逐步减缓对我国能源的需求；与此同时，实现对外投资的我国企业，也在一定意义上利用和掌控了部分国际资源，并且拓展了国际化获取收益的空间和培养了国际经营的能力。

5. 应充分利用信息技术和新经济带来的跨国经营便利，分享发展中国家成长机会、整合发达国家的比较优势

从我国改革开放30年的历史中，我们深刻地体会到，在发展中国家经济起飞的过程中，会呈现出大量的发展机会。例如，许多产业从无到有的建设；国内市场从小到大、从低到高的发展等等。相对于发达国家的成熟市场，这种刚刚起步的市场的发展机会对我国企业是非常宝贵的。华为、中兴对海外发展中国家市场的成功开拓，就是与发展中国家共同成长、快速实现经济规模的范例。

作为“跟随者”，中国的对外投资起步晚，缺少国际化人才。相对于投资发达国家市场，我国企业投资于发展中国家市场会相对容易，因为我国的经济发展水平和制度环境与发展中国家相对比较接近，通过加大对发展中国家的投资，既可以分享发展中国家投资机会，又有利于我国企业对海外市场的初步探索和国际化人才的逐步培养。

此外，还应充分考虑投资发达国家的战略需求。从长远来看，投资发达国家首先应定位于跨越贸易保护，分享世界上最大规模的消费市场。其次要定位于获取技术、品牌等要素资源、引领企业竞争能力的提高和促进产业升级。

二、在发展中国家投资经营的中国式战略：以小胜大的“相对优势论”

到目前为止，我国的对外投资90%以上都是投资于发展中国家。为什么我国企业的小规模技术创新能在特定市场打败西方跨国公司的大规模高新技术的创新？

（一）以小胜大取得优势的原因分析

在现实经济中，一方面，每个企业仅对市场上的部分技术有所了解，并且必须为技术的转换支付巨额的成本，所以，每个企业对技术进步的了解是有局限性的；另一方面，创新企业的技术进步带动了与其相关的产业的技术革新，当整个产业通过技术进步使用新技术后，那些被淘汰的旧技术不可能再次被有效使用和转

移，技术即具有了不可逆性。

小规模技术创新的优势使得我国企业具有在发展中国家发挥作用的巨大潜力，是因为发达国家企业的技术多为适合大规模产业化的高新技术，但发展中国家的技术当地化是在不同于发达国家的环境中进行的。而发展中国家大多数产品的市场规模小，适合大规模产业化的高新技术相对于发展中国家的技术吸收能力、小规模市场特点、追求价廉物美的消费者偏好等而言，不是特别适应。反之，我国企业所具有的技术优势本身就是适合于小规模制造的技术，只需稍加改动就能较好迎合其他发展中国家的技术配套和市场特点，因而具有更大适应性，主要体现在以下几个方面：

1. 更适应发展中国家的技术吸收能力

发展中国家对外开放本国市场的根本诉求，是期望外来资本能够为其本国企业带来技术、管理等方面的先进生产要素，从而帮助其本国产业和企业的发展。当引进的外资与本国企业的能力差距较小时，最有利于外资溢出效应的产生。这一结论，在我国的开放实践中，也已得到了充分的证明。在发展中国家市场上，相对于来自发达国家的企业，我国企业在技术、管理等方面与发展中国家企业的能力差距相对较小，因而，发展中国家企业可以基于其现有的能力基础通过学习和适度竞争来有效地获取我国企业产生的溢出效应，达到提高劳动生产率的目的。

2. 更适应发展中国家的市场特点

低收入国家制成品市场的一个普遍特征是需求量有限，西方跨国公司的大规模生产技术无法从这种小市场需求中获得规模效益，而我国许多企业所拥有的小规模生产技术，属于劳动密集型，具有规模上的灵活性，正好能满足小市场需求。

3. 更适应发展中国家消费者偏好

与发达国家跨国公司相比，生产成本低、物美价廉是我国企业的竞争优势，也是抢占市场份额的重要武器。由于发展中国家市场需求的价格敏感性较高，在购买力有限的条件下对产品的性价比更加重视，从而我国企业提供的产品就呈现出了明显的相对优势。此外，在不熟悉国际知名品牌的发展中国家市场上，中国品牌也因中国在世界上迅速崛起这一事实而被赋予一定的号召力。中兴通讯在争取发展中国家的客户时，常常会邀请他们到中国来参观，这一举措频频奏效的理由也正是如此。

4. 更顺应当地化采购要求

由于普遍存在的外汇短缺和收支逆差问题，许多发展中国家政府都采取了各种限制进口和鼓励进口替代的措施，我国企业通过适应型研发积极探寻用本地投入来替代特殊进口原材料的技术。一旦拥有了这类技术，它们又将之推广到面临同样问题的其他发展中国家，从而在东道国拥有了发达国家跨国公司所不具备的特殊优势。

5. 更顺应我国企业在国内的比较优势

小规模技术创新恰好能与我国廉价研发劳动力、大型家族企业或国有企业的优势相结合，从而获得资金、管理和技术等方面的额外优势。

6. 更加适应特殊群体的需要

我国民族产品的生产、研发和销售具有巨大的相对优势。这一部分对外投资具有鲜明的民族文化特点，以海外同一种族团体的需要而建立，利用母国的当地资源，使用传统知名品牌，具有生产成本优势，能够在侨民散布的世界各地投资经营。

（二）“相对优势论”的战略指导意义

虽然我国“走出去”的企业普遍规模偏小、产品档次不高、尚未形成自己的品牌优势。但是，任何事物本身都具有两面性。我们应当摒弃那种只能依赖垄断的技术优势打入国际市场的传统观点，将我国企业对外直接投资竞争优势的产生与发展中国家自身的市场特征有机结合起来，这既能解释我国一些看似不具备全球竞争优势的企业在海外的成功，又能增强我国企业在国际化初期阶段竞争取胜的信心，也有利于我国企业充分认识自己的优势，扬长避短地制定国际投资经营战略。

1. 我国企业应当注重投资地区多元化

我国企业的跨国投资不应过分依赖一些国家和地区，应树立多元化发展的观念，更多寻找和开发我国企业具备适应性比较优势的国家和地区，争取规模效应。

2. 区位战略应当实事求是地考虑行业和企业的具体特点

我国不同行业和不同企业的发展阶段不一样，有些差距还较大，因而在不同投资区位的适应性不同,比较优势的发挥也不同。所以不同行业和不同企业应当采取现实主义态度,切实分析行业和企业的具体特点,理论联系实际地采取适合的区位战略。

3. 我们应当扬长避短,着力在发展中国家进行跨国投资经营

需要注意适者生存战略的实际运用,尽量寻找竞争对手的薄弱环节优先突破。总体上来看,我们拥有比较优势的国家主要是发展中国家,尤其是与我国相邻的东南亚各国以及有利于绕过贸易保护主义限制壁垒的发展中国家。这些国家经济水平与我国相近,投资成本低,市场潜力大,投资政策优惠,有利于发挥我国企业的相对优势。而这些地区又往往是西方竞争对手忽略或放弃的盲点地区,所以我国企业在战略战术上,应优先借助在发展中国家投资作“跳板”,作为我国企业产品进入发达国家市场的捷径。

(三)“相对优势论”的局限性

企业可以将自己的优势建立在两个不同的层次上。低层次的优势是一种“比较优势”,而高层次的优势则是一种“竞争优势”。与适应型比较优势相比,差异型竞争优势通常能够为企业带来更高的收益,因而代表更高的生产率水平,而且不容易被竞争对手模仿,从而更有可能长期保持下去。这是资深战略管理理论家麦克尔·波特为业界熟知的观点。

适应性比较优势只是竞争优势的基础和必要条件。在具备了适应性比较优势的前提条件下,我国企业仍需通过跨国经营全面寻找将比较优势上升为竞争优势的路径。所以,我国企业的战略突击方向不能仅仅停留在比较优势上,而是要在充分利用比较优势资源的同时,通过跨国经营去配置发达国家的比较优势资源,以达到提升整体优势的目的。甚至,在能承受的风险范围内,短期内放弃自身部分比较优势,以配置竞争对手的比较优势,从而换取长期竞争优势。海尔就采取了这种做法。

(四)“相对优势论”的案例分析

调研还发现,国际投资经营中目前取得最大成功的我国企业是将比较优势战略和竞争优势战略结合较好的企业。

华为是这方面比较成功的案例。华为先在周边地区和发展中国家设立跨国生产企业,一方面逐步熟悉海外企业运作和市场,另一方面则是充分发挥适应性比较优势。但是华为并没有止步于此,而是继而采用“农村包围城市”的战略稳妥

打入不能充分发挥适应性比较优势的市场，先以贸易方式打入发达国家，在建立了一定市场基础后，在发达国家建立生产和服务基地，开展产、研、销一条龙的跨国经营。

TCL 则是比较失败的案例。TCL 在发达国家收购电视和手机制造企业的战略思路，就是先局部牺牲比较优势收益，以换取长期的竞争优势。可惜的是，跨国经营之初，TCL 没有掌握好这两个战略之间的衔接和尺度，未能及时将海外生产转移到低成本的国内而招致失败。而近年来则正是通过重新大力结合自身的比较优势而渐渐走出困境。上工申贝等企业为争取获得差异型竞争优势，未能充分利用甚至不明智地放弃了适应型比较优势，在可持续经营发展上面临困境，没有取得预期的成功。

海尔可以算是一个特例，但是海尔所处的行业和投资地的美国市场在该行业上体现出的技术标准变动频繁等特性，导致其另类的成功更多地具有逼上梁山的特征，而且对其成功与否的看法在业内存在分歧，有不少人认为如果其没有逆市而为，应该可以取得更大的成功。

三、在发达国家投资经营的中国式战略：以弱胜强的“动态优势论”

中国企业在技术、品牌等重要因素方面，相对于发达国家市场上的国际企业和本土企业，都不具备绝对优势；而且并不是特别适应发达国家的市场特点、消费者偏好、技术配套情况、政策制度环境等，因而也不具备适应性比较优势。

在不具备任何优势的情况下，我国企业为什么仍然能够以弱胜强？这个问题也困扰着许多西方学者，有些甚至将我国企业的成功主要归于政府驱动和企业不公平竞争，这种归因具备很大的不公平性。

其实，在全球化背景下，企业优势除了具备相对性特点之外，还具有另外一个重要特点，那就是动态性。在全球化条件下，不具备优势的企业，能较容易地通过跨国经营活动，通过在更大的空间配置资源，取得原先局限于国内所无法获得的某种有利的经营条件。缺乏技术优势、规模优势等弱小企业，可以通过对外投资在国外市场寻求补偿性资产，从而使其资产组合达到平衡，使竞争优势得到显著增强，甚至使战略地位发生根本性逆转。在有些情况下，相对于优势企业而言，弱势企业从对外投资中获得的收益有可能更多。

最近几年，我国的对外投资平均每年有 7% 左右是投向发达国家的。与投资于发展中国家市场不同，我国企业投资于发达国家市场，不但缺乏传统的绝对优势，也缺乏适应性相对优势。但中国企业决定到海外去投资，大多不是为了利用他们现有的优势，相反，是为了更有效地配置竞争对手的高度补偿性资源，从而弥补自身的比较劣势。

（一）以弱胜强取得优势的原因分析

我们的调研发现中国企业以弱胜强的主要原因在于以下几个方面。

1. 依托国内低成本的制造优势

经过30年的开放与发展，我国早已是全球公认的世界加工厂，我国生产的产品在质量和功能方面是符合国际市场需求的。这种制造能力在我国遍布多个产业，规模大且产品非常丰富，在当今世界的其他发展中国家是不多见的。这使我国企业在强手林立的发达国家投资经营时，比较独特地享有了通过搭建与我国制造能力相连接的国际产业链、充分利用本国低成本制造优势的能力。集中体现在充分利用国内的低成本供应能力以及直接利用国内的低成本生产能力方面。

2. 依托本土广阔的市场和在本土市场强大的运营能力

受限于中国企业的技术能力，中国市场所需要的许多中高端的产品还需要从国外进口，事实上，随着中国市场产品需求的不断提高和中国制造业的转型与升级，中国市场对中高端产品的需求也越来越广大和丰富。对于发达国家那些未展开国际化经营或国际市场较窄的制造企业，一旦拥有了中国市场，无疑会帮助它们迅速扩大经济规模，从而直接获取降低成本、享有规模经济的好处。这一点，也是其他发展中国家不可比拟的。

3. 与发达国家企业之间高度优势互补

中国企业对发达国家的投资与发达国家的本土企业有很好的互补性。如前所述，发达国家未国际化的本土企业所拥有的，无论是相对较高的技术，还是本土市场熟悉的品牌和渠道，都是中国企业到海外投资所追求的；而发达国家这些本土企业所面临的成本困境，恰恰是中国企业可以通过有效利用本土优势加以克服的。这一要素的互补关系，奠定了中国企业投资于发达国家市场，与发达国家本土企业相互合作的重要经济基础。

4. 与发达国家政府诉求高度一致

与发展中国家政府对外来资本技术外溢的诉求不同，创造（至少是维持）本土市场就业机会，是发达国家政府的最大诉求。在当今金融危机的情况下更是如此。而对于刚刚开始从事跨国经营的中国企业，为了将获取的技术、品牌、渠道等无形资产有效地加以利用，必须保留熟悉这些无形资产的特性，并且理解其应用环境的原有企业的员工和管理人员，恰恰符合发达国家政府保就业的诉求，为我国企业在发达国家投资经营奠定了良好的政策导向基础。

5. 依托增强的技术外溢效应，获得尾随优势和干中学优势

国际上的研究显示，技术外溢包括国内技术外溢和国际技术外溢，而国内技术外溢比国际技术外溢快得多，溢出和扩散效应随着地理距离的扩大，作用呈下降趋势。Fosfuri 和 Motta(1999)指出，缺乏优势的企业通过开展跨国经营可靠近技术领先者而便于学习和获得领先者的技术，从而提升其长期的竞争优势与盈利能力。在发达国家开展跨国经营的我国企业因而可以更多地获得发达国家企业技术外溢的好处，而技术外溢又带来了尾随优势和干中学效应。尾随优势是指缺乏优势企业与优势企业存在较大的技术差距时，前者可能会从当前的生产技术及正在从事的研发活动中获得更多好处；干中学的效应是指落后国家或行业不用经过专门的研究与开发，而在技术外溢的过程中边干边学就可以获得先进的技术。当某一行业提高要素使用率的时候，通过尾随优势和干中学效应也将受益于其他行业。

(二)“动态优势论”的战略指导意义

投资于发达国家的“动态优势论”有以下战略指导意义：

1. 既要扶持大型企业，也要重点扶持中小型企业在发达国家投资经营

根据“动态优势论”，我国应支持在国际市场上缺乏竞争优势的民营企业，在投资地技术外溢比较大的产业部门进行对外直接投资，以获得先进技术，这些产业部门包括低污染、低耗能产业，新技术、新设备、生物技术、新能源产业以及空间利用和第三产业。实际上在发达国家取得投资经营成功的企业不少是民营企业，如四通集团、万向集团、新希望、华为、科龙、东方集团等，都已不同程度走向国际市场。目前应积极引导和规范这些民营企业海外投资的经营活动，鼓励各地根据地方特色，组织企业综合、深度开发某个市场，连片开发，并在贷款贴息、信息服务、海外投资保险等方面给予帮助和扶持。

2. 应注意研究和发挥我国企业在发达国家细分市场的比较优势

虽然我国企业整体竞争力不如西方大企业，对发达国家市场的适应性也较差。但仍不排除在发达国家企业忽略的某一细分市场或薄弱环节，我国企业仍然可能具备比较优势。海尔首选进军美国市场，灵活针对美国大学生需求特征设计的白色冰箱能够大获全胜，正是这一思想策略的最好应用。

3. 应鼓励具备战略意义的幼稚产业的企业到发达国家投资

对于那些国内发展尚处于成长阶段但对国家综合竞争力意义重大的幼稚产业如电子信息、生物制药等，尽管现在处于比较劣势，仍应不失时机地加以扶持，积极鼓励它们前往发达国家开展研发机构布设等前沿工作，近距离从对手身上学习最先进的技术、管理技能与全球营销经验，从而在投资过程中动态弥补累积与自身禀赋相匹配的资产资源，最终形成有利的比较优势。

4. 应积极促进在发达国家的合作型投资模式

一是通过与国际知名厂家的品牌和渠道合作，推动我企业做大做强。我企业在欧美一些发达国家，通过境外生产与品牌共享，绕开贸易壁垒，提高了家电和纺织产品在这些国家的市场占有率。如联想收购 IBM 个人电脑业务并实现成功整合就是一典型例子。

5. 应将“走出去”与“引进来”相结合

京东方 2003 年通过收购韩国现代企业的 TFT－LCD（薄膜晶体管有源阵列显示器）业务，在较短时间内带动了国内相关产业实现跨越发展，曾显现引进消化吸收再创新的成效。

6. 应积极促进境外收购、参股、重组性投资

美、日、欧等发达国家社会政治较为稳定，大都实行鼓励外来投资的政策，提供投资者各种低息贷款，这为我国企业进军这些市场提供了大好时机。通过收购、兼并实现的直接投资目前已占到 2012 年我国对外投资流量的五成以上，这方面成功的案例很多，应当继续大力促进这种趋势，特别是在资源、电信、家电、石化、纺织、汽车等领域，鼓励国内企业收购兼并国外企业或者在海外建立研发中心，开发技术资源。金融危机以来，发达国家开始加速结构调整，劳动密集型产业继续向资金技术密集型方向转换。这便为我国企业发挥优势，参与国际竞争，进

行对外投资提供了机遇和可能。

(三)"动态优势论"案例分析

万向公司的跨国经营较具代表性。与国际跨国公司相比,万向在技术、质量上比不过优秀的同行;在国内,万向在成本、价格方面比不过小厂。万向成功的关键在于通过国际投资经营成功整合了国外竞争对手的比较优势,使资源在跨国嫁接、转移、互换中,得到了有效的放大和提升,最终以弱胜强,1998 年收购了舍勒公司,而此前万向为舍勒公司贴牌生产长达 14 年,万向最终取代舍勒成为全球万向节专利最多的企业。万向的反向 IEM 收购曾经被评为全球并购史上的一个奇迹,但是看似偶然背后其实存在必然。

随着世界经济的发展与国际产业的变迁,即使是 IBM 和汤姆逊这种老牌跨国企业,即使因全球化经营已获取了发展中国家的地点优势,仍然可能因丧失在制造领域的优势而让位于发展中国家企业。调研发现,这种类型的产业转移或交接,在多个行业都存在,包括工程机械、机床、纺织、汽车、钢铁、电子、传统服务业等。比如华为和中兴通讯迅猛地国际化拓展,早就以其丰富完整的产品线和更具性价比的电信解决方案,迫使诺基亚、西门子等老牌通讯设备企业不得不通过合并的方式强强联合来维持规模效益,勉强维持在行业中的竞争力,而 2009 年华为更是迅速蹿升为全球第二大电信设备供应商,仅次于爱立信。

强化合规经营 推动对外投资健康发展

随着经济全球化全面发展,中国企业对外投资面临的国际条件发生了根本的改变。在战争、革命和对抗的年代,跨国公司往往借助本国武力或者通过不公平交易在发展中国家掠夺资源。在当今和平发展与合作的新时代,跨国公司必须与时俱进,通过负责任的商业行为整合全球资源才能赢得成功。

走向世界的中国跨国公司不仅要学习全球投资和经营的战略,而且要学习和了解全球经营的新规则,通过负责任的商业行为与投资所在国互利共赢。

一、跨国投资呼唤企业合规经营

大约10年前,在一些MBA的课程中企业主要责任还被确定为实现股东价值最大化。然而,进入新世纪以来越来越多的跨国公司在强调企业经济责任同时,也在强化企业的社会责任和环境责任。企业责任是包括经济、社会和环境责任在内的一个不可分割的完整的责任体系。强化公司责任已经成为全球企业的潮流。

1. 全球公司与全球责任

这种新的企业责任理念形成的背景是经济全球化潮流以及全球公司的发展。在经济全球化潮流推动下,企业形态发生了巨大的变化,其中最引人注目的是跨国公司(Transnational Corporations)向全球公司(Global Corporations)的转型。

面对冷战结束后迅速形成的全球市场,跨国公司从过去的多国经营转向全球经营,迅速进入和占领正在形成的全球市场。通过战略调整,他们实现了营销服务全球化、制造组装全球化、研究开发全球化和资本运作全球化,从而打造了全球产业系统。全球一批最大的跨国公司的海外资产、海外销售和海外雇员超过了总资产、总销售和总雇员的一半。这些跨国公司已经转型为全球公司。

全球公司的责任理念得到提升。全球公司承担的责任从过去的股东价值最大化提升到包括股东、社会和环境责任在内的公司责任体系。全球公司承担全球责任。

2. 国际组织推动企业强化责任

多年来,经济合作和发展组织(OECD)积极推动建立跨国公司行为规范。1976年出台了《OECD跨国公司行为准则》。近年来,该组织积极推进企业从事"负责任的商业行为"。"负责任的商业行为"是一个更为宽泛的企业责任概念,它不仅包括经济、社会和环境责任,而且包括反对商业贿赂以及遵守企业道德等方面的要求。

在推进企业强化全面责任方面,联合国发挥了不可替代的作用。2000年7月26日,全球契约在联合国总部正式发起进入实施。全球契约提倡包括人权、劳工、环境和反贪污等4个方面的十项原则。全球契约成为跨国公司强化公司责任的一个里程碑。

3. 从强化企业责任到强化合规经营

最近几年跨国公司强化责任的趋势出现了新的动向,强化合规经营成为跨国公司发展的新趋势。

"合规"一词是由英文"compliance"翻译而来。它通常包含以下三层含义:①遵守法规,即公司总部所在国和经营所在国的法律法规及监管规定;②遵守规制,即企业内部规章包括企业的商业行为准则;③遵守规范,即职业操守和道德规范等。合规是一个企业走向规范经营的系统化过程。广义的"合规"泛指企业在经营活动包括全流程各个环节中合规。狭义的"合规"聚焦在反对各种形式的商业腐败。

近几年,被处罚的跨国公司涉嫌商业贿赂的事例显著增加。例如2000—2008年被美国反海外腐败法追究的在我国涉嫌商业贿赂的著名跨国公司就有十几家之多。事实表明,遏制商业贿赂强化合规经营是企业可持续发展的基石。合规反腐是跨国公司承担的企业全面责任和全球责任中首要的责任。

国际金融危机以来,美英等发达国家以及联合国、OECD等国际组织正在全球范围加大企业合规的反腐力度。联合国全球契约组织设立了第十项原则专家组,每年两次开会推进全球企业合规反腐。

OECD理事会于2009年12月26日通过了《关于进一步打击国际商业交往中贿赂外国官员的建议》;2010年2月18日,通过了《内控、道德与合规最佳行为指南》;2011 年 5 月底,又推出新修订版 OECD《跨国公司行为准则》,此次最重要的修改就是强化供应链合规管理。

美国近两年来通过创新执法理论和执法手段,在执行《反海外腐败法》过程中强化了查处力度,无论是立案件数还是处罚金额均大幅上升。其他发达国家也加大了打击跨国腐败的力度。加拿大、德国、英国、法国、日本、韩国等发达国家均制定了类似 FCPA 的法律法规。2010 年 4 月,英国通过了反腐力度创全球新高的《反贿赂法》,该法案于 2011 年 7 月 1 日生效。该法案要求所有在其广泛的管辖范围内的公司不仅自身要合规经营,而且须对其供应商、合作伙伴、代理等的不合规行为承担严格的连带责任。该法案设立了一个新罪名,即"没有防止贿赂"。企业只有举证自身建立了"完善的合规管理企业制度"才能免责。

与国际组织和各国行政当局强化合规的同时,各个著名跨国公司也大幅提升合规内控治理规格。据我们调查,现在许多跨国公司都建立了合规管理体系。在公司治理方面,许多跨国公司与 CEO 和 CFO 平行地设立了 CCO(Chief Compliance Officer,首席合规官)一职,CCO 通常具有很高的级别和独立性,进入董事会,专门负责预防、监督和处理企业违规行为和事件。

二、积极应对强化企业责任的世界潮流

国际组织和一些国家政府机构以及跨国公司在强化企业社会环境责任的基础上正在加大合规反腐的力度。强化合规经营已经成为全球企业发展的一个新趋势。在我国企业正在加速全球化发展的背景下,我们应当高度重视国际企业界这一动向,借鉴跨国公司合规反腐的经验和教训,遏制商业贿赂,净化我国的商业环境。

1. 强化企业责任还有很长的路要走

改革开放前,我国没有产权清晰、公司治理结构健全、按照市场经济规则运行的现代企业。从 1993 年制定第一部公司法算起,在短短的十几年里,中国企业在公司治理和集团公司管理方面已经取得长足进步。进入新世纪以来,许多中国公司在强化公司责任方面也迈出了坚实的步伐。

但是中国企业强化公司责任的工作与跨国公司相比,还有较大差距。

中国市场经济发展还处于早期阶段。一些中国企业参与市场竞争时,将唯利是图、不正当竞争等市场经济早期的做法作为市场竞争的规则。1990 年代是现代企业管理理论在中国普及和更新的时期。当时,股东价值最大化等企业价值趋向

为众多企业所接受。应当肯定的是,重视股东价值是中国企业的一大进步。但是进入新世纪,当跨国公司在中国推进包括社会和环境在内的全面责任时,中国不少企业或者不了解什么是公司责任;或者不以为然,认为那是跨国公司在作秀;或者把公司责任理解为公益事业。

最近几年,跨国公司从强化企业社会环境责任上升到强化合规经营,对于这个最新的趋势不少中国企业还不甚了解。在一些行业,“潜规则”盛行。“潜规则”恰恰是合规经营的大敌。

2. 对外投资企业面临合规经营的挑战

近年来少数中国企业在海外发生的问题恰恰反映了一些中国企业在公司责任方面存在的问题。

据媒体报道,1997 年开始在中国航油新加坡公司出任总裁的陈久霖,涉嫌主导公司进行石油衍生性商品操作,结果导致公司蒙受5.5 亿美元的巨额亏损,却未依法对外披露这项信息,还把部分股权卖给淡马锡等企业。2006 年 3 月新加坡初等法院对陈久霖做出判决,服刑 4 年零 3 个月,同时遭罚款 33 万新元。陈久霖所涉及的罪名包括:发布虚假业绩,违背上市公司董事职责,没有向交易所披露巨额亏损,欺骗德国银行和进行局内人交易。

据商务部网站发布的消息,2005 年 4 月 20 日北京矿冶研究总院与中国有色矿业集团在赞比亚共同投资设立的 BGRIMM 炸药公司发生特大爆炸事故,造成46人死亡,另有 3 人在医院治疗。商务部以此案为例,要求境外中资企业,特别是从事高危行业生产经营的企业,建立完善的规章制度,增强安全意识与风险防范意识,加强内部管理,杜绝此类事故的发生。

随着全球反对商业腐败力度加强,中国“走出去”企业在合规反腐方面的问题已经面临越来越多的批评。最近世界银行发布因涉嫌欺诈和贿赂而在一定时期内被禁止承接世界银行资助项目的企业名单(包括其直接或间接控制的公司),我国被列入这个黑名单的企业有:中国地质工程集团公司、中国路桥工程有限责任公司、中国建筑工程总公司、中国武夷实业股份有限公司。被列入名单的中国企业在全球竞争中显然处于非常被动和不利的地位。

随着对外投资增加,我国企业在海外面临的合规问题越来越突出,合规风险正在逼近。2012 年 4 月以来,中国在美国上市的几十家企业更是集体遭遇不断升级的诚信危机。据报道,已经有 20 多家在美上市企业被停牌或退市。

3. 顺应世界潮流强化我国企业合规经营

“走出去”企业的不负责任的违规行为极大地影响了我国的国家形象,而且直接影响企业在全球范围的可持续发展。因此“走出去”的企业应当特别加强合规经营反对商业腐败。

在全球化时代，跨国公司之间的竞争已经从过去主要是硬件竞争上升到软件的竞争，从过去主要是技术、产品的竞争上升到公司责任理念以及公司道德水准的竞争。先进的公司责任理念成为企业制胜的不可或缺的软竞争力。我国企业应该适应全球企业竞争的新局面，通过强化责任增强软竞争力。我们应当借助跨国公司强化公司责任的潮流强化我国企业的公司责任，提升我国企业的软竞争力。

三、强化合规经营促进对外投资健康发展

我国越来越多的企业正在走向世界。强化对外投资企业的社会环境责任，特别是强化企业合规经营是促进我国企业对外投资健康发展的关键所在。为此，我们需要总结和推广强化责任合规经营的成功经验，需要建立和健全公司内部的合规体系，还需要加强合规风险预警和控制机制。

1. 高度重视合规经营的重要意义

美国反海外腐败法和英国反贿赂法等打击海外腐败的法规素称“长臂”法律，中国在英美等国上市的公司，英美等国公司在中国设立的子公司、代表处及其雇员，甚至通过英美银行转账的中国企业，如有腐败行为都会受其管辖。

我国有关政府机构应当制定中国海外企业合规管理指引，也可以制定中国企业反海外腐败的法规，引导企业在海外强化合规管理遏制商业贿赂。

国外跨国公司早期对外投资往往不承担社会和环境责任，甚至前不久一些国家还允许跨国公司在国外承接项目时通过中介提供贿赂。我国企业刚刚对外投资就要求承担全面的责任，要求严格的合规经营确实令人感觉不公平。但是在经济全球化潮流推动下，国际组织以及各个国家都按照全球最高标准要求后来者。在这种情况下抱怨是没有用的，只能以强化企业责任和合规经营来应对新挑战。

金融危机之后，“走出去”的对外投资企业特别应当加强对合规风险的认识。国外跨国公司以及我国企业的经验表明，各个公司第一把手重视企业全面责任和合规体系建设是企业强化合规的前提。

2. 借鉴国内外公司强化合规经营的经验

除了西门子等国际著名跨国公司已经积累了丰富的强化责任合规反腐的经

验，我国一批企业在对外投资中也创造了许多成功的经验。我们不仅要借鉴国际跨国公司的合规经验，也要借鉴中国企业自身的经验。

中交股份公司下属一家子公司被世界银行认定在海外项目中有商业腐败行为而被停止接受该行项目。该公司认真总结经验教训，建立了《海外业务合规管理办法》等9项制度以及配套操作流程指引，满足了世界银行等国际组织的合规要求。

2010年11月至2011年2月，中国海洋石油总公司在中国海油全系统全面开展合规运营、廉洁从业专项效能监察，重点检查所属单位在依法合规运营方面、管理人员在廉洁从业方面存在的问题。总公司领导亲自开展"依法合规运营、廉洁自律从业"专题教育，进行专项效能监察动员。单位和领导个人按照单位合规运营对照检查提纲进行自查，并按规定填写领导人员2010年度廉洁从业报告表。根据干部管理权限，由总公司、所属单位分别组织领导人员年度廉洁从业报告，开展廉洁从业承诺。总公司派出监事会开展巡视工作，检查指导相关单位进行自查自纠情况。通过这次监察活动，在全体员工中牢固树立了依法合规运营、廉洁从业的经营理念。进一步提升了公司生产经营管理和风险防控水平。

中交股份和中海油等公司的经验表明，中国企业完全可以强化合规经营，关键在于领导的认识与重视。

3. 建立和健全公司合规经营体系

2011年5月28日国务院发布了《2011年深化经济体制改革重点工作意见的通知》，将建立健全境外投资风险防控机制，完善风险预警体系，列为加快转变经济发展方式深化改革的八大重要措施之一。

中海油和中交股份等先进企业都把合规风险作为对外投资的重大风险加以防范。我国企业应当按照国务院和有关部门的要求，强化风险意识，建立健全合规经营体系。

值得注意的是，按照英国美国等发达国家反商业腐败的司法实践，都强调企业要建立健全合规管理体系。一旦企业某个部门或个人出现问题，企业只有在举证自身建立了"完善的合规管理企业制度"才能免责。这个思路值得我国有关部门和企业借鉴。

全球正在兴起和发展的强化公司责任特别是强化合规反腐的潮流，对我国企业是严峻的挑战。公司责任不仅涉及愿景、使命等企业内部问题，而且也越来越成为企业参与全球竞争所必须面对的外部问题，越来越成为全球企业间一种刚性的制度约束。强化公司责任和合规反腐实际上关系到提升公司软竞争力的重大问题。我们应当下硬功夫强化软竞争力，从而使我国企业在对外投资中健康发展。

高冲突地区投资风险的再认识

——中国在缅甸投资的案例研究

邻国缅甸近年来与中国的贸易、投资、能源和防务关系迅速提升，中国给缅甸带去的经济利益迅速增加，利益分配与争夺问题也在随之凸显。

2012年6月开始的缅北冲突与此问题息息相关。冲突地点位于我国大唐集团投资的太平江一级水电站区域，冲突双方都大打中国牌，交战后或向我国征求意见或要求调停。

冲突不仅导致了边境难民问题，中国在缅甸的投资也遭受到损失。中国在发生冲突的缅北地区还有高达2 000多亿元的水电站投资计划，以及未来的高速铁路、公路，输油、天然气管道计划。当地利益分配不公与争夺，未来不仅将进一步损害我国的投资利益，还可能引发能源和军事安全等重大问题。

妥善处理缅北冲突迫切而重要。6月下旬，我们通过各种渠道克服困难在缅甸展开了8天调研，走访了当地学者、政治活动家、媒体、NGO组织、社区组织、村民、企业、商会等近100人次，回国后又与我国相关企业交换了意见。

我们认为，要保护我国在缅甸这类高冲突地区的投资，迫切需要思路创新。

一、我国在缅甸投资的现状及问题：陷入利益争夺战

此次缅北冲突体现了对中国投资利益的争夺，至少从表面上看有明显的中国因素。

首先，冲突的发生就在大唐已建成的太平江一级水电站区域，离中缅边境仅数十公里。交战的缅甸政府军和克钦独立武装（KIA）均大打中国牌，保护中国投资成为缅军挑衅行动的一个重要借口，KIA将领也以控制区内中国投资的安全相威胁。冲突开始后，交战双方均通过派人前来或写信的方式征求意见或要求

调停。

以上情况之所以出现，首先是因为我国投资给当地带去了巨大的利益。中国是缅甸第一大外资来源国和第二大贸易伙伴。发生冲突的克钦邦目前有中缅公路、中缅铁路、中缅石油、天然气管道以及两个水电站。

其次是给当地带去的利益在不同群体间分配高度不均。在巨大的蛋糕面前，缅甸少数民族族群认为付出的太多得到的太少，因而怨气大，争夺激烈。

缅甸多年处于战火煎熬，法律框架不健全，利益分配不完善。政府机构对中国投资利益的独断分配令我国投资企业被视为造成不公的共谋及不公行为的受益者，继而成为紧张局势和暴力事件的焦点，甚至招致国际关注，影响企业运营和名誉。

二、缅甸投资风险的再认识：利益与风险的高度纠结

缅甸属于高冲突地区。根据联合国的定义，高冲突地区既包括从暴力冲突向和平进程转化的“冲突后”地区，也包括目前并没有发生严重的武装暴力事件，但政局和社会不稳定，存在一系列可能构成未来动乱爆发因素的地区。

我国走出去企业以资源能源类为主，而资源能源丰富地区往往存在冲突激烈的情况，高冲突地区的商业运营所面临的风险与其所提供的机遇一样高。也正因如此，这些地区令西方一些企业止步不前。相对而言，我国企业目前在这些地区投资较为踊跃，但是风险预警及管理水平没有跟上。比如利比亚发生动荡前，我国有关政府部门就没有针对利比亚政治危机做出有效预警。

高冲突地区与稳定的运营环境有显著的区别，需要企业和投资者将特殊的额外风险因素考虑在内。中国企业在缅甸投资中存在的特殊问题及风险对于高冲突地区的中国投资而言，具有较高典型性。

1. 高冲突地区利益主体众多，争夺激烈

缅甸冲突的根本原因是利益格局复杂，主体众多且争夺激烈，有些企业对利益格局把握不全面，不经意地令某一群体过多受益引起群体间的怨恨，甚至激化既有的冲突，使得企业面临紧张局势的干扰。

缅甸拥有 135 个民族，国内的民族矛盾极为尖锐，利益格局极为复杂。缅甸前总统奈温曾说，“缅甸有多少个少数民族，就有多少支反政府武装”。停战协议和特区模式虽为缅甸换来了 20 年的相对和平，却形成了“国中之国”的地方割据，并未真正解决缅甸国内的民族矛盾。而缅北坝区更是处于地方武装和政府武装双

重控制的地区，坝区内克钦独立军与缅甸政府军的控制区域呈现一种犬牙交错的态势。

2. 高冲突地区利益诉求表达的正常渠道受阻

在利益争夺剧烈的情况下，缅甸军政府一直以来采取对言论和资讯高度管制的办法，被一些西方国家称为“东南亚看不見的国家”。对缅甸的研究和了解主要依靠当地官方渠道，其所给予的歌舞升平印象背后掩盖了其他利益主体争夺激烈的真相，因而影响了我国一些企业对投资风险的全面认识。

没有成熟有效的公众参与渠道，可能使企业与社区间原本较小的矛盾长期累积，在正常表达出口受阻的情况下，有时可能出现采用破坏行为来发泄或吸引注意力，导致夸张偏激、跨国告状、媒体涂鸦、停工示威、暴力恐怖等活动。

我们在缅甸就发现当地人士对我国投资项目有较多偏激的批评，与我国企业在当地承担社会责任的努力有很大出入。

比如，总投资额2 000亿元人民币的缅北密松大坝项目直至开工仪式后才允许媒体进行非常有限的报道。尽管我国公司充分认识该海外项目的敏感性，高度重视社会责任的履行，在总结多年来我国水电项目经验教训的前提下，前期进行了慎重和深入的研究论证，结合缅甸国家特点积极做好环保、移民等工作，得到缅甸军政府的大力支持，但还是遭到当地少数民族独立组织（KIO）及不少当地居民的反对。2012 年 5 月，KIO 公开致信我国国家主席，表示该坝的继续建设可能导致冲突升级为全面战争。

我们分析，这既是由于水电开发项目本身的敏感性和西方反坝组织的宣传活动所致，但主要还是受缅甸内部固有矛盾所牵连。缅甸军政府治理能力低下和当地合作公司操作不规范等诸多原因导致的民怨在缅甸社会没有有效的渠道导出，最终以过激的方式宣泄。一些居民所表达的最大拆迁要求居然就是要直接与中国公司对话，而非通过缅甸政府或当地合作伙伴。这一方面表示了对中国公司社会责任感的信赖，另一方面也显示了缅甸社会利益诉求表达的渠道不畅。

三、缅甸投资风险的再应对：利益与风险的统筹兼顾

在高冲突地区经营，任何企业都会面临更多难以解决的困境。企业可能因发现自身难以避免参与政治而误认为不采取行动或撤离是唯一的选择。其实，许多问题早发现并积极采取措施是可以化解的。

1. 加强多方协商与信息披露

缅甸民间对包括来自中国的外国投资项目整体上有怨气，这主要是因为军政府大肆拦截了跨国投资给当地少数民族人民带去的利益，使得企业背上黑锅。

我们可以通过公关和宣传等手段，澄清误会；可以通过主动的建设性对话削减怨恨；可以建立正式的申诉程序让受影响的相关方可以向企业反映问题，以应对由不满引起的问题和因暴力诱发的犯罪。在当地诸多利益群体之间关系紧张的局势下，应建立主动和兼容并包的利益相关方协商制度，主动与有关民间组织和国际组织互动。沟通程序方面应正规和透明，可以通过公布董事会声明、公司年报、会议纪要等方式披露加强透明度，以展示企业是可接近和负责任的。而且，沟通中企业所做的承诺应登记在册，尽量落实，显示企业是讲信誉的。

我们可以更多依靠当地商会、媒体、非政府组织、民间社会组织等民间渠道，宣传我国和平崛起和促进双赢的海外投资方针，更多披露我国在缅甸的援外情况和企业社会责任履行情况，特别是拆迁补偿的具体情况，通过加大透明度，促进中国带去的利益更多延伸到民间，避免为当地黑恶势力背黑锅。

2. 恰当处理与当地政府的关系

腐败包括行贿受贿、回扣、勒索、保护费、疏通费、诈骗、洗钱、政治和慈善捐款贪污等形式。有计划有步骤的长期腐败行为往往会加剧群体间的不满，可能引发矛盾冲突。

在法律和商业限制范围内，我们应鼓励企业提升与东道国政府关系的透明度，对其他利益相关方就企业政府间关系的询问尽可能坦诚。应重视对腐败问题的尽职调查，制订严格的反腐败措施，将选择当地承包商的招投标程序透明化，为员工和承包商提供合规培训；建立针对具体贿赂问题的详细合规政策，设置健全的合规管理程序。这些合规反腐的政策和程序也应适用于企业的合同方，包括政府、当地供应商、合资伙伴、代理商、社区组织等。

3. 加强对民间的战略性社会投资

战略性社会投资应作为企业的经营战略之一，具有可持续性。一般不应取代应该由当地政府提供的服务，也不应混同于企业的拆迁补偿等经营行为。战略性社会投资项目应成为与当地利益相关方沟通的平台。在实施社会投资战略项目时，应采取与其他业务操作同样严格的标准，避免制造新的冲突与不公。社会投资项目不应只是考虑迎合当地政府的偏好。相反，应更多地考虑当地人民的需求、文化水平和风俗习惯,比如可替代性生计培训等教育培训项目就很受移民欢迎。我国企业在缅甸建设的有些拆迁安置房不为当地人所接受,主要是对当地人的风俗习惯不了解,中国人习惯的成片相连外形一致的房屋设计,不符合缅甸人追求房屋外形差异化的审美传统。

战略性社会投资中也可以多考虑创新性方式降低风险,一些外国公司的经验值得借鉴。委内瑞拉 Ron Santa Teresa 公司,2003 年在遭遇当地匪徒暴力袭击后,公司的管理者们给被抓获的匪徒提供了 3 个月的量身定做的培训,结业的匪徒获准加入公司。这种做法后来发展成为一种应对黑帮风险的模式,该项模式推出以来,犯罪率下降了 40%,三个当地黑帮团伙因此瓦解。

4. 项目评估要更科学、严谨、透明

以可再生资源太阳能风能等新能源发电取代水电、火电已经成为大势所趋和国际潮流。国内外对三峡大坝及其环境生态影响的争论从未停息。近几年中国电力企业到东南亚大举投资建电站,已经引起激发各种政治社会矛盾。缅甸的 KIA 以及不少民众对密松大坝项目表示了巨大担忧,此类投资以后应当更为慎重。

目前,密松大坝项目的环境评估有些漏洞,比如主要考虑了对坝区的影响,对下游的影响评估不够等。而气候变暖可能对水库库容带来的重要影响,目前在全球范围也属于一个难题,这对平均寿命在 30 ~ 50 年的水库而言,使得其运营和维护等经济指标其实处于较大的不确定性中。

据了解,尽管克钦独立军反对修建密松大坝,但并不反对其他水电工程,也不反对在密松大坝偏上游地区建设两个小坝代替。国际上有些专家认为,这种调整只使总流量减少 5%。密松大坝项目后续风险评估中不妨纳入此类社会容忍度等指标,在设计和选址等方面更多倾听民间的声音。

四、缅甸投资风险应对的政策支持:利益的界定与风险的干预

缅甸是中国能源和军事安全的核心利益所在。随着中国对缅甸各种战略投资陆续进入操作阶段,能否兼顾缅甸政府的立场,同时保证少数民族族群和缅甸人民的尊严和利益,变得越来越重要。如何处理与缅甸政府,缅甸各少数民族武装以及缅甸广大人民的关系,考验着中国的智慧。

1. 外交政策创新

根据我国企业对外投资迅速发展的新形势,应对“内政”等概念进行界定,与

“中国企业投资相关事项”不应纳入“内政”范畴。

交战后,缅甸政府与克钦独立组织(KIO)均向中国或征求意见或要求调停。历史上,双方均与中国保持不同形式的友好关系和联系,这种情况下,我们其实可以利用道义和经济力量更积极地公开调停,“我国企业海外投资利益的保护”不应界定为对方“内政”范畴,我们可以有更多表态。这既能更好保护我国企业利益,也符合国际社会各方面的期待,可以更加公开主动地进行调停,这将为我国在国际社会赢得更多尊重对我国的投资利益也是一种保护。

2. 援外政策创新

通过创新“不附条件”援外政策的实施路径,在顾及政府利益主体的同时,应更多顾及当地人民的利益,普惠于民才能为我国企业营造长期稳定的经营环境。

中国援外八项原则中的不附加任何条件原则,伴随中国改革开放和援外体制改革,曾表述为不附加任何政治条件原则。这与西方国家普遍采用的附加政治条件援助的做法存在根本性的区别,也招致了西方国家的不满和激烈批评。我国现阶段虽无需修改这项原则,但为了给我国企业海外可持续经营提供更多支持,应该适时调整新形势下该原则的实施路径。

随着我国企业海外投资迅速增加,援外目的不再仅仅是为了在联合国系统团结受援助国政府的投票支持。援外应该更多保证我国援外利益切实惠及民生,特别是惠及我国重大投资项目所在地区的民生。

这不应界定为对援外附加政治条件,充其量是完善传统援外政策的实施路径,从而较好地避免我国的援外资金为高冲突地区制造新的冲突,也有利于打造负责任的大国形象。

我国对缅甸的援助情况在缅甸被军政府划入保密范围,不许媒体报道,也不许民间过问,更谈不上监督。调研发现,民间对我国援外的善意和对当地的巨大帮助明显不知情、不感激。

如果我们对这种暗箱操作不过问,虽然短期内可能最大限度地迎合了军政府的力量而获得即期好处,但长期却不利于我国负责任大国形象的塑造,为西方攻击我国海外援助提供口实,而且不利于为我国资源能源建设等长期投资类型企业提供可持续的支持。企业首先是处于社区之中,处于人民之中,军队的保护和行政干预只有一时之势。缅北的冲突就是典型例子。缅甸政府军口口声声要为我国大坝保驾护航,实际上它没有能力做到,最终反而多次拖累我国企业,还令我们遭到缅甸民间的怨恨。

3. 借鉴西方做法，通过企业、商会、民间组织等民间力量，巩固中国对缅甸民间的影响力，为企业可持续投资与经营护航

近几年来，随着西方反华、反缅势力的渗透和影响，西方的民主、自由价值观不仅在民间，而且已在缅甸军人集团中的少壮派中悄然兴起。更值得注意的是，大选后，缅甸国内政治情况虽无实质改变，新政府仍受军政府控制，但新政府开始注重收买人心以抗衡军政府，开始更多摆出民主姿态，并主张与 NGO 合作。2010 年 4 月首次召集全国性会议，让 NGO 组织代表参加并发言，NGO 代表目前也进入一些官方工作委员会中。未来不排除新政府为了平定冲突而迎合民意，转而牺牲中国企业，让我们成为替罪羊。

为了应对冲突地区利益格局复杂而主体众多的情况，也为了配合我国官方公关"重政府轻民间"以及"重执政党轻反对党"的公关路径，可以借鉴西方的做法，由商会等民间机构出面，加强全方位、多层次的民间公关战略，在冲突地区统一进行中国企业形象建设及惠民公关。

美国、印度等国家目前正通过其媒体机构和民间组织等力量扩大对非政府利益主体的渗透，特别注重对广大民众的影响。2009 年 1 月 20 日，奥巴马就任美国总统后马上高调宣布了重返东南亚的政策，其缅甸政策的主要实质就是将对抗改变为对话，除了缓和与缅甸军政府的关系外，更注重通过加强对民间的影响来抗衡中国。今年 7 月，美国 20 多个重要媒体和非政府组织已分别联名上书奥巴马政府，要求扩大与缅甸的往来并施压。

比如美国政府在曼德勒并没有领事馆，只有一个图书馆，但我们发现一个小小的图书馆竟然获得当地校长等教育人士的颇多首肯，原因是该图书馆直接针对民间提供奖学金，学生的甄选等全部依靠民间渠道。这样的援助项目花费不多，但资金直接落地民间，用于民间，利在民间，在缅甸这类极度贫困国家，发挥了较大的收买民心作用，可谓明智。

印度也开始改变数 10 年来长期孤立缅甸政府的做法，与缅甸展开直接接触，特别注重民间路径。我们发现，印度驻曼德勒的领事馆在当地人民中有不少美誉，当地人认为，印度领事馆不仅服务于印度人，也同时服务于缅甸人，主动访贫问苦为当地人解决生活难题。比如摆出亲民姿态，敞开大门，组织当地人看电影、赠送图书等小礼物。这些精心设计的举措，俘获了不少民意，值得效尤。

4. 应加强对高冲突地区宏观政治环境的有效预警和保险

政治风险可能带来的后果，往往比由于市场风险管理失误所引起的后果更为

严重，但政治风险事发突然，原因复杂，仅凭企业自身的力量难以事先分析和事后处理，所以我国政府职能部门应加强对高冲突地区投资之政治风险的预警，这可以借助多种渠道。

一是可以借助信誉较好的中介机构、智库、大学、民间组织、发展机构等，梳理掌握相关信息。目前，帮助企业出谋划策、应对特定市场上政治风险的机构数以百计，利用复杂的风险模拟技术以及源源不断的准实时信息，在进驻或是退出某一特定国家的问题上为企业献计献策，其中那些信誉良好的机构是可以借用的一股力量。

二是可以借鉴联合国全球契约推出的《在受冲突影响与高风险地区负责任商业实践指南》等国际经验，为相关企业的风险管理提供指导。

三是可以推动银行、保险等商业机构牵头，促进投资企业之间的交流，及时进行风险预警，帮助企业进行谨慎的投资部署，研究和适时调整尽职调查措施，以适应不断演变的新情况。特别是应制订一套严格的供应链管理体系来测评与监督当地供应商或其他合作伙伴的操作是否合规，是否可能给企业带来潜在政治风险。

四是可以借鉴美日等国的经验，完善海外投资政治保险。中国出口信用保险公司是中国唯一承办出口信用保险业务的政策性保险公司，然而并不是专门的海外投资保险机构，承保的业务除政治风险外还包括一般性商业风险。承保的金额占投资总额的比例过低，且投保的企业也仅占全国出口企业的很少部分。相反，美日等国均有专门的海外投资保险机构或制度。

美国率先创立了一系列海外投资保险制度。1969 年，美国修改《对外援助法》，并于 1971 年正式设立海外私人投资公司（OPIC），为海外投资保障设立专门的政府机构。为美国企业的海外直接投资提供针对政治性风险的保险服务，针对突发性政局动荡等都有保护措施。日本于 20 世纪 60 年代设立了海外投资“亏损准备金制度”，为海外投资企业提供各种税收上的优惠。对投资于政治、经济方面不稳定的发展中国家或地区的企业，首先对其进行税收补贴，以弥补投资风险。同时在 1970 年代专门设立了资源海外开放亏损准备金，以弥补其国内资源缺乏短板。同时，作为海外投资的服务性机构，日本国际协力银行（JBIC）每年对海外直接投资的当前和未来发展趋势加以预测，弥补企业对于其他国家信息和相关制度知识的缺乏，引导帮助企业制定合理的海外投资战略。

中国与印度企业在欧洲跨国并购之比较①

中国与印度作为亚洲的大国,有诸多的相似性。两国均人口众多,拥有地缘广阔的巨大市场,数目庞大的潜在消费者及其无可限量的投资及消费追补需求,并且在进入21世纪后中印两国均以经济发展为中心,加快向世界敞开国门,同时以惊人的速度开拓国外市场。从2006—2008年,中国的对外投资额分别以每年近50%的速度增长,到2008年对外投资额高达407亿美元。在这方面印度同样不甘示弱,在2006年和2007年曾以每年129亿美元和137亿美元的投资额落后于中国,而在2008年印度的对外投资额猛增到460亿美元,在2007年的基础上猛增了237%,并超过了中国(见图2-1)。

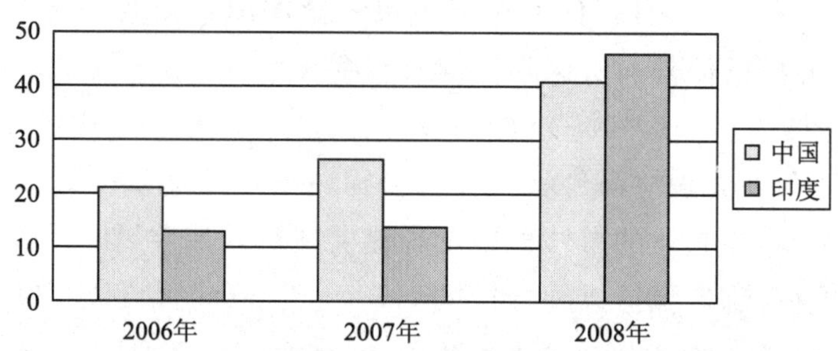

图2-1 2006—2008年中国与印度对外投产资比较(Billon USB)

数据来源:作者根据商务部统计数据与2008年世界投资报告整理。

无论是作为生产基地、销售市场,还是作为日益强盛的投资者,这两个增长最为迅速的国民经济体,已经成为世界经济中起着决定性作用的组成部分。但是必须指出的是这种表面上的相似性无法掩盖二者在诸多方面的巨大差异,这一点在中印两国企业的对外投资模式和海外市场开拓方面就表现得尤为突出。本文仅

① 此文受到"山东省高等学校优秀骨干教师国际合作培养项目"的资助。

以中印企业在欧洲的跨国并购为例,对这种差异进行阐述。

一、中印两国企业近几年在欧洲的跨国并购趋势比较

从2003—2008年(见图2-2),中国非金融类对外直接投资额从28亿美元增加到407亿美元。据商务部统计,2008年,我国实现非金融类对外直接投资406.5亿美元,同比增长63.6%。而印度在非金融领域的也在快速增长,这一特点尤其体现印度企业的非资源类跨国并购方面。从2003—2008(见图2-3),印度企业的跨国并购从每年发生50次直至增加到每年277次,且从2004年开始单项投资额呈快速增长趋势,截至2009年上半年,印度企业的跨国并购已达41次,涉及金额约140亿美元。

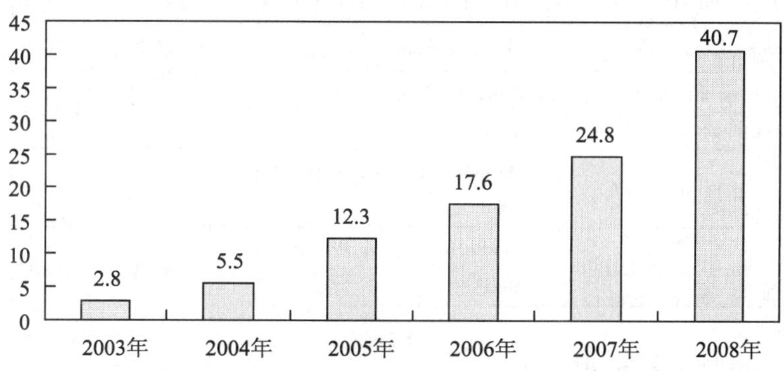

图2-2 2003—2008中国非金额灯对外投资额(Billon USB)

数据来源:作者根据中国商务部统计数据(www.fdl.gov.cn和http://www.mofcom.gov.cn)整理。

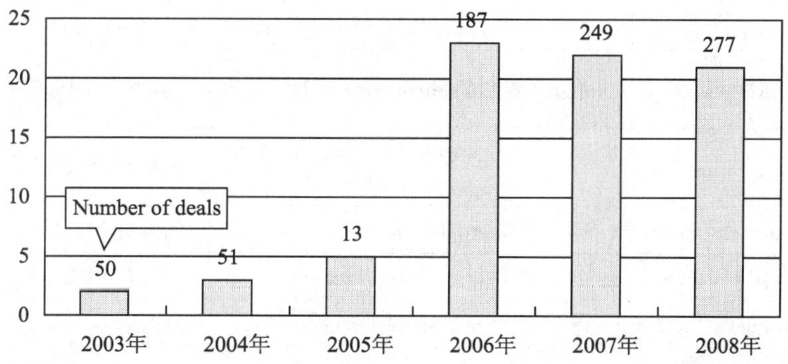

图2-3 2003—2008年印度跨国并购交易次数及金额(Billon USB)

数据来源:Dealogic。

在对外投资的过程中，中印两国都不约而同地将目标投向了欧洲，其原因是欧洲拥有其他地区所无法比拟的投资优势，如完善的公共和基础设施，相对稳定、开放的政治和社会环境，拥有先进技术的企业集群以及高质量的员工队伍等。尽管中印两国都将欧洲作为对外投资的重点区域，但是印度在投资的力度、广度、深度等方面均超过中国。

表 2 –1　　2005—2009 印度在欧洲并购一览表　　（百万欧元）

并购日期	目标公司	投标公司	国家	并购价格	并购时目标公司年销售
2005 – 02	Princeton Consulting Limited	MphasiS BFL Ltd	英国	6.5	10.4
2005 – 06	Cequisa	United Phosphorus Limited	西班牙	11.5	19.3
2005 – 06	Docphama NV	Matrix Laboratories Limited	比利时	190.9	73.4
2005 – 09	Imatra Kilsta AB	Bharate Forge Ltd	瑞典	50	107.2
2005 – 10	Premier Foods plc (Tea Business)	Apeejay International Tea Limited	英国	116.9	99.2
2005 – 10	Avecia Limited(PCS)	Nicholas Piramal India Limited	英国	14	52.9
2005 – 12	Keyline Brands Ltd	Godrej Consumer Products Limited	英国	18.5	24.8
2005 – 12	Peiner Uniformtechnik GmbH	Sundaram Fasteners Ltd	德国	210.5	225.9
2006 – 02	Betapharm Arzneimittel GmbH	Dr Reddys Laboratories	德国	577	164
2006 – 03	Rhoda	Shasun Chemicals and Drugs Ltd	法国	28.9	60
2006 – 06	Terapia SA	Ranbaxy Laboratories Limited	罗马利亚	278.7	66.6
2006 – 05	ROOM Solutions Limited	NIT Technologies LTD	英国	19.7	19.7
2006 – 05	Ecu – Line NV	Allcargo Global Logistics Limited	比利时	27.2	180
2006 – 06	Enabler Infomatica, SA	Wipro Technologies	葡萄牙	41	30
2006 – 07	CHT Holdings	Welspun India Limited	英国	22.5	50.4
2006 – 07	Bounet – Ladubay SAS	United Breweries Group	法国	14.8	12
2006 – 07	Arcelor	Mittal Steel Company	卢森堡	25400	36000
2006 – 07	Botnia Hightech Oy	Sasken Communication Technologies Ltd	芬兰	35.5	17.7
2006 – 09	TUI InoTec GmbH	Sonata Software Ltd	德国	36	130

续表

并购日期	目标公司	投标公司	国家	并购价格	并购时目标公司年销售
2006－09	Jeco Holding AG	Mahindra & Mahindra	德国	140	180
2006－09	Hydraudo Group AB	Wipro Infrastructure Engineering Ltd	瑞典	24.4	88.2
2006－10	Pinewood Laboratories Limited	Wockhardt Limited	爱尔兰	117.8	55
2006－10	Acuma Holdings Limited	Saksoft Ltd	英国	13.4	16.9
2006－10	Rhyme Systems Ltd	3i Infotech Limited	英国	41.7	22.3
2007－04	Corus Group plc	Tata Iron and Steel Company Ltd	英国	9466.2	14753.4
2007－05	Sylvania	Havell's India	德国	300	594
2008－05	REpower	Suzlon Energy Ltd	德国	1200	
2008－06	Schenk Plastic Solutions	Ashok Minda Group	德国	50	75
2009－03	Visiocorp	Motherson Sumi Systems Ltd	德国	26.5	660

数据来源：KPMG 数据。

（1）从跨国并购目标国家的选择方面，印度企业的表现要优于中国企业。从表2－1中，可以看到自2005—2007年印度企业在欧洲进行了大规模的跨国并购，其并购的发生地涵盖了欧盟的主要国家，如：英国、德国、法国、意大利、比利时、西班牙、瑞典、荷兰、葡萄牙、芬兰、爱尔兰等。而中国企业在欧洲的跨国并购仅局限于德国、英国、法国等几个国家（见表2－2）。

表2－2　　2005—2009中国在欧洲并购一览表　　（百万欧元）

并购日期	目标公司	投标公司	国家	并购价格	并购时目标公司的经营状况
2005－05	德国凯狮（KELCH）	哈尔滨量具刃具集团有限责任公司	德国	9.5	破产
2005－07	MG－ROVER	中国南京汽车公司	英国	5 300万英镑	破产
2005－07	杜可普·阿德勒（DA）	上工申贝（集团）股份公司	德国	35	财务困境
2004－08	Thomson	TCL集团	法国	不详	破产
2004－04	Alcatel	TCL集团	法国	不详	亏损
2006－06	德国abaz&b磨床公司	杭州机床集团收购	德国	6	财务困境
2006－12	劳伦斯	华翔电子	英国	340万英镑	亏损
2006－12	德国阿尔道夫．瓦德里希科堡机床厂	北京一机床厂	德国	27左右	经营困境

续表

并购日期	目标公司	投标公司	国家	并购价格	并购时目标公司的经营状况
2007－06	博格	中集集团	荷兰	108	良好
2006－01	Adisseo	蓝星集团	法国	不详	不详
2006－10	Rhodia	蓝星集团	法国	不详	不详
2008－01	德国 VENSY 能源股份公司	新疆金风科技股份有限公司	德国	41.24	不详
2008－05	HPTec 公司	五矿有色金属股份有限公司	德国	14 左右	业绩下滑
2008－5	Kuttler 自动化设备有限公司	无锡尚德	德国	20	业绩下滑
2008－11	索玛公司	天水星火机床厂	法国	2	良好
2009－02	博杜安公司	潍柴动力	法国	2.99	破产

数据来源：作者根据公开市场信息整理。

(2)印度企业在欧洲市场跨国并购过程中所涉及行业之广，也是中国企业所无法比拟的。从2003—2009年印度企业在钢铁、汽车及备件、制药、IT及软件、电信、风能、化工、机械等行业进行了广泛的收购活动。而中国企业的并购却主要限于机械制造业。

(3)印度企业在欧洲市场的并购交易金额均超过中国企业。如表2－2中所列举发生在2005—2007年之间的1亿美元以上的并购就达8次之多，著名的有塔塔钢铁公司95亿美元收购英国Corus Group plc，Mittal Steel Company，以250亿欧元收购卢森堡的全球钢铁巨头Arcelor，Dr Reddys Laboratories，以5.8亿美元收购德国著名制药企业Betapharm Arzneimittel GmbH，塔塔化工公司以2亿美元收购英国化工企业Brunner Mond Group Limited等等。而中国企业在欧洲市场上超过1亿美元的并购迄今为止难以一见。中国企业在欧洲较大的并购项目南京汽车集团并购英国罗孚汽车公司的交易金额也不过为8 000多万美元(5 300万英镑)(见表2－1)。以中印两国在德国的投资为例，2008年在德国平均每个月都有来自印度的上规模的并购投资发生，印度在德投资总量超过40亿美元，远远超过德国在印度总量23亿美元投资额。相比之下，中国在德国的投资力度要远低于印度。尽管2003—2006年(见图2－4)中国在德国的直接投资逐年以25%左右的速度递增，从2003年的2.2亿美元升至2006年的4亿美元。截至2008年7月中国在德投资额已达5.7亿美元，但是这一数字远低于德国在中国的投资总量。德国在中国投资额(见图2－5)在2003年为102亿美元，到2006年已达到177亿美元，是同期中国对德投资额的43倍。

（4）印度在欧洲的跨国并购数量以及所拥有的国外员工数量超过中国。根据麦肯锡的一项调查显示，从1995—2007年，中国前100强企业中，只有17家企业进行过跨国并购，其中6家企业完成过3次以上的并购。同期，在印度的前100强企业中有31家做过跨国并购，其中18家企业完成3次以上的并购。同样以德国为例，中国在德企业的员工人数远低于印度在德企业人数。在德国的167家印度企业中有2万名当地员工，另有1 000名学徒工；而600家在德中国企业中只有约1万名当地员工。说明中国企业在德国的规模和实力小于印度企业。究其深层原因，这应该与中国企业缺乏跨国管理的经验与信心有关。

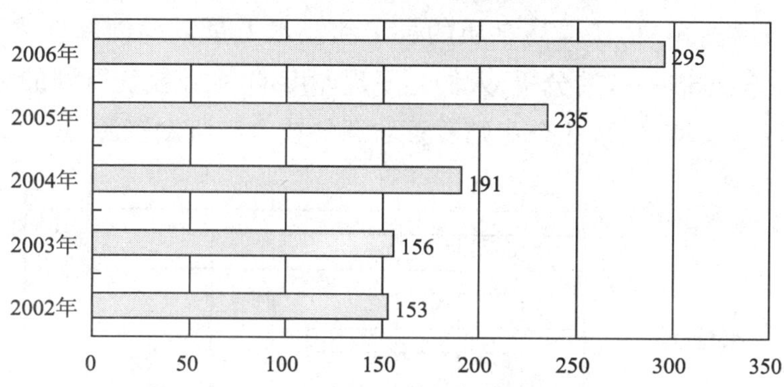

图2-4　中国在德国的直接投资（百万欧元）

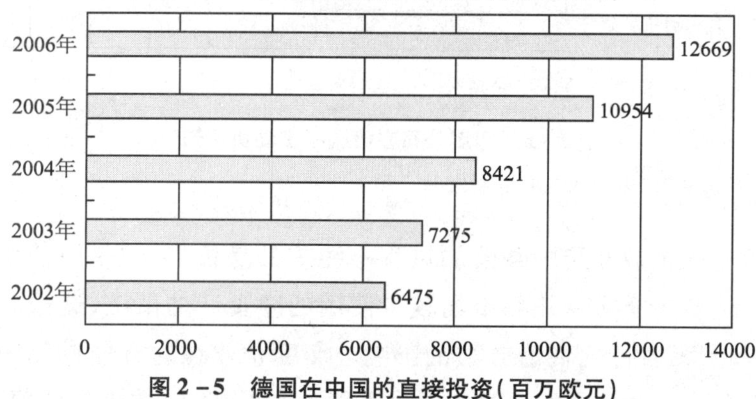

图2-5　德国在中国的直接投资（百万欧元）

数据来源：德国联邦银行，2008年，完全年末状态，不包括中国香港。

二、中印两国企业在欧洲并购的特点及差异

中印两国企业在欧洲市场并购中体现出各自的特点，主要表现在并购理念、并购目标的选择、交易定价等方面的差异。

（1）中国公司在跨国公司并购中关注价格大大超过关注价值，并且深受“抄

底”心理的影响,往往选择基本面变坏、亏损或倒闭且规模偏小的问题企业作为并购目标,以自认为较低的交易价格进行收购。而印度企业在跨国并购中没有“抄底”心理,注重选择基本面较好的企业作为并购目标,并且要求目标公司的年销售额在4 000万~15 000万欧元之间。

(2)中国企业在欧洲并购的目的比较单一,主要关注技术和品牌的转让。而印度企业的并购目的多建立在长期战略的基础上,不仅要求技术的转让,同时关注销售渠道和未来欧洲市场整体布局。在一项2008年年底完成的针对印度企业在德国投资动机的调研中(见图2-6),人们发现印度企业投资德国的最主要动机是接近德国及欧洲客户,获得高素质的员工和技术力量以及创新能力、供应网络和生产条件。通过进一步的分析,人们还发现印度IT企业投资欧洲的主要战略目标是获得市场和渠道,制造业企业则看重欧洲的技术和研发资源。

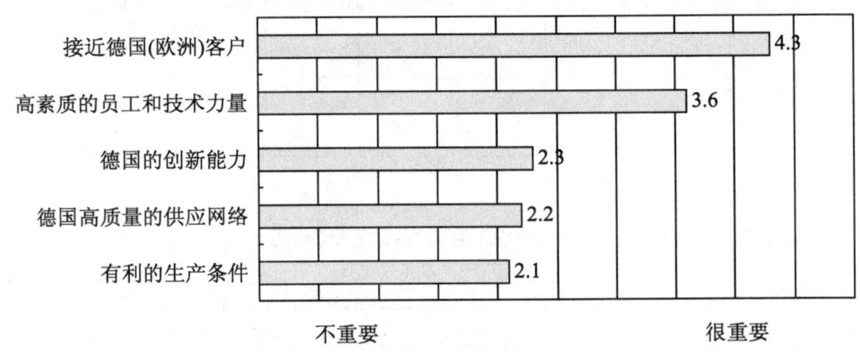

图2-6 印度公司在德国投资动机调研

数据来源:根据KPMC资料整理。

(3)尽管中国企业在跨国并购的过程中注重交易价格,但是所使用的定价方法却很单一,大多基于国际并购市场较少使用的净资产估值法,这极有可能是受到了国内并购市场通行的估值方法的影响。印度企业在这方面要比中国企业更显老练,他们在跨国并购中的通常利用收入倍数和EBIT倍数进行估值,将收入倍数限定在0.8~1.2之间,EBIT倍数控制在6~10倍之间。

表2-3 中印企业在跨国并购中的理念差异

跨国并购	中国	印度
被并购公司的财务状况	破产清算	公司基本面较好
公司规模	偏小	销售额在4 000万~15 000万欧元
估值方法	净资产估值	收入倍数为0.8~1.2,EBIT倍数为6~10倍
收购目的	对中国的技术转让,抄底	新市场,欧洲销售渠道,长期战略
对资本市场的依赖度	低	高

我们可以从几个方面分析中印企业在欧洲市场的并购差异。

（1）中印企业的发展模式不同所致。从1978年的改革开放至今，中国已经将自身发展成为全球的加工制造业基地，中国在欧洲的并购基本上围绕着继续巩固和加强自身的加工制造优势。所以在欧洲所并购的企业基本上局限在装备制造业领域。印度的经济改革比中国滞后了近10年，没有捕捉到中国所获得的在加工制造业方面的发展机会，但是在没有政府资助的情况下，一些IT和医药类的高科技企业迅速成长，并取得在国际市场的竞争地位，成为促进印度国内经济发展的动力。当然，作为人口大国，印度在加工制造业方面的发展努力也从来就没有停止过，所以使得印度企业的欧洲并购围绕自身的优势展开，涉及包括钢铁、机械、汽车、制药、IT等更广阔的领域。

（2）尽管中印两国政府都鼓励企业“走出去”，积极参与国际市场的竞争，但是印度政府力度更大。与中国政府对国内企业的海外投融资较为严格的限制不同，自2002年起随着印度经济的快速发展和企业资产质量的改善，印度政府放松了对企业海外投资方面的管制，为本国企业的海外投资提供外汇、税收、信贷和技术支持，允许海外企业在国际市场上融资，同时给予印度公司每年可向海外投资5 000万美元的额度。这些政策上的支持使得印度企业在欧洲的并购显得资金实力雄厚和大手笔。2007年，印度Tata钢铁公司是通过银行贷款融到并购Corus所需的巨额资金，而印度著名的风能设备生产商Suzlon Energy Ltd，主要是通过发行企业可转换债券募集到用于并购德国Repower的所需的12亿欧元资金。

（3）与印度企业相比中国企业更缺乏跨国管理的人才储备和储备机制。尽管中印两国同为文明古国，但是在长期英国殖民的影响下，印度人对于西方语言、政治、商业、文化等方面的理解和管理能力超过中国人。根据麦肯锡对中国大型企业的调查显示，尽管80%的中国企业将全球化作为未来发展的战略重点，但是88%的中企高层管理人员认为缺少跨文化的经营管理人才是其全球化战略的主要障碍。56%的受访中企高层管理人员说从未接受过跨文化的管理培训，50%的人不会接受管理海外企业的任务。而在发达国家，甚至在印度企业中，管理海外企业的从业经历是企业管理人员晋升的重要参考指标。由于人才的缺乏，中国企业开拓海外市场的思路和方式大多比较单一，将精力基本放在发展进出口贸易上，以最小的风险，获取有限的利益。其结果是中国大陆企业在海外的市场销售、海外资产以及海外员工的数量等方面不但低于印度企业，更远落后于中国台湾和韩国企业。

三、值得中国企业借鉴的印度经验

1. 中国企业要克服跨国并购中的"抄底"心理

跨国并购关乎企业发展的全球化战略。欧洲,特别是德国的先进机械厂商的核心技术和工艺都是几十年甚至上百年数代人对科技和品质锲而不舍的追求的结晶,并不是虚拟金融资产的无底洞,所以投机式的"抄底"心理会严重影响中国企业从战略的高度审视和把握这次经济危机所带来的难得并购机遇。中国企业需要从长线投资的角度,以清晰的战略目的选择并购目标,这些战略目标可以使谋求企业发展过程中技术、市场或者品牌瓶颈的突破,而绝非是短线的"抄底"炒作。只有这样,对于理想的并购目标,中国企业才能避免犹豫不决、错失良机;而对于不符合战略意图的并购目标,中国企业也不会再抱着"抄底"的心理,做"捡便宜式"的收购,以至于非但无法实现企业的战略意图,还会埋下企业发展的后患。

2. 在跨国并购中使用有经验的国际咨询机构

在实施海外并购时,作为第三方的专业机构的参与是非常重要的。专业的法律、管理、融资等方面咨询机构的参与通常有助于深入了解目标企业的商业环境,帮助中国企业在并购初期就对目标企业的价值和潜在风险做客观的评价,并做好化解风险的前期准备工作。在以往跨国并购的失败案例中,中国企业往往不能正确评估国外商业经营中的政治、环境和劳资方面的风险,由于过分谨慎而错失许多并购良机,同时也有企业由于过于冒进而选择了错误的并购目标。在过去的几年中,因为在欧洲解雇亏损企业的员工过程中耗时耗力、成本昂贵,同时还要受到工会的种种制约,让 TCL 已经尝到苦果。有国际商务经验的咨询机构和中国政府的驻外机构都可作为中国企业进入海外市场的好帮手,他们不仅可以为中国企业提供相关的国际市场、国际企业管理方面的专业知识,还可以帮助企业建立对外沟通的人脉网络,与相关的海外政府机构、公益性的智库、科研机构及相关的企业联系,为跨国并购及并购后的整合管理做好必要的前期准备。如德国重要的公益性智库贝塔斯曼基金会出于对中国企业崛起的重视,在2006 年启动了中国企业海外跨文化管理的调研项目。五矿、海尔、宝钢、北京第一机床厂、上工申贝、联想等多家著名企业合作参与了这个项目,这是一个历时 3 年的科研项目,通过对在欧洲(主要是德国)有代表性的中国企业的实证研究,概括和总结中国公司海外跨文化管理的最佳实践(Best Practice)。

3. 强化跨文化管理方面的人才储备

做完跨国收购的中国企业还不懂跨国管理是许多中国企业所面临的问题。跨国收购后的整合涉及政治、经济、法律、文化、经营管理等各方面，对企业的跨文化管理水平和技巧提出极高的要求，稍有不慎就会导致整个收购项目的失败。波士顿咨询（Boston Consulting Group）在调查中（见图 2－7）发现导致并购失败的因素来自三个方面：战略、价格和并购后整合。其中，并购后的整合和战略上的失误是导致企业并购失败的主要诱因。

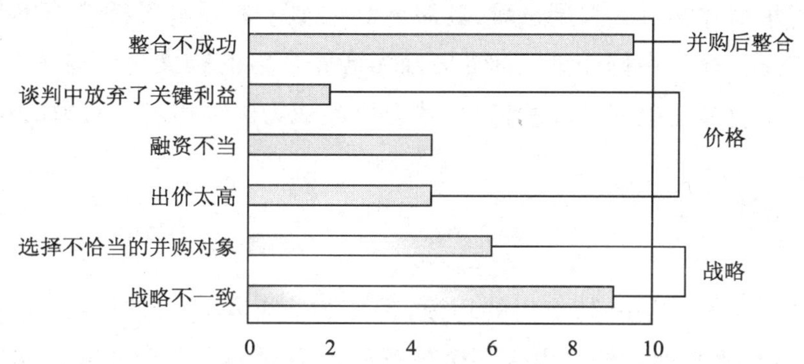

图 2－7　导致并购失败的三个普遍因素：战略、价格与整合

中国企业有前瞻性地培养国际化的管理人才是企业发展的百年大计，需要列入企业人力资源管理的长远规划。许多中国企业在跨国并购完成之后便开始大规模招聘海外人才，均说明中国企业在跨国经营管理方面人才的匮乏。同时这种仓促之举更无法确保新聘人员能够及时了解和融入自身的企业文化，更谈不上担当中国母公司与海外公司之间的沟通与融合的桥梁作用。所以有意跨国并购和跨国经营的中国企业需要着手跨文化管理人才培养和储备工作，同时在现有管理层中展开跨文化管理方面的培训，使企业的高层管理人员事先了解目标国的政治、经济、法律、文化、风俗、管理风格、劳资关系等方面的情况，为日后的跨国并购做好前期铺垫。

4. 建设开放、包容的企业管理文化

中国企业要发展成为真正意义上的跨国公司，须要建设开放、包容的跨文化管理文化。跨文化管理属于软技能，是管理人员在企业的经营过程中的授权、指导和处理复杂问题时的沟通技巧，这些管理中的软技能一般会随着企业经营和组织结构的全球化而变得越来越重要。但是这些软技能往往在中国的企业文化中被忽视，因为中国的企业文化强调服从和一致性，如下级对上级的服从，个人对企

业的服从,主张对权力的集中和相互制约,所以中国式的企业管理与西方跨国公司扁平化、权力分散的管理模式差异巨大。

近年来,在跨国经营的过程中,中国企业已经意识到管理软技能缺乏的问题,一些企业试图通过全球招聘的方式来弥补这方面的不足。如联想集团和 TCL 集团均做过这方面的尝试。甚至联想集团的海外高层管理人员已经占到集团高层的 70% 。这些海外管理人员所认知和习惯的是西方跨国公司通行的管理风格,如脉络清晰的企业治理、管理授权、预算指标、个人发展前景以及透明的信息传递等等,他们能否适应集中决策、模糊性和灵活性较强的中国式管理还是一个未知数。但是从联想集团并购后的发展来看,其海外高层似乎并没有发挥应有的作用。所以有志于跨国经营的中国企业,必须花力气培养合格的跨文化管理人才,同时还要使自身的企业文化更加开放和包容,才有可能成为国际市场上有力的竞争者。

四、结论

跨国并购尽管不是一马平川的坦途,但作为企业国际化的助推器,对需要花钱买时间,尽快赶超西方同行以求在全球竞争中生存的中国企业来说确实是一个值得考虑的重要战略选择。像 TCL 在欧洲的并购虽然磨难重重,但大浪淘沙之后留下来的市场通路却使 TCL 成为中国手机出口季军并为企业带来经营回报的坚实基础。尽管印度的经济发展速度落后于中国,在电力、交通运输、通讯等基础设施建设等方面更是远落后于中国,并且印度在外汇储备方面也远没有中国充沛,但是印度企业在对外投资尤其跨国并购中的远见与成熟却超过中国企业,印度企业正在通过跨国并购,突破自身发展的瓶颈,正在迅速成长为国际市场上的有力竞争者。在全球经济危机的背景下,国际市场上的资产价格已迅速贬值,能否从战略的高度抓住机遇,通过跨国并购获得有价值的技术、品牌、市场和管理技术,从而提升企业自身的竞争实力,使中国企业在国际市场的竞争中不再仅仅依赖成本优势,而是拥有技术定价权和品牌定价权,已经是对中国企业最严峻的考验之一。

最后需要补充的是跨国并购本身不是目的,而是在全球化背景下增强核心竞争力的战略选择之一。而我们在这篇文章中介绍、分析印度企业在欧洲的并购活动,是希望他山之石,可以攻玉,仅仅是跟风式的模仿甚或出于民族感情的“赶超”都不是我们所希望的。客观来看,印度企业的跨国并购中至今为止可以认为比较成功的案例比中国企业数量上多出不少,对印度经济的国际化的贡献也不可同日而言(比如 Mittal 对 Arcelor 的并购,Tata 对路虎的并购,印度 IT 企业对市场渠道

的并购等等),但也有失败的例子:

(1)印度最大的工业集团 Reliance 在 2004 年并购了世界著名的特种纤维厂商 Trevira(当时有1 800员工,3 亿欧元的销售额),并购后 Reliance 成为世界领先的纤维厂商,但因为未能成功重组资源,而且对 2008 年的金融危机准备不够,2009 年 Trevira 宣布破产。

(2)印度著名的医药公司 Dr. Reddy's 于 2006 年用近 5 亿欧元的价格购得德国的中型非专利药厂商 betapharm,因德国的医药市场是高度管制的市场,在德国,法定的全民医疗保险还占绝对主流,监管部门对药物的开方、流通实施严格的监管,单门独户的家庭医生是开方的主要主体,加上德国特殊的抑制药店连锁法案,药品销售的程序复杂,销售成本很高,这一切让 Dr. Reddy's 很不习惯,两家公司的融合和协同效应的实现远远落后于预期。

从这两个案例我们可以得出一些具有普遍意义的结论:

(1)要远离仅仅考虑增加产量的并购,这种并购只能帮助企业做大而不是做强。

(2)要把更多的注意力放在并购后的融合工作上。

(3)不能低估高端市场的复杂性,如果并购的目的是市场进入的话,需要在决策前深入了解特殊市场的运营机制和流通渠道的特性。

中国企业:成败并购

以无锡尚德和五矿有色金属在2008年4月各自完成对德国的大宗并购为标志,中国企业在德国的并购活动进入了一个新的增长周期。

中国企业在德国的收购当前主要集中在机械制造行业。德国以技术和制造业立国,这跟中国长期的发展战略不谋而合。特别从20世纪90年代开始,作为德国经济支柱的中小企业因各种原因,可以并购的数量增多。这主要是其没有及时适应全球化的经营环境,在产品更新换代、市场转移、压缩成本等方面出现了失误,导致经营困难;其次,德国处在间接融资体系向直接-混合融资体系的转型期,中小企业得到银行贷款用以继续经营和扩大生产的难度增加;第三,社会价值的多元化,下一代不愿子承父业,使众多源远流长的家族企业后继无人。

一、中国企业在德国的并购

目前,中国企业(不含香港)在德最大的两项单项投资——上工申贝在工业缝纫机行业和北京第一机床厂在重型机械行业的投资,初步取得了预想的成效,其中有不少成功的经验值得后来者学习。

总的来说,两家企业在战略层面有通过并购实现产业升级的客观需求,对并购后的采购、销售、生产、研发、培训的协同效应有较深入的考虑,并在并购后采取了细致的措施使协同效应得到有效发挥。在日常管理上,他们大致主导而不过度参与的方针,实现了并购后的平稳过渡和并购战略的有效实施。

中国企业的并购目标到目前为止多为较为熟悉的同行,这样有其知根知底的好处,但另一方面,也很大程度地限制了中国公司的选择范围。国际上通行的程序是企业管理层根据企业的长期发展战略,在咨询师的帮助下确定并购战略,然后咨询机构在所关注的行业中,根据实现确定的标准进行系统地多轮搜索、筛选,最后与企业一起把目标企业限定在一个合理的范围内，再进行深入地接触。

纵观中国企业的并购活动，随性、随机的决定太多，系统化的努力还嫌不够。尤其是业内尽人皆知，要出售的企业一般情况下都已陷入严重的经营危机，接手后需新东家有很强的治理整顿、扭亏为盈的能力和经验，而这些显然是中国企业所欠缺的。

在并购过程中，一些不为人们重视的细节也会带来不可避免的麻烦。比如，德国人对知识产权非常重视，他们认为中国企业对此有许多不尽如人意之处。此外，在文化差异方面，我们习惯含蓄地表达，而德国人则喜欢直接、明了的方式。当然文化的鸿沟不是不可跨越的，我们认为管理的人员的人文素质至关重要，有人文素养的依托，加上勤于观察的文化敏感度和不断学习的精神，跨文化管理的难题是可以克服的。

跨文化管理是个大题目，不仅中国人关心，德国人也很关注。德国著名的贝塔斯曼基金会2007年启动了“中国企业海外跨文化管理”的调研项目。这是一个为期3年的科研项目，通过对在欧洲（主要是德国）的有代表性的中国企业的中外员工系统地实地采访，进行科学的概括，并将调研的结果总结为中国公司海外跨文化管理的最佳实践，以出版专著的形式（中、英、德三种语言）向社会推广。

并购中最大的问题是对并购价的过度关注和权衡。中国企业普遍存有“捡便宜”的心态，殊不知在成熟的市场经济中，价格和内在的价值是趋同的，而企业的价格具有一定的稳定性，低价购入、高价售出的普通商品的交易逻辑并不完全适用于企业的交易。低价出售的企业往往市场地位不高，设备与观念老化，现金流吃紧，盈利能力低，表现为企业的内在价值相应不高。而这类企业往往需要新东家的大量资金跟进投入，缺口之大，经常出乎买家的意料。

因为对价格的过度关注，导致中国公司在谈判过程中往往把价格作为谈判成功的标杆。其实对德方来说，不管是原股东保留一部分股份，还是破产后由破产管理人和债务人委员会来处理清算事宜，单纯的并购价并不是单一的决定因素，他们通常看重买家的持续经营能力。很多中国企业在这方面认识、准备得不够，在谈判过程中一味加码加价而没有提出令德方信服的重组方案和表现出接手后持续经营的能力，这样容易在竞购中失败，这几年我们已经看到了数起这样令人扼腕的事例。

二、如何使并购实现双赢

机床行业在今后很大一段时间内仍将是中国企业对德并购投资的重点，但我们相信，企业的视野会更加宽广。在德国的一些技术领先，同时被资本市场普遍看好的行业，如光能、光纤、风能领域，都有中国企业的不断增大的投资，但投资附加值(包括技术、品牌)含量不高、人力成本在生产要素中占比例较大的行业，往往弊大于利，如前些年国内某企业在德国投资铅笔厂遭到失败就是典型的案例。

因为和中国的发展阶段类似，印度企业的并购经验有不少值得我们借鉴。印度企业投资较多的医药、IT 行业，目前还没有中国企业的投资。其实，中国在很多新兴行业上有很大的潜力。近几年，国内企业在高科技领域的发展势头可喜，有望通过并购，实现欧洲市场的飞跃。和中国公司在机械制造行业的“花钱买技术”不同，印度企业的并购更多地体现了一种“花钱买市场 - 渠道”的思路，这或许会对我们的战略决策有所借鉴。

中国企业的并购总体规模偏小，不仅比不上发达国家，就是与印度公司相比，中国企业的并购也有相当大的提升空间。印度在总体经济实力弱于中国的情况下，因为金融资源配置和企业家精神的发挥较少受抑制而造就了一批具有国际领先水平的行业先导企业。相比之下，中国企业的并购活动受经验、观念、制度和人才的约束，还有很多可作为之处。印度公司的目标企业平均营业额在4 000万 ~ 15 000万欧元之间。

目前为止，大部分中国企业并购的规模都在1 000万 ~ 4 000万欧元(营业额)左右。家电业方面，TCL 折戟沉沙之后，国内企业对相同领域的并购大多退避三舍，而德国的传统家电品牌经历了20 年的大浪淘沙后已所剩无几。传统高端品牌虽然坚持在德国本土生产导致成本高居不下，但在欧洲经济整体回升的情况下，高品质、高价位的家电产品还是能得到足够的追捧。对中国企业来说，一些占有终端营销渠道，甚或持有低端自有品牌的分销商，确实可以作为并购目标考虑，因为德国家电市场的营销渠道极其分散，重新布渠道的成本和成功的不确定性很高。当然，对把获取营销渠道作为并购目的的企业来说，是否能实现并购的价值，很大程度上也要看交易后对渠道的维护和产品的供应是否能相应地跟进。

就目前来说，营业额 2 ~ 3 亿欧元以下，并购额不超过4 000万欧元的德国企业比较适合中国企业并购，当然，我们认为，随着国际化经验的不断充实，中国企业的并购步伐会越跨越大，力度和能力也会增强，所以这些数字要动态、历史地去看。

至今为止，大型项目的投资主体多为国有企业。他们在规模上有一定优势，在投资政策方面也得到中国政府的一些倾斜性支持，但今后民营企业的并购比例应该会上升。我们预测，中国企业在德国并购的行业范围会更宽广，一线品牌和行业先导企业会越来越受重视，在价值链的挖掘上，纵向和横向都会有所延展，不仅局限于系统集成制造商，复杂产业链中关键部件的制造、研发也会更多地进入中国公司的视野。

三、并购后融合需注意的问题

并购后的融合是实现并购价值的关键。从全球范围来看，这也是一个普遍性的难题。2007 年发布的一个外资企业在中国并购后融合的报告中，列出了七大融合成功因素，也许会对到德国投资的中国企业有所启发。这几大因素包括：不同的管理体系的融合，子母公司制度一致性，当地制度、法律、利益团体、税务的整合，不可预期事件的处理，沟通和培训，跨文化管理。而成功的跨文化管理是这一切的基础。总之，参与谈判和交易后管理的中方职员需要有优秀的人文素质和一定的跨文化交流经验，另外，他们还要保持对跨文化话题的新鲜感和敏感度，即使不通德语，也可以解决在德国的跨文化障碍。上工申贝和北京第一机床厂的管理者就具备了这样的条件，虽然他们从国内只派出了几个人，但在对 600 ~ 800 人的德国企业进行整合时很好地完成了目标任务。

在与德国人、德国企业和机构打交道的过程中，关键的一点要保持健康的心态。在跨文化管理中只能采取包容、融合的策略。但容纳不是照单全收，融合不等于曲意逢迎。上工申贝和北京第一机床厂所采取的“以我为主”，主导但不过度参与的策略实为一种理性的表现。北京第一机床厂并购后，设立了考虑到中德双方利益的管理监督体制，制订了向新股东按月、季度和年度汇报的机制，经实践检验，效果很好。

有必要指出，很多企业的核心价值和掌握着关键技能与客户关系的关键员工是紧密相连的，失去了他们，并购的意义往往会大打折扣。为了避免其流失，安定人心的一项重要措施是和原来的东家保持良好的联系，他们的态度对员工和媒体也有着某种指示和引导作用。发达国家普遍希望本土企业海外投资不断增大的同时，也能更多地吸收别国的直接投资（Foreign Direct Investment 简称 FDI），以增加当地税收和就业，填补全球化造成的本土产业转移的空缺。德国社会看好中国经济的长期良好发展，更受到一些大的并购案，如联想—IBM PC 并购的鼓舞，对中国的投资抱有很大的热情和希望，中国企业在德国的并购活动也备受德国公众的关注。

德国普遍认为，中国的海外投资在 2015 年前后可达每年 600 ~ 700 亿美元，只要德国能吸取其中的 2%，就相当于每年有十几亿美元左右的直接投资流入。目前，德国投资促进署在上海和北京都设有办事处，德国的很多联邦州，如巴伐利亚、北威州、汉堡、石荷州、巴符州、黑森州，以及一些大城市都在中国设立了代表处，其中一个主要的工作重点就是积极对华招商引资。德国是联邦制国家，各州有很大的自主权，其招商引资活动多是各自进行。德国政府的招商引资不提供税费减免的政策，德国在招商引资时更多强调德国的投资环境优势，但是在很多地区的投资可以得到欧盟的地区发展基金的补贴。因为补贴的明目、要求繁多，德国财政部统计，德国关于财政补贴的各种法规多达1 000多种。

德国政府在产业政策上基本奉行自由主义原则，2005 年政党领导人出于选举需要，对越来越多的投资德国企业的英美金融投资商冠以"蝗虫"的称号，从而引发了一场旷日持久的"蝗虫"大讨论。但这场讨论对德国政府对外资并购的态度和政策并没有产生实质性的影响，除了对合并后企业造成市场垄断的考量外，基本没有来自政府方面的限制。但公众对并购的态度构成了某种软限制，反过来会影响员工、供应商和客户的行为，所以需慎重对待。

德国奉行社会市场经济，在保证市场机制正常运作的同时也强调各社会群体的利益均衡。德国完善但相对僵化的劳工保护制度在进入新千年后才进行了深入改革，而德国工会也面临着会员急速减少，影响力急剧下降的生存危机。在现实的压力下，对多数德国员工来说，企业的健康发展和就业的保障是最符合其切身利益的。上工申贝和北京第一机床厂通过和工会的积极沟通，虽然耗费了一些精力和时间，但最终都有效地为企业的长足发展赢得了宝贵的空间，并得到了德国企业界的认可。

总之，在工商界和学术界，对并购的理性的声音占绝对的主流。各级政府对来自中国的投资普遍抱欢迎的态度。对政府来说，企业落户给当地带来的税收不是第一位的，保持、扩大当地的就业才是重中之重。普通民众的心态，应该说是在希望和担忧中摇摆。他们最担心中国企业进入后获得了技术，工厂就会关闭，然后将生产转移到中国。这也是在媒体中经常出现的一种说法。而在现实中，中国企业接受德国公司后，基本是采取稳定过渡的政策，以避免过大和不可控制地震荡。究其本源，固与国人"与人为善"、"继旧国，续亡邦"的儒家传统相关，更多的则是体现了中国企业在跨国经营经验不足的情况下采取的谨慎之策。我们的企业、企业协会和在外机构等可以在与德国公众的沟通、创造更加宽松友好的投资环境方面有更加积极的表现。

对来自中国的投资，当地媒体因可以近距离地接触事实，所以对其报道比较客观。在跨地区的媒体中，大型的，特别是财经类媒体的基调也还比较正面，但其他的媒介报道则迎合民众口味和猜想，哗众取宠的倾向性比较强。但我们可以通过更积极、坦诚的与媒体沟通而提升中国企业在德国的形象。随着成功的并购案例的增多和中国企业更积极地和德国社会的沟通，相信德国公众的态度将会持续地向正面的方向转变。2008 年 3 月，德国最大的全国性大报《法兰克福总汇报》以整版篇幅报道了被中国企业收购的德国企业的后续发展和德国员工的个人感受，还采访了中国五矿、北京第一机床厂等在德国的企业和员工，报道客观、正面，显示了德国经济界、新闻界理性的声音。

中国企业对中德关系出现的一些外交波折感到不安，但我们相信，中德关系根本基础和利益是坚实的，长期走向是健康良好的，其实德国联邦政府对外国投资的影响没有我们想象的那么大，而且增加就业和税收是跟政府的根本利益一致的，我们完全不必要有这方面的担心。

唯改革唯创新才有未来

金融危机后，世界石油工业格局发生了重大变化，中国石油工业也到了必须改革的时候，唯改革唯创新才有未来。

在贸易全球化的大格局下，全球的能源格局越来越清晰，需求增加、油价上升、技术进步、页岩气革命、减排压力增加以及日本福岛核事故促成了天然气黄金时代的来临；走向深水、走向页岩油气、提高采收率和投资增加使石油峰值来临的时间不断推后；新能源、可再生能源在政府大力补贴下获得了迅速的发展；新技术和低碳消费理念的确立提升了能源的使用效率。能源资源并不稀缺，只要各方充分合作，注重技术创新和保持足够的投资，世界能源的供给是可持续的。这就是从 2011 年 12 月 8 日结束的多哈第 20 届世界石油大会传递出来的关键信息。

能源领域正在发生深刻的变革，进入 21 世纪以来，全球能源领域正在发生的重大变化是能源消费的重心由 OECD 国家转向发展中国家。IEA 预计，从 2008—2035 年，能源消费增量的 80% 来自于发展中国家，中国和印度将占增量的一半，仅中国就占了增量的 30%。

一、中国能源的需求快速增长，石油工业面临诸多重大挑战

上游产业的话语权从跨国公司转到了资源国，也就是国家石油公司手里。跨国公司拥有的资源量由 20 世纪 60 年代后期的 85% 左右降到现在只有 7%，而同期国家石油公司拥有的资源量则从 1% 增加到了 73%。在石油产量上，跨国公司也从垄断份额变成只占总产量的 14% 左右。美国和欧洲已经有 30 年没有建新的冶炼厂，而中国超过美国成为世界石油炼制能力最大的国家。沙特、科威特等主要石油出口国，也利用其上游资源的优势加快了炼厂的建设，并积极地把炼厂建

到石油进口国去。从控制的石油资源量,生产能力、炼制能力、资本投资等硬件能力方面,国家石油公司已经超过跨国石油公司,这种趋势还在继续。但跨国石油公司在软实力方面仍然保持某种竞争优势,例如技术创新、管理能力、高端产品的市场占有率和全球的贸易能力等。

1. 供给和需求发生重大的转变,需求增长主要来自发展中国家

一是产量和消费量都增加了3倍,二是石油消费增长的拉动主要来自发展中国家,而不是发达国家。发达国家对能源,尤其是对石油天然气的消费,连续四年(有的统计说连续六年)出现持平和下降的趋势。这与发达国家大力发展节能技术有关,高耗能、污染产业向发展中国家转移。正在改善自己生活的中国以及世界最大的石油供给国沙特和其他中东国家,需求都在增长。

2. 页岩气革命、低碳生活加速了天然气黄金时代的到来

美国的页岩气革命是21世纪第一个10年能源行业最重要的事件,从2006—2011年,在5年左右的时间里,美国页岩气产量从其总产量的1%增长至20%,页岩气的年产量超过了中国同期的年消费量。美国从大量进口LNG向可能大量出口LNG的国家转变,从根本上改变了世界天然气供需的格局。更重要的是,技术创新引导的页岩气革命大大地扩展了全球天然气资源的储量,使天然气需求巨大而又缺乏常规天然气资源的国家和地区,例如中国和欧洲,看到了巨大的希望并可能带来巨大的投资形成新的产业。IEA预测,到2030年,中国页岩气等非常规天然气的产量将占本地天然气总产量的2/3左右,成为天然气生产的主体。低碳、减排、环保正在成为一个生活方式,一种社会潮流,这对传统发展方式带来极大的挑战。一方面是国内能源消费快速增加,另一方面是国际减排趋势加快,碳税征收日趋具体化,例如欧盟开征的航空碳税,中国以煤炭为主的能源结构将会面临越来越大的内部环境压力和外部低碳贸易的压力。总体上看,能源瓶颈对中国经济发展的约束越来越强,而留给我们不得不做出根本改变的时间却是越来越短了。

3. 资源民族主义兴起,石油的政治色彩更加浓重

殖民主义时代已经过去,新殖民主义更不受欢迎,所以,中国如何能够以和平的方式取得所需能源,历史没有任何经验可以借鉴。在诸多挑战面前,新世纪的中国石油工业从观念、体制、组织结构和管理模式上都迫切需要改革和创新,才能适应时代的需求。

二、挣脱“自给自足”束缚

最为迫切的改革就是要完成从生产依赖向贸易依赖转型。这里首先是安全观念的改变。历史上几乎所有的经济大国都经历过从能源供给自我满足到贸易依赖的转型,进入石油时代后尤为明显。

以美国为例,美国直到1948年一直是石油净出口国,二战期间美国的石油出口高达当时石油贸易量的60%,今天的美国是第三大石油生产国,同时也是世界第一大石油进口国。日本、德国也是石油净进口国,韩国95%以上的石油依赖进口。这些国家在其经济起飞、石油需求快速增加的年代都积极推行过建立境外石油生产基地以保障供给的政策,并为此投入巨资,结果均不理想,但近100%的进口依存度并未影响这些国家的经济发展和人民生活水平的提高。反而是进口石油经济和安全的压力激励了节能的生活方式,并为提高能源效率的技术创新注入了强大的动力。中美分别为第一和第二大国石油消费国,也是第四和第三生产大国,在油气资源储量方面也比较接近。但在石油发展历史、石油工业的体系和体制、石油工业生存和发展的驱动机制等方面却极为不同,代表着两种完全不同的发展模式。

在消费快速增长、传统安全观念和油气产量中心惯性的共同作用下,形成了中国石油工业的几个基本特点:政府主导、央企垄断、生产保障供给和资源保障生产。

20世纪末21世纪初中国石油工业进行了重大的改革重组:形成本土石油公司相互竞争的局面;境外上市引进国外资本、管理理念和企业制度;鼓励石油公司“走出去”获取资源;政策制定者试图通过对国有石油公司市场化的改造,不断提高石油公司的竞争能力,更有效地参与国内国外两个市场的竞争,最终达到保障国内石油供给、保障经济安全的目的。

十几年过去了,上一轮改革取得了部分成功,主要表现在中国三大国有石油公司借助上一轮国际石油价格快速增长、国内消费的强劲需求周期和在举国之力的助推下迅速做大。与国际同类石油公司相比,硬实力大大提升,规模名列前茅。但公司经营效率、技术管理创新能力、全球化程度、动用各类国际资源的能力和国际市场的引领能力与同类国际大公司相比还有非常明显的差距,有些主要指标还有明显退步的迹象。

2 000多年的农业社会使“自给自足”的观念沉淀在中国的每一个角落,以大庆为标志的中国石油工业更强化了“自给自足”思想的惯性。“独立自主,自力更生，艰苦奋斗，自给自足”必然导致“重生产轻贸易，重产量轻效率”的生产主导投资拉动的公司模式。上一轮改革最重要的进步是给人们注入了效率和效益的观念。思想深处根深蒂固的“自给自足”观念仍然有形无形地制约着改革方案的制定与实施，上一轮石油工业改革只取得部分成功的症结即在此。

中国的石油进口依存度已经超过50%，石油供给的贸易依赖成为不可改变的事实，而观念上，市场结构和政策导向还仍然停留在传统的自给自足的模式上。从生产依赖到贸易依赖的转型是中国石油工业艰巨的、全面的和根本性的转变。在本土扩大再生产可以自说自话，而贸易至少是双方或多方谈判、妥协的过程，要互利，不能随心所欲，仅凭自己的意志行事。双赢多赢的结果需要有适当的模式和机制来保障，要有大家接受的规则，要有全球石油贸易的知识和人才，还要从自己和别人的教训中学习、积累经验，这会是一个较长且痛苦的学习过程。在所有转变中，观念的转变是第一位的。

中国经济体制改革一条成功的经验是渐进性而非休克性，这在新一轮石油工业体制改革中很有借鉴意义。美国的页岩气革命将大大加快天然气时代的到来，天然气在中国一次能源中的比重只有4%，远低于世界平均24%的水平。人民生活水平的提高、低碳生活使得天然气大规模进口成为必然的选择，而LNG（液化天然气）大规模的进口才刚刚起步，很可能作为石油工业从生产依赖转向贸易依赖的试点领域，从垄断走向开放，从一元走向多元，形成市场化全球化的新格局。

三、主动参与积极作为

中国石油工业的改变还要着眼于调整中国石油工业结构。从计划经济到特色社会主义市场经济，至今中国石油工业基本上还是一个生产性的行业，石油公司很大程度上还停留在以产量为中心的生产企业模式里。

21世纪的中国石油公司不可能重复跨国石油公司走过的道路，他们可以在殖民主义制度的支持下对资源国的资源巧取豪夺，而我们只能在资源民族主义盛行的时代，在努力谋求多赢与互利的基础上获得资源。发达国家的发展过程在大气层里积累了巨量的二氧化碳，造成气候变暖生态破坏。中国的发展必须谋求发展与排放的平衡，低碳减排既是制约也是动力。我们必须清醒地认识到，中国的能源需求只能越来越多地依靠贸易的方式来解决。“走出去”获得资源，广义地讲也是资源贸易的一种形式。

实际上我们已经在这样做，每天进口的石油超过400万桶。国际石油交易期货交易超过80%，每年现货交割20亿吨，而期货交易高达140亿吨。石油的价格主要是由期货交易决定,而中国国有石油公司的体制不支持参加石油期货的贸易方式。

石油期货交易是为了规避石油价格波动的风险。但中国的制度决定了国有企业只能赢不能亏,加上国企负责人"赢无激励,亏必有责"的特性,注定了国企很难在石油期货上有所作为。石油是非常特殊的商品,具有资源、金融和政治三重属性,石油公司主要是参与石油资源属性维度的竞争,政府主要是在政治维度上发挥作用,而在金融维度上的竞争,中国参与的不多,因为中国在体制和结构上都还没有形成明确的合适的参与主体。作为第二大石油进口国、全球第二大经济实体,中国放弃在石油金融维度的竞争似乎与自己的身份不符。

围绕着石油的三种属性,为保障中国的石油安全,中国石油工业必须进行彻底的结构调整。三大石油央企被赋予了太多的职能,因此它们对资源和市场的垄断也就顺理成章了。但国际石油大格局的变化,中国石油工业面对的挑战是客观存在的,中国改变不了石油期货交易主导现代国际石油贸易市场的现状。中国理应积极地面对石油期货市场。政府应该制定政策,鼓励和支持民营资本和主权基金大力参与其中。

中国是想走自己独特的道路呢,还是加入全球化能源保障系统?美国第一次伊拉克战争,获得了联合国的授权,最后美国人向几个中东国家和 OECD(经合组织)国家收了钱,例如向日本人收了 120 亿美元,向德国收了 90 亿美元。因为保证了他们的能源安全。全球能源保障体系有点像 IMF(国际货币基金组织),但比 IMF 更大更复杂,不具实体,无理事会,无投票机制,但它存在,并发挥作用。OPEC(石油输出国组织),IEA(国际能源署)等都在这个系统里。全球化的时代是合作的时代,参与其中才能发挥自己的作用,参与其中才能改造和利用它。在这里大国责任不是"重打锣鼓另开张",而是主动参与、积极作为、创建和谐、共同发展。全球化的时代,一国的能源安全是不存在的,只有保障了全球能源安全,才能一国能源的长久安全。

四、规模是基础 创新是灵魂

改革开放 30 年我们取得巨大的成就,作为世界人口最多的国家、第二大经济实体和第一大商品出口国,持有最多的外汇储备,当今中国在世界事务的方方面面都不乏规模上的优势。国际知名能源咨询机构 PFC 能源公司新近公布了"上市能源公司 50 强"排行榜,中国石油、中国石化和中海油分别名列第 2、第 9 和第 15。在前 20 大名单中,美国公司 5 家,中国公司 3 家,英、法、俄各 2 家,共有 14 家。联合国安理会五大常任理事国的能源企业，在行业里同样举足轻重，在规模和影响力上堪比其在联合国的地位。

中国石油在油气产量上已经超过长期居此排行榜榜首的老大埃克森美孚公司；中国石化下游石油炼厂的能力也超越了石油炼化的鼻祖埃克森美孚；中海油市值排名列意大利老牌石油公司ENI和挪威STAOIL公司之后，俄罗斯石油公司之前。更为世界关注的是过去几年中，中国石油公司海外资产资源并购的力度和频率。前不久路透社报道，过去6年中，中国累计海外并购投资也超过埃克森美孚位居世界第一。三大石油央企对外并购投资超过400亿美元。

中国公司的规模上去了，资本走出去了，中国"买什么什么贵，卖什么什么便宜"的影响力也出去了，但中国石油央企的品牌和技术创新能力并没有随着规模的提升而提升。2010年底，在多哈举行的第21届世界石油大会上，唱主角的还是跨国石油公司。在规模上中国的影响力无处不在，在公司品牌上差距甚远，在技术创新上似乎还停留在20年前的状态，注意力还集中在单项装备和作业技术上，竞争的焦点还主要围绕在区块投标和完成作业者义务的作业安排上。国内的一套搬到国际上产生了诸多的不适应。投资太多太快而人才跟不上；体制和机制的制约国际人才用不好不敢用；非经济因素的影响很多合作伙伴难以精诚相见通力合作；注重当下眼光短浅，长远战略技术发展研究投入不足，难以造就长期核心竞争力……如此种种诸多不足，与中国能源工业的规模与需求已经难以匹配，如不尽快改变，数百亿巨大的海外投资必将面临巨大风险。

中东石油天然气工业开始于20世纪30年代，中东丰富的石油天然气资源和简单的地质地理条件，使跨国石油公司在这里的投资获得了极其丰厚的回报。1970年代石油天然气资源收归国有运动迫使跨国石油公司不得不退出绝大多数利润最为丰厚的上游项目。怀着强烈的危机意识，他们离开中东进入海洋，正是上个世纪的70－80年代，海洋石油勘探开发获得了巨大的成功，一系列先进的海洋石油勘探开发技术的发明创造，成就了今天提供了40%石油需求的海洋石油工业。

埃克森美孚和壳牌公司在卡塔尔的成功值得我们学习借鉴。卡塔尔拥有极为丰富的天然气资源，北帕斯气田面积6 000多平方公里，资源量900万亿立方米，是目前发现的世界最大的常规气田。埃克森美孚和壳牌公司长期致力于LNG和GTL技术的研究与开发，技术上一直处于领先的地位。有报道说，壳牌在GTL技术上坚持了35年的投资与研究。1995年卡塔尔决心开发北帕斯气田时，这两个公司就借助其先进的成套技术赢得了卡塔尔的信任，成为其最重要的合作伙伴。2011年卡塔尔LNG产量达7 700万吨，成为当今最大的LNG出口国。卡塔尔现有

14 条最先进和规模最大的 LNG 生产线，其中 12 条是与埃克森美孚合作的。当今世界最大的商业化 GTL 生产线是壳牌在卡塔尔的生产线，2011 年底正式投产，代表着 GTL 的未来。埃克森美孚和壳牌成功是他们长期发展战略和极有远见的成套先进技术研发投资的成功，也是他们品牌战略的成功。他们对天然气的执著，推进了天然气黄金时代的到来。天然气黄金时代的到来也使他们收获了黄金。

埃克森美孚和壳牌在卡塔尔的成功打破了地下资源是石油公司核心资产，是石油公司发展的基础的传统观念。石油资源国有化之后，中东大多数国家都拒绝非本国石油公司染指地下石油资源。通过适时先进高效的 LNG 和 GTL 成套技术，跨国石油公司又回到了中东。他们的回归创造了多赢的局面：资源国拥有对资源绝对的控制权，投资人通过技术获的丰厚的回报，消费者获得了洁净的 LNG 或 GTL 产品。

当某项技术或生产要素成为了市场上可以容易获得的商品时，这项技术或生产要素就不再是公司的核心竞争力了。跨国石油公司在经营中始终牢牢地把握和坚持着这项原则，因为国际石油市场是一个竞争充分、分工明晰和要素完全流动的市场。中国石油公司的生存空间与此有很大的不同，中国能源产业的市场化改革还远未完成。国内的产业现状是：行政指导下的寡头垄断、行政周期管理下的发展战略规划、海外项目管理的制度国内化等等。没有充分竞争的国内环境就难以适应充分竞争的海外市场，就难以造就市场化的人才队伍。许多市场可以获得的服务和要素还必须内部购买和培养，这种过去在国内不得已也走得通的方式，在国际上就显得很不经济和没有效率，自然也就没有竞争力。

不论中国还是世界，解决能源的问题最终只能靠创新——体制创新和技术创新。当下中国的能源政策，节能是第一位的。怎样节能？不能靠拉闸限电，社会进步最主要的目标是改善人民生活。回归农业社会最节能，但谁愿意呢？美国的页岩气革命就是技术创新和管理创新引发的革命，使美国一跃成为第一大天然气资源国和生产国，可能在短时间内解决美国天然气自给的问题，甚至有可能成为 LNG 出口国。跨国石油公司就是靠技术创新再次赢得中东的市场，获得丰厚的回报。

不创新不变革中国石油工业的路子必然是越走越窄，唯变革唯创新才有出路。人才是创新的第一源泉。教育体系、用人体系、企业制度、国家政策与造就和提升人力资源紧密相关。中共十七届五中全会提出稳妥地推进政治体制改革，抓住了创新原动力的根本。呼吁自主创新、增加研发投入都很重要，但更重要的是形成能够自由竞争、自由创新的机制，把人力资源解放出来。国家如此，企业更如此，发展如此，变革更如此。我们已经拥有了经济规模的基础，创新是我们持续发展的灵魂，唯改革唯创新才能使我们的企业走向全球走向一流。

中国企业走出去的六大非市场风险及对策

——论资源能源类海外投资、对外承包工程的非市场风险

近年来，基于开拓国际市场和利用国外资源的需要，我国企业开始“走出去”开展跨国经营。海外投资作为“走出去”的重要方式之一，在政府的鼓励和支持下，也获得了较为迅速的发展（本文中的海外投资与境外投资、对外投资含义基本相同，同时为行文方便，文中的海外投资包含对外承包工程在内）。

根据商务部的统计，截至2009年底，中国12 000家境内投资者在国（境）外设立对外直接投资企业1.3万家，分布在全球177个国家（地区），对外直接投资累计净额（或曰存量）2 457.5亿美元，年末境外企业资产总额超过1万亿美元。2002—2009年，中国对外直接投资年均增长速度为54.4%。联合国贸发会议（UNCTAD）《2010年世界投资报告》显示，2009年全球外国直接投资（流出）流量1.1万亿美元，年末存量18.98万亿美元。以此为基期进行计算，2009年中国对外直接投资分别占全球当年流量、存量的5.1%和1.3%。2009年中国对外直接投资流量名列按全球国家（地区）排名的第5位，发展中国家（地区）首位（另据商务部的初步统计，2010年中国境内投资者共对全球129个国家和地区的3 125家境外企业进行了直接投资，累计实现非金融类对外直接投资590亿美元，同比增长36.3%）。

在对外承包工程领域，据商务部统计，2010年，我国对外承包工程业务完成营业额922亿美元，同比增长18.7%；新签合同额1 344亿美元，同比增长6.5%。截至2010年底，我国对外承包工程累计完成营业额4 356亿美元，签订合同额6 994亿美元。

然而，历史上跨国公司的实践经验和教训告诉我们，企业跨国经营比在国内面临着更多的风险，值得引起我们的警惕和反思。以石油为例，根据中国石油和化学工业联合会的统计数据，截至2010年年底，我国三大石油公司海外投资的油

田及工程项目总计144个，投资金额累计约700亿美元，折合4 480亿元人民币。而据中国石油大学2010年的一份研究报告显示，受各种复杂风险因素的影响，我国三大石油公司在海外的亏损项目达到2/3。另据知名咨询机构埃森哲在2010年底对2008年1月至2010年6月间中国企业120起海外并购进行的统计，并购共计涉及金额超过6 000亿元人民币。依照国际并购规律，全球范围内超过一半以上的并购案例最终会在漫长的整合期造成亏损，因此我国企业在未来几年内将可能产生约3 000亿元的投资成本失利，风险巨大。

总体来说，海外投资的风险可以分为市场风险和非市场风险。市场风险是指由于企业对所在行业（或曰所在产业）的国际国内发展状况、市场价格涨跌、金融汇率等形势预判错误或应对措施不力而发生的风险，具体包括成本价格、汇率等方面的风险。非市场风险则是指市场风险之外的风险。从近年来的实践看，非市场风险已经成为我国企业海外投资过程中的重要威胁。

一、非市场风险的类型

我国企业海外投资中的非市场风险主要包括东道国政治动乱风险、政策与法律风险、文化差异风险、合同条款风险、项目价值风险、企业内部运营管理风险等六种类型（实践中，上述六类风险均已对我国企业产生了实际的重大影响并造成损失）。

1. 东道国政治动乱风险

政治动乱风险主要是指东道国参与的任何战争或者在东道国内发生的革命、颠覆、政变、罢工、内乱、破坏和恐怖活动以及地方武装的冲击等事件而造成损失的可能性。政治风险是与东道国主权有关的不确定因素，在一些发展中国家存在发生的可能性较大，因为这些国家易产生政局不稳、政权更迭等情况。政治风险产生的根源十分复杂，主要有以下几个方面：政策不稳定性、民族主义、社会不稳定、武装冲突、区域联盟等。

当前在非洲、拉美、亚洲等我国企业已进行海外投资的许多国家和地区均存在政治动乱风险。无论何种原因，只要一旦在东道国发生政治动乱风险，则我国企业均将面临产生损失的可能性。如在委内瑞拉和赞比亚等与我友好的国家，甚至也出现了敌视我投资的现象。上述两国的在野党针对我国在该国的资源能源类投资提出了强烈抗议，宣示如果能够上台执政，就将赶走中国等国家的投资者。

以2011年发生政治动乱的北非国家利比亚为例。利比亚是我国对外承包工程业务的重要市场之一。目前我国在利比亚承包的大型项目总共约50个,涉及合同金额188亿美元(按照当前汇率换算,约折合1 233.28亿元人民币)。在13家央企的投资中(中国铁道建筑工程总公司、中国建筑工程总公司、中国葛洲坝集团公司、中国建筑材料集团、中国冶金科工集团、中石油、中国水利水电建设集团公司),囊括了房屋建设、配套市政、铁路建设、石油和电信等领域。从目前的情况看,无论利比亚战事结局如何,我国企业均面临着工程设备等固定资产损失(一些项目营地资产遭抢劫,在利万余名员工安全也受到威胁)、预期收益的损失、撤离费用的损失、未来汇率结算的损失等。而面对如此巨额的损失,中国企业却缺乏挽回损失、获得救济的权利工具。形成较大损失的两个直接原因:①中国企业投保的保险覆盖面仅为合同金额的5.68%,因此中国企业在利比亚承包的188亿美元合同金额的工程项目,将只能获得不足4亿元人民币的保险赔付,并且保险方也仅限于国内的国有保险公司(这是由于部分央企投保意识不强、专业知识欠缺所致。有专家指出,此次在利比亚投资的部分企业只投了工程险,但战争是工程险的除外责任。大部分企业都没想到,除了商业保险外,还有政策性的保险可以承担战争导致的经济损失);②当前我国尚未与利比亚政府签订任何形式的双边投资保护条约。

2. 政策与法律风险

政策与法律风险是指因东道国变更政策、法律而给外国投资者造成经济损失的可能性。政策风险主要包括重大外国投资政策的调整、政府禁令、政府违约、税收政策的调整、国有化政策(包括征用、征收、没收、报复性充公);法律风险主要有立法不全、执法不严、法律冲突等。

最近的政策与法律风险以澳大利亚资源租赁税的出台最为典型。

近年来,我国企业纷纷加速了海外投资矿产资源的步伐,其中澳大利亚正是中国企业投资矿业的聚集地,赴澳投资的企业包括宝钢、首钢、中钢、鞍钢、中信泰富、五矿、兖州煤业等企业。2010年5月2日,澳大利亚联邦政府宣布,拟从2012年7月开始向在当地注册的资源类企业征收税率为40%的资源租赁税(在此之前,澳大利亚主要是依据产量对矿业公司征税,各州征收的特许税税率仅在2% ~ 10%之间)。由此,按照联邦新的税收方案,资源类企业须将其开采不可再生资源所获利润的40%作为税收上缴联邦政府(新公司和小公司如果没有盈利则不需要缴税,小企业还将得到原地方性特许经营税的返还)。依据计算,今后资源类企业所承担的全部法定税率总计可能将从目前的43%上升到2013年的57%。2011年6月,经过一系列谈判和政府高层更替,澳大利亚政府终于就备受争议的矿产资源税问题公布了草案。草案提议,矿产资源使用税仅针对铁矿和煤矿,税率设定为30%。尽管这一草案与澳大利亚政府最初酝酿的资源税征收比例的40%下降到30%,但这一新增的资源税,仍将对澳大利亚当地和赴澳投资的企业产生不小的影响。草案正式执行之后,除了将会增加在澳投资矿业的中国企业的成本,同时如果矿产供不应求的状况持续,矿产资源税增加的成本很有可能最终要由中国钢厂等矿石进口商埋单(2011 年 1—4 月,我国进口的铁矿石中有 43% 来自澳大利亚,澳大利亚是我国铁矿石的第一大进口国)。

再如,最近几年,在拉美地区,从委内瑞拉到玻利维亚,再到厄瓜多尔,“拉丁美洲国家石油和天然气工业国有化运动”不断涌现,也对我国海外投资企业形成了巨大的政策与法律风险。

3. 文化差异风险

文化差异风险是指我国企业及其管理人员与东道国当地政府、社区、员工由于中外文化上的不同而带来损失的可能性。实践中,中外不仅有语言文字上的区别,在待人接物、处理事情上更是深深烙有各具特色的民族传统文化。文化的差异往往在不经意间即招致纠纷和损失。

由于投资方不尊重东道国当地风俗文化而发生纠纷,在这个问题上,经常被提及的有一个有趣的例子:日本企业在 20 世纪末期大量到美国投资经营,有一家企业的 12 个美国女工起诉抗议日方总经理对她们实施歧视待遇,比如要求她们从事本职工作以外的“为客人端茶倒水”的事务,官司从 1982 年打到 1989 年,导致日方企业亏损很多,原因就在于日本企业把本国的管理模式、行为举止等文化照搬到了美国。在日本等亚洲国家,“为客人端茶倒水”是女员工天经地义的事情,但在美国人看来这就是对她们的歧视,要求日方对所有女工进行赔偿。此后,日本企业吸取教训,在 20 世纪 90 年代开始在东道国推行本土化,不得不在营销和人力资源等部门几乎全部雇佣美国人。

文化差异往往带来管理理念和行为的不同,实践中,部分企业非常易于将一些不良的文化习惯延伸到国外使用。如,我国一些企业在拉美与工人、工会发生争执之后,往往并不通过合法手段予以积极合理解决,而是采取贿赂收买工会头目等违法方式处理,易造成无穷遗患,最终致使问题升级。再如,在非洲的赞比亚,中国企业管理人员枪击当地员工的事例,被国际媒体广泛报道,影响极坏。

4. 合同条款风险

合同条款风险是指在我国企业与东道国方当事人签订的投资合作协议中,因对双方权利义务的约定不够具体而产生理解差异,最终出现合同纠纷而发生损失的可能性。实践中,因合同权利义务条款界定模糊极易导致我国企业产生巨大风险。

例如,中国铁建在沙特的工程承包项目即是深刻教训。2009 年 2 月 10 日,中国铁道建筑总公司旗下上市公司中国铁建与沙特阿拉伯王国城乡事务部签署了《沙特麦加萨法至穆戈达莎轻轨合同》,约定采用 EPC + O/M 总承包模式(即设计、采购、施工加运营、维护总承包模式)施工完成沙特麦加轻轨铁路项目。截至 2010 年 10 月 31 日,按照总承包合同金额(66.5 亿沙特里亚尔),中国铁建确认预计总收入为人民币 120.51 亿元,预计总成本为人民币 160.45 亿元,另发生财务费用人民币 1.54 亿元,项目预计净亏损人民币 41.48 亿元。2011 年 1 月,中国铁建在沙特轻轨项目中的损失锁定为 13.85 亿元。根据上市公司中国铁建的公告,之所以发生上述巨额亏损,是因为该项目在实施过程中,实际工程数量比合同签订时预计的工程量大幅增加。而根据媒体所挖掘到的信息,中国铁建在与沙特方面签署的合同中,并没有针对这个项目列出详细的工程量,即对工程合同细节——双方的合同权利义务条款缺乏具体量化的明确约定,这致使此后在工程实施过程中,沙特方面不断提出增加工程量的要求,甚至提出新的功能需求,中国铁建经综合考量,为了将整个项目完成,不得不赔本继续推进项目进度。最近,此次因中国铁建风险防范缺陷而导致的亏损,由中国铁建将损失转给了母公司中国铁道建筑总公司。

5. 项目价值风险

项目价值风险是指由于我国企业对海外投资项目的开发成本、影响项目开发的具体制约因素估计不足或误判而造成损失的可能性。发生项目价值风险一般基于五个方面的原因:企业因急于扩张规模而“饥不择食”、企业及其所聘顾问专业水平不足、情势变更、被欺诈、违反中国企业海外投资的国内审核程序等。

最近中钢集团对澳大利亚的海外投资实例中即出现了项目价值风险。近年来,中钢集团基于发展的“战略”需要,规模迅速扩大,在 2009 年收购澳中西部公司资产的过程中,以耗资 13.6 亿澳元(约合 93 亿元人民币)的较高价格,快速完成了这一敌意收购案例。此后发现,该项目开发鉴于磁铁矿选矿技术难度大、运输赤铁矿石的港口和铁路基础设施开建遥遥无期(建设主动权掌握在其他企业手中,且预计需要资金高达 52 亿澳元或传闻中的 70 ~ 80 亿澳元)的现实困难,终致中钢不得不于 2011 年 6 月基本停滞该项目的勘探工作,裁减员工、关闭办事处。仅在此项目的前期勘探阶段,中钢的当期亏损已高达9 281万元。

6. 企业内部运营管理风险

企业内部运营管理风险是指因我国企业的内部运营管理出现问题而造成损失的可能性。对民营企业而言，主要是决策粗糙草率的情形；对国有企业而言，主要是决策程序、考核激励、监督是否健全适当、到位的情形。由于上述情形存在，往往使得企业缺乏风险防范制度设计，或制度设计不科学、不严密。

如，2004 年，中航油在新加坡亏损 5.5 亿美元的案例。中航油作为上市公司，本应将风险控制放在首位，但公司的奖惩机制却明显鼓励高管过度投机和冒险。该公司当时规定每年将 10% 的盈利奖励给老总，但却没有相应的惩戒条款。单向激励下，公司总裁年薪一度高达2 300万元，但过度投机最终导致了巨亏 5.5 亿美元。再如，2008 年，中信泰富亏损 146.32 亿港元的案例。

尽管存在上述六类风险，但是，应当指出的是，我国政府、企业、学者、媒体、公众等社会各界均应当客观地认识到：在海外投资领域，遇到风险是正常的。特别是在我国企业还处于“走出去”的初期阶段，我们应当容忍和允许企业在开展跨国经营中发生损失，交纳一些“学费”进行“试错”，因为一定数量的投资失误是投资成功的必要前提和成本代价。在海外投资风险不断发生的情况下，我们特别需要注意避免出现因噎废食、止步不前的情况，而是要采取多种对策措施，尽力避免风险，将损失减少并控制在尽量小的范围。

二、对中国政府的五点对策建议

1. 政府要正确引导企业客观对待“走出去”

我国经济发展到现阶段，在总体上确实需要企业走出国门开展海外投资等跨国经营。但是在实践中，并不是每个企业、每个行业均具备了一定的条件，达到了必须进行国际化经营的时间节点和实际能力。企业在“走出去”之前切忌跟风，一窝蜂地为了“走出去”而“走出去”，甚至将企业海外投资的商业行为、市场化行为异变为“政治行为”、“国家/民族行为”，使之“意识形态化”（综合实践中的实际来看，所有的海外投资均由企业所为，真真正正实实在在是一种企业行为）。政府及有关学者在引导企业客观对待国家的“走出去”战略上负有重大的责任。特别是国资委等政府相关部门对所谓的“企业国际化经营程度”所占考核权重比例应当慎之又慎，要竭力避免出现“逼”着企业“走出去”的情况。

2. 政府要创造良好的多双边国际关系

我国政府应充分运用政治、经济、外交、文化等各种方式为企业的海外投资创造一个良好的国际环境，为企业“走出去”利用好“两个市场、两种资源”做好保驾护航工作。虽然我国走的是和平发展之路，不会像历史上西方国家通过侵占殖民地或不平等贸易的方式掠夺矿产资源。但是随着近年来我国经济的持续、稳定增长，综合国力和国际地位的不断上升，仍然引起了越来越多的国家和地区的关注（包括警惕和防范心理）。

以世界各国在非洲大陆的竞争为例，我国应特别重视中非关系的巩固与发展。非洲大陆国家众多，资源丰富、市场潜力巨大，国际货币基金组织预计，未来几年非洲经济增长速度将超过全球平均水平。我国企业在非洲既面临着英法等传统殖民宗主国、印度等新兴发展中大国的竞争，同时更面临着世界头号强国美国的全方位激烈竞争。如2011年6月，美国国务卿希拉里对非洲的造访显示出美国对非洲经济日益增长的强烈兴趣。另据耶鲁大学陈志武教授等多位国际著名学者指出，今后一段时期非洲将是中美竞争的重点地区。值得肯定的是，在最近发生政治变动的苏丹、利比亚等非洲国家，我国政府采取了务实灵活态度，与上述国家各方面力量积极接触，意义重大，必将有利于最大限度地保护中国企业的海外利益。

因此，在上述背景下，我国政府极有必要为企业开展海外投资创造良好的国际环境，清醒地认识到了上述问题并积极采取了系列措施。如，2006年1月3—5日在北京成功举办中非合作论坛北京峰会暨第三届部长级会议，成功举办2008年北京奥林匹克运动会，定期举办亚洲博鳌论坛，同时积极参与国际事务，加强与相关国家和地区的官方接触等等。再如，我国不断加强南南合作，通过各种措施帮助广大发展中国家共同发展。经国务院批准，我国设立了“援外合资合作项目基金”。从1992年起，该基金贷款先后支持我国企业在30多个受援国探讨落实援外合资合作项目40多个，较好地促进了我国与广大发展中国家的关系，为我国其他海外投资商业项目顺利推进奠定了良好的国际关系基础。上述工作有力地宣传了我国走和平发展、改革开放和市场经济道路的坚定国策，使越来越多的国家和地区的政府、企业以及民众增强了对中国的了解和认识。

3. 政府要重视参与跨国投资领域国际条约的相关事项

当前，跨国投资领域的相关国际条约主要有：双边投资保护协定、世界贸易组织（WTO）中有关跨国投资保护的协议、自由贸易协定（FTA）、《汉城公约》（中国在1988年4月成为多边投资担保机构的创始成员之一)、《解决国家与他国国民之间投资争端公约》、《能源宪章条约》(1998年4月16日生效)等。总的来看,我国现在仍处于接受、学习和消化现存国际规则的阶段,在国际规则的制定上发言权较小。今后我国政府应当积极全面深入地参与和影响国际投资领域规则的形成,促进多边、区域、双边等各层次国际投资规则的发展完善。

4. 政府要采取积极而具体的国内政策措施,助力和呼应我国企业的海外投资

政府相关部门除了应加速起草综合性的《海外投资条例》之外,建议政府还要采取以下具体政策措施助力企业减少海外投资风险:①尽快完善海外投资保险制度,为我国企业的海外投资提供风险分担机制。如,在利比亚战乱中,由于我国企业没有进行国际投保,仅在国内一家保险公司投保,排除了战争险赔偿责任,致使我国企业仅可能获得损失额的5%赔付。②按行业类别,设立或加大有关产业的海外发展基金,在项目费用等方面降低企业的成本风险。③同等支持民营企业与国有企业开展海外投资经营。因为针对不同国家、不同行业,民营企业与国有企业在海外投资经营中遇到的风险各不相同,两类企业各有优势,故我国政府应一视同仁给予支持。④进一步完善吸引和利用外资法律制度,间接支持企业"走出去",减少海外相类似的风险。如,加快规范资源能源的外资准入及其出口制度,依照国际惯例合理对等地对待"引进来的外资"和"走出去的内资"。中国古语有云:"欲取之,必先予之"、"己所不欲,勿施于人",中国政府和民众也应以理性开放的态度平等对待外国来华的投资者。

5. 国务院国资委要对央企的海外投资风险承担不可或缺的责任

国务院国资委代表国家行使中央国有企业的出资人权利,代表国家行使对中央国有企业监督管理的责任。据国资委的统计数据,截至2009年底,中央国有企业境外资产总额超过4万亿元人民币。保护中央国有企业的海外资产和人员安全也是国资委的职责所在。如,在最近的利比亚政治动乱中,国资委行动迅速,协调中远集团、中航集团等运输企业组织我企业撤离,从海路和航空两线同时启动万余名人员撤离方案,并且在利成立了4个分区指挥中心,分别由四家企业牵头负责指挥撤离,有效地降低了人员生命和财产损失。

国务院国资委非常重视对海外国有资产的监督管理。在2011年6月正式对外公布了《中央企业境外国有资产监督管理暂行办法》、《中央企业境外国有产权管理暂行办法》。此前,由于《境外国有资产管理暂行办法》(1999年颁布)、《境外

国有资产产权登记管理暂行办法实施细则》(1996 年颁布)的内容已不能适应我国企业海外投资的现实需要，有些企业在实践中并没有严格遵守规定。例如，依据国家审计署于 2011 年 5 月 20 日公布的中钢审计报告，中钢的海外项目存在较为严重的投资管理问题，违反了国资委关于内部控制、风险防范存在严重缺陷要及时报告重大事项等有关规定。中钢国际控股进行的 3 个境外投资项目，未严格执行国家境外投资活动报告制度；中钢国际控股下属谨信投资有限公司开展期货交易未严格遵守套期保值原则，通过境外非法期货经纪商从事境外期货交易，导致 184.68 万元难以收回。因此，国资委近期进一步加大了严格监管的奖惩力度，今年出台的上述规定明确指出，中央企业是其境外国有资产管理的责任主体，对造成国有资产损失的情况，国资委将按照法律、行政法规以及国有资产监督管理有关规定，追究相关责任人的责任。

三、对中国企业的五点对策建议

1. 企业要尽量做好做足"走出去"开展海外投资的前期功课

企业"走出去"之前要做好人才储备，搭建好相应的项目经营平台，企业的管理层应真正具备风险管理的意识，深入了解掌握东道国当地的政策法律、民族宗教、文化民俗等方面的情况，对不同风险程度的国家(地区)制定差异化的进入策略和风险防范策略，认真做好项目的可行性研究报告及风险评估。如果风险超出预期或难以控制，则即使已经发生了一定的前期费用，项目也必须戛然而止，避免将错就错，因小失大。

2. 中国企业海外投资可以采取灵活多样的方式方法

例如，在那些对外来投资反应较为敏感的东道国，企业在海外投资(特别是资源能源类的海外投资)中，投资或合作形式方面可灵活多样，不必绝对以获得股权或控股权为最高目标，此时可以视情况放弃股权之要求，代之以获取资源能源的稳定供应权益即可，以减少东道国的民族抵触情绪等所带来的风险(此种方式先前有日本经验可资借鉴)。

又如，企业在海外投资中可以视情况选择与各国企业开展合作(包括与东道国企业和世界知名跨国公司的合作)，这样不仅可以降低风险，同时也可以学习和借鉴到发达国家跨国公司对外投资的经验。中石油公司与 BP 公司合作中标伊拉克油田项目是近期成功的此类典型例子。再有中海油公司在进行海外投资时多以参股、联合竞标等方式进行（这也是中海油公司规模及现金流较小的缘故），使投资风险大大降低，获得了较高的投资成功率。

3. 企业在海外投资经营实践中要避免授东道国以口实

企业在海外投资经营的过程中要处理好与东道国的关系，提前预防风险的发生。①不违法。注重学习东道国针对外资的法律规定，认真遵守东道国当地法律（包括税法、反商业贿赂法、环保法、劳工保障法、工会法、产品质量法、反不正当竞争法、公司法、物权法、合同法等法律）、尊重当地宗教民俗和文化。②积极承担社会责任。注重与当地社会各阶层积极沟通交流，在社会慈善、用工制度、保护当地环境等社会责任领域以较高的标准要求自己。③尽力实施用工的本地化。

4. 在特定的巨额海外投资合作或工程承包项目中，我国企业应要求东道国方面提供足够的有效担保

以所谓的“贷款换资源”为例。近几年来，我国已经与委内瑞拉、巴西、俄罗斯、哈萨克斯坦、土库曼斯坦、安哥拉、加纳等多个国家签署了涉及数百亿美元贷款支出的合作协议。从“贷款换资源”合作协议的实施程序上来看，我国的贷款先行付出，而对方的资源能源之后供应，这对我国来讲就形成了一定的风险，极有可能出现“款贷出去了”，而资源能源没能“进来”的局面。这就要求企业在谈判合作协议时必须要求对方提供担保，并且要特别注重对方所提供担保的有效性。如对方贷款企业是国有矿业公司时，应尽可能地要求对方政府提供担保，而不是仅限于由某个企业提供担保。

5. 海外投资经营发生风险后，企业要采取积极而适当的补救程序

风险是一种具有极大不确定性的客观存在，即使采取了投资前的预防性策略和投资中的分散风险等策略，也不可能完全杜绝风险。以东道国国有化的政策与法律风险为例，一旦面临此类海外投资风险，我国企业应当及时采取以下补救措施来减少损失。

①做好谈判工作。在东道国国有化政策公布以后，如果发现所公布的政策有可协商的余地，那么，企业就要积极与东道国政府进行沟通，在交流中阐明由此可能对双方造成的危害。在谈判过程中，企业应尽可能地做出各种友好的姿态，要向东道国政府表明企业投资给当地的社会经济带来的好处，并适当做出一些让步。当然，还要将情况尽早通报给我国的有关部门，政府和企业联手与东道国政府进行外交途径的谈判必不可少，效果也会更好。②争取有关方面的支持。如果

风险发生后的谈判没有取得理想的结果,企业就应想办法争取外界的支持。包括:争取东道国"朝野"政党等多方政治势力的同情、支持,寻求友好国家的调解和干预。不过此策略的运用应谨慎小心。如果企业错误的估计了双方的力量对比和东道国的决心,就会产生适得其反的效果。③诉诸法律。当谈判最终破裂,东道国政府正式启动国有化政策,企业就应果断地将争端诉诸东道国法院或国际法庭,以期获得赔偿。一般是先向东道国的法院起诉,因为它的判决在东道国具有良好可执行的法律效力;另一个选择就是向国际仲裁法院起诉,目前可受理国际投资纠纷的仲裁机构有巴黎的国际商会仲裁院、瑞典斯德哥尔摩高等仲裁院、华盛顿的解决投资争端国际中心。④放弃资产所有权,争取与东道国政府签订管理合同。对于跨国投资企业来说,与东道国签订管理合同,也是风险补救的一条有效途径。如委内瑞拉政府征用外国的石油公司后,同时与征用对象签订管理合同,合同规定由跨国投资者在原地继续勘探、钻井,炼油和销售。经过实践发现,这样的处理方式也未尝不可,不一定要拥有资产、掌握股权才能获利,交出股权同样能够获得利润。因此,当以上办法均不能有效地解决争端时,我国企业可以考虑放弃资产所有权,换取与东道国政府签订管理合同。

行百里半九十

——中国企业通往国际竞争力之路

经过30多年改革开放的锤炼和全球金融危机的洗礼,中国企业已经发生了巨大的变化。随着经济的快速增长,中国企业也在迅速成长。但是,中国企业总体来说还不具备国际竞争力,与全球领先企业相比还存在不小的差距。此时研究中国企业的国际竞争力问题,意义重大。

中国政府最近制定了第十二个“五年规划”,提出对经济结构进行战略性调整,加快转变经济发展方式。而中国经济能否成功实现转型,走上新的、可持续的发展道路,取决于一大批优秀的中国企业是否能成为具有国际竞争力的企业。

一、后危机时代中国企业的再定位

时至今日,全球金融危机余波未平,全球局势依旧变幻莫测。金融危机冲击了旧的世界经济格局,改变了各经济体的力量对比,加速了朝多极世界的演变。

全球金融危机对中国经济造成实质性的冲击较小。金融危机爆发后的2008—2010年间,中国依然保持快速增长,GDP年增长率分别为9.6%,9.2%和10.3%。2010年,中国GDP总量超过日本,居世界第2位。2011年《财富》世界500强中,总部设在中国内地的企业有57家上榜,仅次于美国(133家)和日本(68家)①。而在2000年,中国内地上榜企业仅9家。后危机时代中国整体经济实力大幅度增强,中国企业在全球经济体系中的地位显著提高。

但是,如果不陶醉于统计数据和500强排行榜,冷眼观中国企业,就会看到,虽然中国企业的确有了巨大的进步,但总的来说距离具有国际竞争力的企业还有相

① 另有12家香港、台湾企业上榜,整个大中华区500强企业共69家。http://www.fortunechina.com/

当差距。

（1）缺乏品牌影响力。从全球范围看，中国企业及产品品牌还远远不够响亮。品牌研究机构 Interbrand 2001—2010 年间所评选的全球品牌 100 强中，还没有一个中国品牌榜上有名①。相形之下，除常见的美、欧、日品牌之外，来自新兴市场的韩国三星电子、现代汽车，以及墨西哥的科罗娜啤酒名列其内。

（2）创新尚处于初级阶段。2010 年美国《商业周刊》进行的“50 家最具创新能力的公司”评选②中仅仅有四家中国企业（比亚迪、海尔、联想和中国移动，分别排第 8、28、30、44 位）③，而美国上榜企业达 22 家。另据统计，2010 年中国以外的世界主要专利机构所接受申请或授予来自中国的专利只占总数的 1%④。

（3）劳动生产率亟待提升。劳动生产率是另一个衡量企业竞争力和经济活力的重要指标。2009 年，瑞士洛桑国际管理发展学院（IMD）对 58 个国家的劳动生产率进行了排名⑤，中国处于第 55 位，仅高于菲律宾、印度尼西亚和印度三国⑥。

此外，我们还看到中国民营企业发展滞后。中国进入《财富》世界 500 强的 57 家企业中只有 4 家民营企业（平安、华为、沙钢、联想），国有与民营比例之不平衡显而易见。民营企业创造了中国 50% 以上的 GDP，满足了 75% 的就业需求，但是国家政策、一些行业对民营企业的准入限制、金融机构对民营企业的资金支持，都还不利于中国民营经济的发展。

因此我们看到，与规模的迅速膨大相比，在质量的提升上中国企业还任重而道远，“大”固可喜，“强”才应该是更高的追求目标。

二、具有国际竞争力企业的特征

1. 何为具有国际竞争力的企业

什么叫做“具有国际竞争力”，到目前为止还没有一个大家共识的标准。埃森

---

① “Best Global Brands,” Interbrand, http://www.interbrand.com/en/best-global-brands/best-global-brands-2008/best-global-brands-2010.aspx

② 全球各行业高管提名本行业之外最具创新力的公司，最后收回1 590份不具名答卷，最后名单的确定依据得票数（占 80%），最近三年的股东回报（占 10%），最近三年的销售收入增长和利润增长（各占 5%）。

③ “The 50 Most Innovative Companies 2010,” Bloomberg Businessweek, http://www.businessweek.com/interactive_reports/innovative_companies_2010.html

④ “China as an Innovation Center? Not So Fast,” Anil K. Gupta and Haiyan Wang, The Wall Street Journal, July 28, 2011

⑤ 在以购买力平价（PPP）计算的每个劳动者每小时产出 GDP（美元）

⑥ “Labor Productivity (PPP),” Greater Zurich Area, http://www.greaterzuricharea.ch/content/01/01_301en.asp

哲通过多年来对卓越绩效企业所做的研究认为，一个具有国际竞争力的企业，首先要在经营上能够满足卓越绩效企业的特征，即：这个企业能够克服行业和经济周期的影响，不论其领导层如何更替，都能以普遍认可的衡量标准，在业务增长、盈利能力和股东回报诸方面，持续和长期地超越其竞争对手或同类企业[①]。

埃森哲对卓越绩效的衡量标准包括以下五个方面：盈利性、成长性、前瞻性、持久性以及一致性[②]（见图 2－1）。

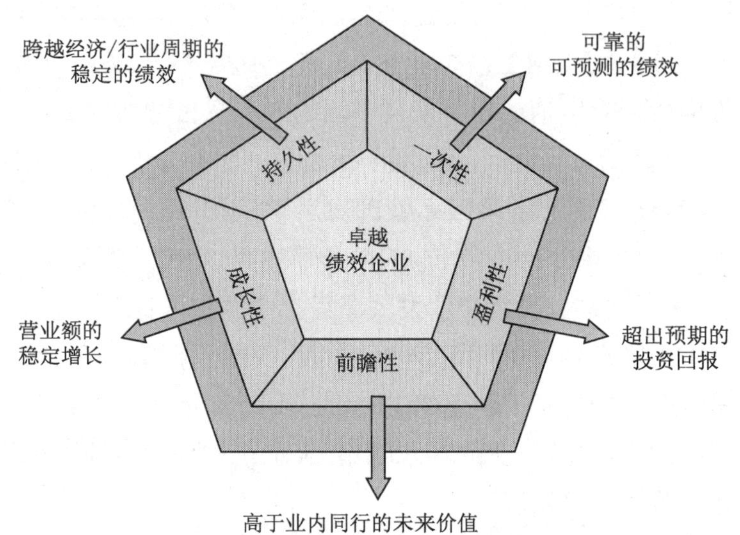

图 2－1　埃森哲卓越绩效企业衡量标准

资料来源：埃森哲分析

综合考虑中国企业的所有制结构、中国的政治社会制度和文化因素、中国企业承担的可持续发展的责任等因素，埃森哲认为：

一个具有国际竞争力的企业，在公认的绩效指标上持续优于国际同行。同时，它为平衡经济增长方式，社会包容和谐，可持续发展履行责任，做出贡献。

也就是说，一个企业是否具有国际竞争力应当从三个方面来衡量：企业经营绩效，履行社会责任，可持续发展。

卓越绩效企业的国际竞争力来源于不断发现和开拓新市场的战略眼光，独特的运营能力和深厚的绩效底蕴。

---

① Nunes，Paul and Tim Breene，Jumping the S－Curve. Boston：Harvard Business Review Press，p9，2011

② 根据卓越绩效企业的五大衡量指标，把每个指标都进行行业内比较，按照特定公司距离平均值的标准偏差，对其给予用字母表示的等级（比平均值高于＋1 标准偏差的为 A，高于 0.33 但低于＋1 的为 B，依次类推）。再把该企业在所有指标上的得分加总平均，得出该企业的总得分，然后按该行业所有参与衡量的企业的得分情况，遴选出该行业的卓越绩效企业。

2. 不断发现新的增长机会，跨越S曲线

具有国际竞争力企业的第一个重要能力，就是它对市场具有深刻的洞察力。在现有业务还蒸蒸日上，财务绩效良好的时候，抢先于竞争者，寻找并快速地进入新的领域。

埃森哲卓越绩效的最新研究“跨越S曲线（Jumping the S – Curve）”揭示：市场、行业、乃至产品的发展轨迹，并不是平滑直线上升的，而是呈S型和跨越式的。卓越绩效企业，不仅在于能攀缘一条S曲线，而且还在于能持续地跨越一条条新的S曲线，一次又一次地比竞争者做得更好。（见图2－2）。

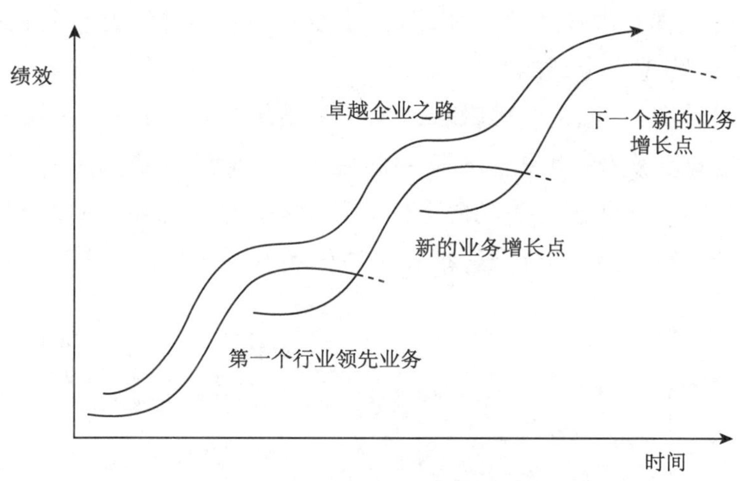

图2－2　卓越绩效：攀登和跨越S曲线

资料来源：埃森哲分析

3. 建立和保持卓越绩效的独特能力

埃森哲的研究表明，独到的市场洞察力，足够的能力来支撑其发展和凝聚优秀人才是支持卓越绩效企业成功攀缘S曲线的三大特征。

（1）卓越绩效企业非常注重通过各种方法寻找下一个市场，并依托这个新市场实现业绩的增长。这个新的市场应当足够大，使公司能够建立起在未来几年内有足够大增长潜力的核心业务，而且该业务有可能会重新定义一个成熟市场或改写原有市场规则。如诺和诺德公司（Novo Nordisk）发现新兴市场国家的胰岛素市场、保时捷公司开发卡宴挤入SUV市场等都是很好的例证。

（2）当企业发现了下一个足够大的市场以后，必须具备足以支撑进入这个市场和规模扩张的相应能力，否则匆忙上阵，有可能功亏一篑。企业应清楚一个新

的产品和市场的特征,然后致力于建立相应的能力。此后,企业应当采用各种方法(如知识产权、专利、技术改进、管理模式等)对竞争者的模仿和复制形成障碍,为自己赢得足够的时间,最终实现市场的领导地位。

(3)具有一大批优秀的人才也是成功攀缘S曲线关键。卓越绩效企业之所以成为人才聚集之地的原因包括许多:1)企业在行业的领先地位使员工对企业产生的信心和自豪感;2)明晰的共同责任,使企业的经营目标和员工的利益保持一致;3)尊崇荣誉、履行责任的文化给员工的信赖感;4)企业对卓越绩效不懈的追求给员工带来的发展机会。

当卓越绩效企业在一个产品、市场或行业取得领先地位(即攀缘到一个S曲线的顶端以后),现有市场趋于饱和,增长放缓,盈利率下降,这时它往往能及时转向新的市场(即跨越一个新的S曲线)。

我们同时看到,支撑企业攀缘和跨越S曲线的要素:市场、能力、人才等,都在随着市场的变化而变化,也是呈S型曲线发展,但通常不易为人所知,是隐形的。当显性的财务绩效曲线还在蓬勃向上的时候,这些隐形的要素曲线却可能已经接近生命周期的尾声,企业不觉中逐渐失去原先拥有的优势(见图2-3)。

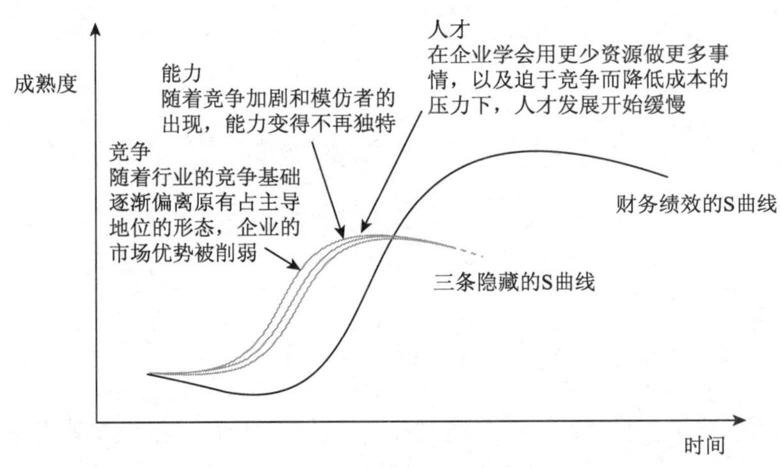

图2-3 卓越绩效的隐形曲线

资料来源:埃森哲分析

为了延缓企业在市场竞争地位的衰退和建立新的市场优势,企业可采用"以边缘为中心"的战略(Edge-Centric Strategy)。因为市场竞争基础的变化,新的产品和业务模式的兴起,在很多时候是来自主流市场和核心业务以外。从不为人所知,不为人所注意的外围边缘地带所发起,由弱小而逐渐成长壮大,直至颠覆主流,彻底改变游戏规则。这个战略有三个重要的特征:

(1)着眼于市场的边缘,即从传统信息来源之外的地方获得关键的市场洞察力。如:关注具有前瞻性需求的"超前型用户"、引入外部人员参与企业内部的创新、通过分析并过滤大量信息中的"噪音"进行市场实验等。

(2)发端于组织的边缘,即指创新构想和实施从远离组织核心的地方开始,由总部或核心业务部门以外的组织和人员来主导。企业要关注从组织的外围(如一线员工、边远地区、非主营业务部门等)传出的声音。

(3)运营在管控的边缘,即与新战略有关的运作在企业整个管控体系的边缘进行,既非受制于中央规划,也不被纳入中央统一管理范围。使对新战略实施的评估和调整由传统定期的和事先计划好的活动,变成一个不定期的和持续性的活动。

企业独特能力的更新通常由领导力的更新来实现。这里所说的能力,是企业发现新市场、战略决策、配置资源、达成共识、组织动员的能力。卓越绩效企业总是先于财务绩效曲线一步,适时调整核心高管团队,而非迫于情势匆忙行事。

在企业领导力的传承交替问题上,卓越绩效十分关注两个方面:一是领导力传承机制和继任计划,新的高官上任之时,就开始规划下一届的继任问题;二是注意高管团队能力构成的多样化,兼顾眼下和未来的需求。

当企业在一个市场或行业发展一段时间后,也面临人才方面的挑战。由于成本压力,对人才培养的投入下降,对优秀人才的吸引力减弱。当新的机会和市场出现时,却没有足够合格的人才可用。在培育人才方面卓越绩效企业有如下经验:

(1)招聘与企业核心文化相兼容的人才;

(2)优化组织架构,明晰内部晋升体制,降低人才的流失率;

(3)刻意创造有挑战的工作环境,让有潜力的人才从中得到锻炼,从压力中培养能力;

(4)鼓励员工多与外界接触交流,发散思维,从而发展出适应外部环境变化的能力;

(5)持续对人才培育进行投资。

4. 履行社会责任和实现可持续发展

企业是一个经济组织,同时也是一个社会组织。因此,除财务绩效外,履行社会责任也是衡量企业竞争力的一个重要组成方面。在中国目前的商业环境中,企业需要重点关注和履行的责任是:诚信经营,向消费者提供安全可靠的产品;遵纪守法,恪守经商道德;为员工创造健康、安全的工作环境;积极参与社区服务;热心公益善举;为保护环境做出贡献。

埃森哲最近对《财富》全球1 000强企业中的275家企业(其中半数为卓越绩效企业)进行了研究,考察可持续性战略和举措对企业绩效的定性和定量的影响。

我们发现这些企业都将可持续发展融入经营战略和运营模式，50家最具可持续性领导力的企业在股东回报方面也同样超过其他企业①。研究还发现，企业实现可持续性所需的能力与企业追求卓越绩效时所发展的基本能力是相同的②。

三、中国企业通向国际竞争力之路的障碍

中国企业在通向国际竞争力之路上所面临的根本障碍，来自于中国企业自身能力的缺陷和由于种种原因所造成的跟世界领先企业的差距。具体表现在：

1. 增长率高而盈利率偏低

我们对中国和全球样本公司③的数据分析表明，中国样本企业的成长性大大高于全球其他样本企业。中国三个行业5年平均营业额复合年平均增长率达到24%，而全球其他样本企业仅为6.2%。

但是，在盈利性上中国企业与全球其他企业的差距明显（如图2－4）。原因在于中国企业的运营成本和资本成本均高于全球企业。这种低盈利性反映了中国企业产品的低附加值，低运营效率和低劳动生产率，靠投资、堆规模的发展模式，也是中国企业在战略、运营、市场营销、人才、文化等等方面能力差距的综合结果。

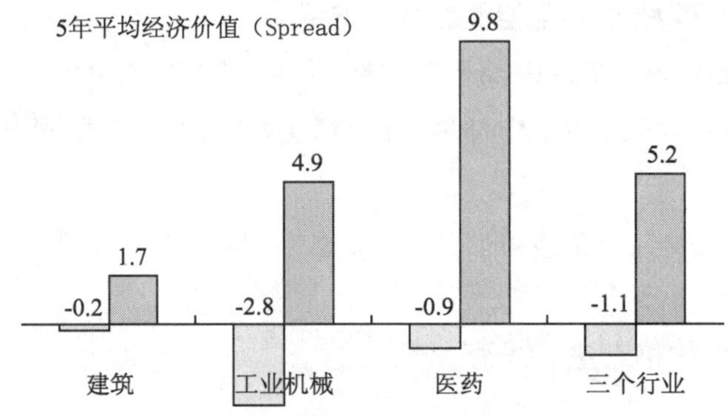

图2－4　中国和全球样本企业五年期盈利性对比

资料来源：Capital IQ，埃森哲分析，2011

① 与绩效排名后50位的企业相比，排前50名的企业3年的股东回报率平均高出16个百分点，比排名中间50位的企业高出6个百分点。受金融危机影响，所有企业在过去3年内的股东回报率都有明显下降。但是，可持续性领先企业的下降态势明显低于其他企业，它们5年的股东回报率也明显优于其他绩效排名靠后或居中的企业，分别高出38和21个百分点。

② 《整合可持续性，推动价值创造》，埃森哲，2010

③ 选取了建筑、工业机械和医药3个样本行业的共99家国内外上市公司，对其过去5年（2006—2010年）的财务数据进行了分析

2. 缺乏长远战略规划与管理能力

战略对企业的重要性不言而喻。一个清晰和易于执行的战略能引导企业所有成员朝一个共同的方向努力,实现企业的目标。企业的战略还关系到企业自身需要搭建什么样的组织架构,建设什么样的文化,以及如何去吸引和培养人才,其影响是非常深远的。

中国企业战略规划与管理能力不足,具体表现为多种情况,如:许多中国企业没有清晰的长远发展战略目标,制定的战略不切合企业实际情况,战略的可执行性差、灵活性不足等,这些都严重制约了中国企业国际竞争力的提高。

我们本次调研反映出中国企业对自身在战略管理方面的差距的认识(见图 2-5)。

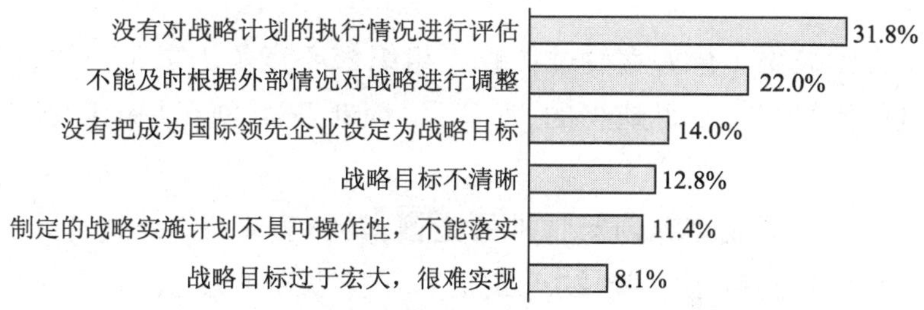

图 2-5　中国企业与卓越绩效战略管理方面存在的差距

资料来源:埃森哲/中企联 2011 年 5—8 月问卷调查

3. 高管团队领导能力不足

领导力大师约翰·科特指出:"成功的变革,70-90% 靠领导力"①。总体上看,中国企业还是很缺乏能够带领企业不断变革成为国际领先企业的领军人物和团队,这在很大程度上制约了中国企业国际竞争力的提高。

但是,目前国有企业的领导人的组织任命体制阻碍了中国企业的变革与战略发展。企业高管调整经常是出于非企业利益最大化的理由,导致企业高管的个人目标与企业的发展目标不一致,造成领导人忽视企业长期发展和价值提升。同时这种体制不利于培养出下一代企业接班人。

而在民营企业,由于缺乏职业经理人的管理,创始人"一言堂"情况严重,一旦决策失误,企业就很快就走向失败。有些企业虽然引入了外部管理者,但创始人与经理人之间却未能处理好关系,引发企业震荡。中国民营企业需要尽快解决好

① 刘澜:《领导力沉思录》,中信出版社,2009 年 11 月

所有权和经营权分离的问题。

我们本次研究的问卷调查揭示了中国企业高管团队建设存在的问题(见图2-6)

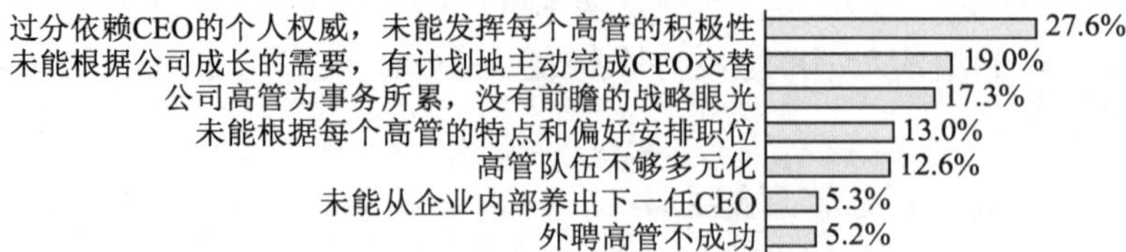

图2-6 中国企业高管团队建设的问题

资料来源:埃森哲/中企联2011年5—8月问卷调查

4. 尚未形成培养创新精神的土壤

管理学大师彼得·德鲁克说过:“每个组织核心竞争力都不一样,但有一项核心竞争力是任何组织都不可缺少的,那就是:创新”①。创新是国际领先企业的核心竞争能力。

中国企业尚未形成培养创新精神的土壤,具体表现在:①中国目前的社会信用体系与专利保护制度不完善,缺乏鼓励和保护创新的环境;②企业自主研发投入严重不足。目前,国际上大公司的研发投入一般占销售收入的5%,有的则达10%~15%。而中国500强企业2009年数据仅为1.42%②;③中国企业内尚未普遍形成促进创新的激励机制与企业文化;④中国企业在商业模式上缺乏自主创新,通常是学习和模仿西方成熟企业,难以长久持续。

5. 品牌价值理念的缺失

作为企业声誉、产品、服务、企业文化和整体运营的企业综合竞争力的体现,品牌已经成为企业战略的必不可少的组成部分和重要的无形资产。中国已是全球GDP第二大国,但优秀的品牌却寥寥无几。

中国在品牌建设上存在严重缺陷,自主品牌严重不足,很多企业都在替外国品牌做“贴牌”生产,长期处于全球价值链低端。据商务部数据,目前我国各类进出口企业中拥有自主商标的不到20%,自主品牌占出口总量不足10%。很多中国大企业至今仍只是简单地模仿西方企业的营销策略,缺少明确的品牌定位。此外中国企业缺乏诚信认识和对保障产品质量的重视。

---

① 彼得·德鲁克:21世纪的管理挑战[M]机械工业出版社,2006.

② 中国企业联合会,中国500强企业发展报告[M]企业管理出版社,2010年.

6. 吸引和培养优秀人才的环境有待改善

中国企业目前存在关键人才匮乏,流失率高的问题。从2001—2005年,中国企业核心人才的流失率已经从4%上升到21%[①]。

造成这种情况的原因主要是中国企业在吸引和培养优秀人才方面还有许多不足。①缺乏系统、科学的人才选拔机制,很难保证招到的是企业所需的人才。②由于缺乏清晰的绩效考核机制和内部人才晋升体制,造成无法全面评价人才绩效,甚至导致对低绩效的纵容,破坏了关键人才的自信和对公司整体的信任,造成人才的流失。另外,企业在人才培养上的后续投入不足,未能很好地提升人才的积极性。

7. 缺乏具有明确价值观的企业文化

有管理学家将企业文化分为三个层次[②]:显性文化[③]、价值观[④]和隐性文化[⑤]。许多中国企业在这三个层次都做得不够到位,影响了国际竞争力的提升。许多中国企业的文化流于形式,将企业文化当做宣传企业的形象工程。有些中国企业核心价值观更像是广告语,而没有深植在企业管理运营中的内在涵义。此外,中国特色企业文化(如:爱面子、看领导脸色行事、偏好集体决策等)也阻碍了中国企业的发展。

四、开拓通往国际竞争力之路

1. 建立规范的管理机制和高效灵活的战略决策机制

中国企业的公司治理结构存在问题(见图2-7),主要是董事会缺乏独立性,无法很好地履行战略决策职能。要解决这个问题,首先应当加大非执行和独立董事人选,避免权力的过分集中。民营企业要建立一个非家族成员占多数的董事会,承担选拔管理层和战略规划的重任。另外,中国企业需完善独立董事制度,并建立董事的考核和激励体系。

---

① "如何留住核心人才",2006年7月,公泰管理咨询网站,http://www.qgongtai.com/tx/go.asp? id=808

② "Driving a high-performance corporate culture", Melcrum Publishing, 2006

③ 显性文化位于企业文化的表层,是最直观和最容易被观察到的一部分,是企业给人的第一印象。

④ 价值观位于企业文化的中间层。它其实是企业的根本准则和信条,是对企业和个体的具体指导原则,是企业文化的核心元素。

⑤ 隐性文化处于企业文化的最里层,这一层企业文化是企业在克服重大困境,站在十字路口做艰难决策时采用的一系列基本假设、行为准则和行为方式。

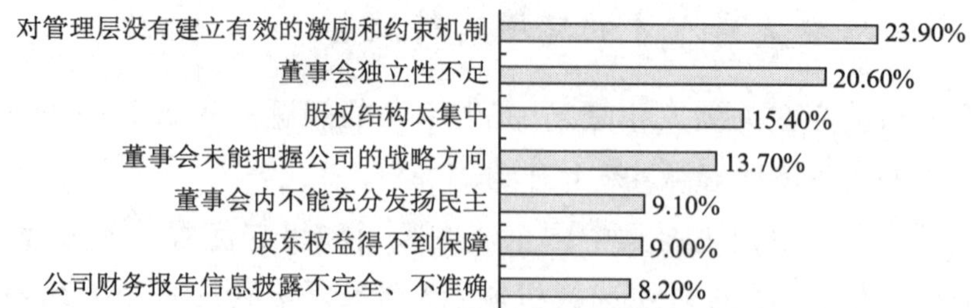

图2-7 中国企业在公司治理方面的问题

资料来源:埃森哲/中企联2011年5—8月问卷调查

此外,建立兼顾现实与未来的战略决策机制也是中国企业重点。国外的一项调查①表明,大多数企业的高管团队把80%的时间花在对企业长期价值影响小于20%的事情上,却用较少时间考虑关系到企业长期发展的大事②。企业应该站在战略的高度进行取舍,从时间安排上、制度性的设计上入手,保证高管把足够的时间花在对长期战略和未来的讨论上。此外,中国企业还要根据外部环境的变化适时调整领导团队,并且提高组织架构的灵活性,确保支持战略的实施。

2. 提高企业高管团队的领导力

国有企业应深化改革,按照职业经理人制度对国有企业高管实行市场化管理,建立符合市场水平的薪酬、考评和激励机制。在中国目前体制下,可以先从局部试点开始。对于民营企业,要建立规范的公司治理结构,引入职业经理人。另外,还应通过高管股权激励机制、高管薪酬与风险管理挂钩等方式引导和激励高管行为。

3. 培育创新能力

中国企业要培养创新能力,首先要建立创新的激励机制,鼓励员工进行创新;其次,应该结合自身优势进行主动型创新;此外,应积极探索商业模式的创新。商业模式创新的硬性门槛并不高,往往一个好的创意就带来商业模式上巨大的改变,中国企业应当改变模仿国外成功模式的局面,积极自主创新适合中国市场,又能在国际市场具有竞争力的商业模式。

---

① 由Economics Intelligence Unit和Marakon Associate发起进行。

② Paul Nunes and Tim Breene:“Jumping the S-Curve”,Harvard Business Review Press,2011

4. 创造品牌价值

中国企业应通过诚信及产品和服务的质量来支撑品牌价值。埃森哲调研[①]发现,无论哪个国家,产品质量和诚信服务都是消费者最为看重的品牌要素。同时,中国企业应该通过积极创建自主品牌、收购已有知名品牌、进行品牌联盟、多品牌与品牌延伸等手段提高品牌对企业价值的贡献。另外,还要明晰品牌定位,抓住品牌的民族性,并将品牌的社会公益和责任作为品牌营销策略的一部分。建立互动式的品牌营销渠道也是可以采用的手段。

5. 创造人才成长的良好环境

中国企业也应从吸引、保留、培养等各个方面做好企业的人才管理。重点是为关键人才提供适合其发展并能充分信赖的工作环境。企业首先要设计针对各个级别的员工的能力和绩效考核体系,并在招聘、晋升、奖惩环节加以运用。然后,通过建立员工间的共同责任制、树立互信的荣誉文化和建立明确的内部晋升体制等手段增强对优秀员工的吸引力,另外还应通过建立人才培养的知识平台来加大人才培养力度,储备人才。

6. 培育有明晰价值观的企业文化

中国企业需培育有明确核心价值观的企业文化,用来指导企业和员工的行为。尤其是在企业面临重大决策和处理重大难题时,企业能够恪守价值观,不为短期利益或财务利益而违背企业文化。

7. 持续优化业务流程,提升管理水平

高效的业务流程可提高企业的资源利用率、在时间和空间上更合理有序地安排企业资源和各项活动、缩短跨部门沟通时间、提高产品或服务质量,为客户创造出更多的价值。截至2007年,在世界500强企业中已有53%实施了以标准化为基础的各种流程优化项目,近20年来,节约成本总计超过4 270亿美元[②]。业务流程优化应该以战略为指导,配合适当的组织架构,并注意加强员工对变革的认同感。同时,应运用信息技术手段将优化后的流程加以固化,可以大大提高业务流程优化的成功率。

---

① 2009年对中国、美国、德国、法国、日本以及韩国这6个国家的4 600个消费者的网络调研

② “持续改进流程,实现企业卓越绩效”,李纲、张仕臻,埃森哲视角

8. 全面提升风险管理能力

后危机时代,中国企业面临的经营环境比危机之前更加复杂多变,需要更好地管理风险。首先,企业需要增强对创新所引发的风险的管理,对风险的识别进行常态化管理。其次,要加快推进全面风险管理体系的建设,帮助企业避免潜在的损失,为企业创造价值。此外,要大力培养专业风险管理人才和培育风险管理文化,从高层领导推动、制度保障和正确的激励机制三方面入手,使风险管理逐渐成为企业文化的一部分。

五、结束语

中国企业在改革开放30余年中取得了举世瞩目的成就。特别是经过国际金融危机的风暴,再来审视中国企业,看到中国企业的进步更加显著。一大批中国企业随着中国经济的整体向上成长起来,在全球经济中开始占据越来越重要的地位。

然而,我们也必须认识到:用卓越绩效的指标来衡量,以国际竞争力的视角来看,中国企业整体距离世界领先企业的水平还有相当的距离。全球性金融危机对中国企业来说,是挑战,但更多的是机遇。只要中国企业不满足至今已取得的成绩,清醒地认识到自身与国际领先企业的差距以及在国际市场竞争所面临的挑战和障碍,不断改善,打造具有国际竞争力的中国企业的目标指日可待。反之,满足现状,不能主动求变,则有可能在全球化的过程中被国际领先企业甩得更远。

经济全球化的今天,对中国企业来说应该是一个历史的转折点。在这个转折点上中国企业的下一个目标就是成为具有国际竞争力的企业。具有国际竞争力的企业,就是要成就卓越绩效,履行社会责任,追求可持续发展。具有国际竞争力的企业的最大特点,就是不断地跨越S曲线,即持续不断地重塑自我,发现新的市场,从而获得超越同行的卓越绩效。获取国际竞争力,没有捷径,没有秘方,只能靠独到的对市场的洞察,高效的领导力,再加上踏踏实实地改进管理。我们希望,本报告中我们提出的一些建议,确实对所有有志于建立国际竞争力的中国企业有所启迪,有所帮助。

国外支持企业国际投资经营的经验及其启示

随着经济全球化的速度不断加快,实施国际投资经营日益成为企业维持和增强自身国际竞争力的一项重要战略选择。特别是20世纪90年代以来,跨国公司开始转变为在全球配置资源、争取全球市场的全球公司,各国政府都开始积极支持本国企业进行国际投资经营。

一、发达国家对企业海外投资经营的支持体系比较

为了降低企业国际投资经营的风险,发达国家制定了各种不同的促进对外直接投资的具体政策措施,具体可分为六大类:战略指引、法律法规保障、信息与技术援助、直接的财政与金融支持、税收优惠、投资保险。

1. 制定企业全球投资经营的战略指引

各个国家在促进本企业跨国投资经营时,首先会制定相应的战略指引,包括投资的行业布局和区位布局,从而合理引导本国企业的海外发展,尽量避免低水平重复投资和盲目投资。由于政府能够从宏观上把握本国经济发展所面临的问题以及国际市场上的宏观经济环境,因此,通过政府制定战略指引,有利于缓解国内经济发展的矛盾和优化木国海外投资结构。

以美国为例。20世纪80年代以来,美国外贸收支逆差不断扩大,美国政府把促进国家经济安全利益、赢得更大国际市场放在其对外经济战略的首位。为实现这一战略,美国政府从里根连任美国总统的1985年即通过颁布"贸易政策行动计划",开始了外贸政策的全面调整。经过布什政府1989年制定《国家贸易政策纲要》和1992年通过《扩大出口法》,到克林顿1993年执政后提出和实施"国家出口

战略”,完成了从自由贸易政策到自由与公平贸易政策的转变。这一政策的目标在于:扩大自由和开放贸易的范围,在继续开放美国市场的同时,保证外国市场对美国市场的开放,保障美国获得更多出口机会。

2009年奥巴马上任以后,为了应对国际金融危机对美国实体经济的冲击,提出美国经济要转向可持续的增长模式,即出口推动型增长和制造业增长,要让美国回归实体经济,重新重视国内产业尤其是制造业的发展。这一战略的实施意味着美国将更加重视出口贸易和海外投资对国内经济的拉动作用,以此为基础,美国相应的其他政策措施也将做出调整。

除了在国家战略层面做出规定以外,美国在企业对外投资经营的区位、次序等方面也做出了相应的规定。美国的传统出口市场是西欧、加拿大、日本和拉美一些国家,从20世纪90年代开始,重点开发墨西哥、阿根廷、巴西、中国经济区(含中国大陆、香港和台湾)、印度等10大新兴市场。然而,由于“新兴市场”的市场进入问题比传统市场更复杂,美国公司在对外投资过程中更加需要政府的帮助。为此,美国政府有选择地在一些新兴市场建立了商务中心,如圣保罗、雅加达和上海等地,并且重点进入高科技行业,如电信、汽车、医药、环境保护技术和产品以及基础设施工程,帮助企业解决市场准入、知识产权保护和建立工业标准等。

2. 法律法规保障

企业到国际市场进行投资经营,涉及政治、经济和社会等各个方面的因素,需要国家制定必要的法律法规,主要涉及两方面的内容:①通过设立必要的法律法规对企业的境外投资经营进行支持,保障企业利益;②出台相关的法律法规规范企业在海外的投资经营行为,有利于企业的长远发展。

美国十分重视对企业海外投资的法律支持。二战后,美国专门制定了《经济合同法》、《对外援助法》、《共同安全法》等有关法律,扩大对海外投资的保护和支持。1961年,美国国会通过新的《对外援助法》修订案,同年设立国际开发署接管投资保证业务。1969年,美国再次修订《对外援助法》,设立海外私人投资公司(OPIC)。近年来,全球化浪潮和新经济的兴起,促使美国政府更加重视本国企业的对外投资活动。1999年11月美国政府实行《金融服务现代化法》后,使企业在金融市场上进行直接融资的成本降低,短时间内就使美国跨国银行在全球范围内通过兼并、对外直接投资等手段成为世界排名前列的公司。另外,美国政府通过的新《电信法》等行业法规,也在一定程度上促进了美国的对外直接投资活动。

而美国在规范企业海外投资经营行为方面出台的、最有影响力的法案就是《反海外腐败法》(简称FCPA),该法制定于1977年,后来又经过三次修改,其目的主要是为了禁止美国公司向外国政府公职人员行贿，是目前规制美国企业对外行贿最主要的法律。1988 年以后，美国开始将 FCPA 的管辖范围进一步扩大，即将外国企业或自然人在美国境内实施的、违反 FCPA 的行为也列入该法管辖范围，而且还开始与经济合作发展组织（OECD）协商，谋求美国主要的贸易伙伴出台同样的海外反腐败法。1997 年，美国与 OECD 其他 33 国共同签订了《国际商业交易活动反对行贿外国公职人员公约》，并于 1998 年出台了相关执行法律。除了 OECD 外，美国还在国际商会、世界银行、国际货币基金组织、联合国等国际组织中谋求同样的支持，这些组织也相继出台了类似公约。在美国影响下，一些国家，如德国也出台了类似的《反腐败法》以及各种针对治理贿赂等腐败行为的法令。当前，杜绝和减少商业贿赂、建立全球性的规范的市场秩序，已经成为越来越多国家的共同要求。

3. 信息与技术援助

大部分发达国家的政府部门或政府设立的相关机构都会为本国企业走出去提供信息援助，包括对投资目标国当地市场和经济社会环境做直接调查，介绍投资目标国的宏观经济情况及其与投资相关的法律框架和管理程序等基本资料信息。

以日本为例。为了促进本国企业海外投资活动的开展，日本构筑了由政府和民间、专业团体与综合团体组成的信息收集、研究、咨询网络。其中，作为主管部门，日本经产省定期派遣投资环境考察团，调查国外投资环境，定期进行“日本企业海外事业活动动向调查、基本情况调查”。作为综合性的团体，日本贸易振兴会广泛搜集各国投资信息，并提供从企业的创建、日常管理、新产品开发、贸易信息、国外市场开拓、教育培训以及帮助企业实施国际化战略等全方位的咨询和后续服务。而作为专业性团体，日中投资促进机构、日中经济协会等机构则专门负责对华投资的信息咨询业务。此外，日本商工会议所、中小企业综合事业团、国际协力银行等均向会员单位和客户提供有关国外市场动态、产业信息、法律法规、税收政策、融资条件、大型项目的国外需求、出口担保、研讨会等方面的信息咨询服务。

4. 直接的财政与金融支持

发达国家企业对外投资经营的资金主要源于商业银行、金融机构和自身资金，但政府及其所属金融机构所提供的扶持性廉价信贷资金也起着重要的作用。许多发达国家都设有专门机构为本国的公司提供融资便利，以增强本国公司的国际竞争力。比如，英国联邦开发公司、美国海外私人投资公司、法国国民信托银行、德国开发公司、日本海外经济合作基金、丹麦工业化基金等等。这些金融机构的参与，不仅为海外投资企业带来了技术和管理经验，还大大提高了投资企业在国际金融市场和本国金融市场的融资能力。

大部分国家为企业海外投资提供的财政金融支持都具有较强的针对性，符合国家整体的对外投资战略。比如，可以是为获取有利于国家某一产业发展的资源或技术提供支持，也可以是为促进某一类型企业，如中小企业发展而提供支持。成立于1950年的日本进出口银行就特别为日本经济发展所需的原材料进口提供贷款，其对于资源能源项目的贷款利率、贷款期限优惠优于制造业。1957年以后，它开始为日本公司海外投资项目贷款，对象为外国合作公司或政府，可以和日本金融企业一起提供联合贷款、贷款担保，也可以对在日本境外从事带有公共性质项目经营的企业进行股权融资。

在德国，其投资金融公司为德国企业在发展中国家的初始投资、扩张和收购提供贷款。德国经济合作部则为中小企业对外投资提供特殊专项贷款，为德国中小企业在发展中国家建立分公司以及进行技术转让时可获得利息优惠的贷款和补助。

5. 税收优惠

税收问题直接关系到跨国公司对外投资的利润，因而发达国家普遍给予本国跨国公司以税收优惠并尽力协助它们避免双重征税。

美国政府促进海外私人投资的一个重要措施就是提供税收优惠，这种优惠政策可以分为所得税优惠和关税优惠两类。所得税优惠主要体现在以下几方面：①税收抵免，即对外投资公司已经在国外交纳的所得税，可以在本国应纳税额中抵扣；②税收饶让或税收豁免，即在国外已经纳税者，视同在本国履行了纳税义务，无需再在本国纳税；③税收延付，即投资国对海外公司的投资收入，在汇回本国前不予征税；④税收损失退算和税收损失结转，前者指用退税来补偿企业经营亏损的税收减免办法，后者指用结转亏损来抵消未来几年收入的税收减免办法。在关税方面，美国主要是对本国企业国外子公司的产品返销本国给予减免关税的优待。比如，美国海关税则规定，凡是飞机部件内燃机部件办公设备无线电装备及零部件照相器材等，如果使用美国产品运往国外加工制造或装配的，再重新进口时可享受减免关税的待遇，只按照这些产品在国外增加的价值征进口税。

还有一些国家针对一些具体项目对企业实行税收优惠。比如，德国政府就规定，对一些能够对德国就业和出口带来直接效益的境外投资项目的国内投资主体提供税收优惠；同时，给予德国企业在发展中国家投资所得给予一定的税收抵免，以促进企业对发展中国家的投资。

6. 投资保险

大多数发达国家都制定了海外投资保障计划即海外投资保险制度，为本国跨国公司在国外直接投资活动中可能面临的国有化征收、战争、内乱、投资收益汇出管制等风险提供担保。这项制度始于 1948 年美国为了实施“马歇尔计划”而实行的投资保障计划，是二战后为促进和保护跨国公司对外直接投资的一个重要部分。

许多发达国家都设立专门的机构为本国的对外投资企业提供保险服务。海外直接投资涉及的险种包括国有化险、战争险、投资收益汇出险等等。以美国的海外私人投资公司为例，它从成立开始，一直为美国在海外的投资提供融资便利并承担政治风险。为了鼓励企业在发展中国家获取矿产资源，在它为海外投资者提供的专项担保中，特别重视对资源能源类的项目担保，并为其提供广泛的风险担保。同样，在日本的对外直接投资亏损准备金制度中，也专项设立了资源开发投资亏损准备金，如果企业因进行资源能源类境外投资而造成亏损，企业可以获得项目累计投资额的 12% 的补贴金额。

还有一些国家专门针对中小企业海外投资提供专项保险。法国就为中小企业提供了商业开拓险和特别保险。其中，商业开拓险是国家对中小企业到海外投资提供的保险，目的是通过保险减轻中小企业到海外投资初期的财政负担，而当企业开拓失败时可以获得相应的补偿。对中小企业的特别保险则是国家针对其规模小，抵御风险能力弱等特点开办的险种，通过投保该险种，企业可在海外投资遭遇重大亏损时得到最高 50% 投资额的保费补偿（见表 2－1）。

表 2－1　　发达国家对企业国际投资经营的支持体系概览

<table>
<tr><td rowspan="2">战略指引</td><td colspan="2">美国:全面的对外投资战略,即由国家战略层面到企业对外投资的行业、区位、次序的规划和指导</td></tr>
<tr><td colspan="2">日本和法国:通过国内的产业政策调整引导企业对外投资,形成产业结构调整与对外投资增长的互动</td></tr>
<tr><td>法律法规保障</td><td colspan="2">以美国为例:
支持性的法律——《经济合同法》、《对外援助法》、《共同安全法》
行业支持性法规——《金融服务现代化法》、《电信法》
规范性的法律——《反海外腐败法》</td></tr>
<tr><td rowspan="4">信息与技术援助</td><td>信息支持</td><td>技术援助</td></tr>
<tr><td>日本:由政府和民间、专业团体组成信息支持网络</td><td>美国:国际经营服务队</td></tr>
<tr><td>美国:海外私人投资公司</td><td rowspan="2">加拿大:海外经营服务机构</td></tr>
<tr><td>法国:工业促进发展协会</td></tr>
</table>

续表

财政与金融支持	美国进出口银行和海外私人投资公司为企业海外投资提供资金
	日本进出口银行为资源能源类对外投资项目提供优惠贷款
	德国经济合作部为中小企业对外投资提供特殊专项贷款，
	加拿大出口开发公司和国际开发署
税收优惠	美国的所得税优惠：税收抵免、税收豁免、税收延付、税收损失退算和结转
	德国针对能给国家就业和出口带来直接效益的大型公司的境外投资项目的国内投资主体提供税收优惠
投资保险	美国的海外私人投资公司为海外投资者提供广泛的风险担保，特别重视对资源能源类的项目担保
	日本的对外直接投资亏损准备金制度中设立了资源开发投资亏损准备金
	法国为中小企业提供了商业开拓险和特别保险

以上均为发达国家为促进企业对外投资经营而制定实施的国内扶持政策。不同发达国家之间还签订了许多关于国际投资保护的双边协定、区域协定和多边协定，以促进企业的跨国经营。发达国家的国际协调，为发达国家的企业对发展中国家及发达国家之间相互投资减少了障碍、提供了便利。

二、发展中国家（地区）对企业国际投资经营的支持体系比较

发展中国家（地区）的企业进行海外投资起步较晚，大多数发展中国家（地区）都在政策方面进行了调整以鼓励本国企业进行对外投资，但是，这些国家基本上都要求本国企业在选择海外投资项目时，更多地利用国外先进的技术，开发国外的资源以弥补国内的资源短缺等等，而相应的政策支持体系也是以此为核心设计的。

1. 在立法方面

发展中国家（地区）的海外投资法律主要涉及海外投资的审批和管理、产业引导、宏观监管等内容。中国台湾早在1960年即实施《奖励投资条例》，其中规定只要厂商进行投资就可得到各种租税优惠与减免，1979年，台湾又进一步颁布了《促进投资法》。韩国20世纪70年代就出台了专门的《扩大海外投资法案》，1992年颁布了《海外直接投资制度改善法案》和《外汇管理规定修正案》鼓励企业开展海外投资。

2. 在提供信息和技术服务方面

绝大多数有对外直接投资的发展中国家（地区）都建立了专门的海外信息情报收集机构和技术服务机构，为本国（地区）企业跨国经营提供海外经营信息和技术服务。比如，中国台湾成立了台湾海外投资中心，提供经济信息、商务信息、组团出国、协助谈判等；新加坡经济发展局建立了信息库为企业提供投资机会，设立了国际企业发展战略经营机构来分析国外市场潜力、机会，并且为企业提供金融和财政优惠；韩国政府在韩国进出口银行内设立了专门负责提供海外投资情报和咨询服务的海外投资商谈室，而且中小企业振兴公团内的海外投资商谈中心以及大韩贸易振兴会社、大韩商工会议所等机构内也都设有负责为海外投资企业提供信息服务的机构。

3. 在直接金融支持与税收优惠方面

近年来发展中国家（地区）也纷纷仿效发达国家的税收优惠和信贷优惠政策，如低息贷款、收入所得税的免征或减免，鼓励本国（地区）企业到海外市场去寻求经营优势，特别是对获取国内短缺的海外自然资源和先进生产经营技术的跨国投资，发展中国家一般都采取了税收和信贷优惠。

比如，中国台湾从1979年开始，对于自然资源开采行业的海外直接投资项目下运回岛内的资源性产品，给予5年享受免税的优惠。从1984年后，对资源开采业的海外直接投资税收优惠扩大到非资源开采企业的类似项目。另外，台湾的进出口银行还为企业提供海外投资保险和70%以下的投资贷款，对中小企业投资提供特别的财政支持。

马来西亚政府鼓励企业对外投资，推行公私结合的投资促进计划。由于马来西亚本身并不是一个能够进行大规模资本输出的国家，所以，其对外投资鼓励政策具有一定的选择性，即实施鼓励企业进行拥有专业优势（资源加工、农产品加工）行业的对外投资政策，以保证对外投资不致给本国国际收支平衡和本国工业发展带来不利的影响。

韩国进出口银行则为企业对外直接投资提供优惠贷款，其贷款总额最高可达项目投资额的90%。韩国政府为支持境外资源能源类投资开发，采取了包括亏损提留、国外收入所得税信贷和资源开发项目东道国红利所得税减让甚至完全免税等众多措施。

4. 在投资保险方面

发展中国家（地区）在这方面关注的较少，只有少数国家设立了投资保险计划。比如,韩国的出口保险公司就为海外投资者承保总值90%的政策风险,当加入该保险的投资者在海外进行投资后,由于投资所在国发生没收、战争、外汇汇款等风险,导致其无法收回投资本金、赢利或利息收入等而蒙受损失时,出口保险公司将给予补偿。另外,韩国进出口银行还建立了经济发展基金作为海外风险大或经济收益低的合作项目投资损失储备金。

从上述对发展中国家(地区)支持企业对外投资的政策概述中可以看出,不同发展中国家(地区)的政策支持体系存在一定的共性。比如,当具体的对外直接投资项目能扩大本国对外出口、保证稀缺资源进口时,国家(地区)的优惠政策往往更向具体的对外投资项目倾斜。另外,发展中国家(地区)政府负责跨国经营促进政策的实施机构主要是进出口银行和投资促进机构。进出口银行扶植的对外投资项目一般与国家的产业结构调整导向有关,而投资促进机构往往具有评估对外直接投资项目的专业优势(见表2-2)。

表2-2　发展中国家(地区)对企业国际投资经营的支持体系概览

法律法规	中国台湾的"促进投资法"
	韩国的《扩大海外投资法案》等
信息和技术服务	中国台湾海外投资中心
	新加坡经济发展局的信息库
	韩国进出口银行设立的海外投资商谈室以及中小企业振兴公团
金融支持和税收优惠	中国台湾进出口银行为企业海外投资提供投资贷款,特别是中小企业,并且对于自然资源开采行业给予税收优惠
	马来西亚对资源加工和农产品加工行业的对外投资给予财政支持
	韩国进出口银行提供优惠贷款,并且韩国政府为支持境外资源能源类投资开发给予较多税收优惠
投资保险	韩国进出口保险公司承保高比例的政策风险韩国进出口银行设立投资损失

伴随着发展中国家(地区)企业的对外投资规模的不断扩大,各国也开始逐渐重视国家或区域间的国际直接投资政策合作与协调。其中,发展中国家(地区)参与的双边投资保护协定由20世纪60年代的只有2个,发展到20世纪90年代中期的154个。在参与国际性的投资协定方面,发展中国家和地区也显得更加积极,越来越多的国家(地区)加入了多边投资担保机构,到1994年已有110个左右的发展中国家(地区)成为其成员。

三、对我国促进企业海外投资经营的启示

上述对发达国家和发展中国家(地区)促进企业对外投资的政策支持和管理体系的分析,对建立我国企业“走出去”的支持体系有许多有益的启示。

1. 完善的战略指引

单个企业由于只注重短期的赢利能力,往往不会从长远来考虑在海外投资经营的战略布局问题。这样一来,只要海外存在盈利空间,出于寻求资本增值的本性,企业就会盲目地投资于海外,结果很容易造成本国对外投资的行业布局和区位布局的局限,这一方面会致使企业自身对外投资的效益降低,另一方面,也不利于国家通过海外投资经营调整完善产业结构。通过事先制定完善的战略规划,既有利于国家从宏观上把握境外投资的方向、增强产业竞争力,也有利于企业自身在海外投资经营中获得更大的利润。

2. 规范的法律制度

规范的法律制度是企业国际投资经营安全、有序的必要保证。进行国际投资经营的企业不同于一般的国内经营企业,往往面临更加复杂的经营环境和更大的经营风险,必须有相应健全的法律制度来规范引导,才能保障企业对外投资的顺利进行。从立法的层面建立统一的法律法规对企业海外投资进行管理,能够统一境外投资管理的指导思想,有利于规范国家管理企业境外投资的基本程序,明确投资者的主体资格、权利义务及违法责任等,从而确保对企业国际投资经营的政策支持和管理的统一性。

3. 加强信息服务和技术支持

企业进行国际投资经营比国内经营增加了额外的运营成本(包括信息搜寻、环境差异等),因而需要一定的推动力或吸引力才能抵消。从上述各国和地区的做法来看,鼓励对外直接投资的手段都采取了信息服务、技术支持的方式,本国政府与中介机构通过各种渠道收集、加工、传播投资目标国宏观经济、产业条件、法律框架等关于投资环境的基本信息。这在一定程度上减弱了企业在海外投资经营的不确定性,从而降低了企业的经营成本,对于促进企业的海外投资经营是非常有利的。

4. 加大金融支持和税收优惠

发达国家一般都会对本国企业对外投资提供直接的金融支持，而这种金融支持往往会针对特定的对象，如专门对基础设施投资提供支持，或专门对中小企业投资提供支持，或对能扩大本国出口等项目提供支持等，从而将海外投资活动与本国的经济发展目标有机结合。不同的国家根据项目对本国利益的大小，施行了有差别的金融、财政支持政策。比如，韩国重点扶持向国内保障供应的矿物资源投资，美国侧重获得战略物资和市场，新加坡侧重资源的获得。

因此，我国要发展对外投资，也应该考虑具体产业、行业的企业跨国行为对本国经济、社会的影响，通过实行有差别的金融支持、财政税收优惠政策来鼓励、引导企业对外投资的产业选择。

5. 投资保险

对企业而言，国际投资经营的一大风险来自内乱战争、东道国强制没收资产和外汇禁止兑换、汇出等政治风险。随着中国企业境外投资的规模和数量增长，防范境外投资的政治风险问题必将被提到议事日程上来。建立中国境外投资的担保制度有助于消除企业海外经营的顾虑，促进中国企业实施“走出去”战略。

公 司 报 告

北大荒集团:海外建“粮仓”

近些年,北大荒集团走出国门,拓宽市场,在国际投资经营方面取得了一定成绩,为实现垦区“十二五”发展规划,即到“十二五”期末,北大荒集团将实现跻身世界500强的目标迈出了坚实的步伐。

一、北大荒集团基本情况

黑龙江北大荒农垦集团总公司(下称“北大集团”或者“北大荒”)成立于1998年3月,是全国120家大型企业集团试点之一。2009年,被誉为“共和国大粮仓”的黑龙江农垦区生产总值首次突破500亿元大关,达到545.3亿元,比2008年增加90.9亿元,增长18.7%,增速连续六年超过13%。

2010年,北大荒农垦集团总公司以726亿元的营业收入,居于中国企业500强第83位,是黑龙江省唯一入围的前100强企业。根据垦区“十二五”发展规划,到“十二五”期末,北大荒集团将实现跻身世界500强的奋斗目标。为此,总局党委提出了“百年垦区”发展规划目标,努力打造国际化超大型现代农业企业集团,着力建设好本体垦区、影子垦区和域外垦区,实现跨越,奋力超越,追求卓越的“三步走”发展战略,规划到2047年,即到垦区开发建设100周年的时候,全面完成“域外垦区”建设任务,进而实现建设“三个垦区”的战略目标。

二、北大荒集团海外投资经营的背景

由于全球性的粮食短缺,国际粮价的高涨,世界范围内的粮食安全问题长期依然存在。各国资源禀赋不同,充分利用全球资源,发挥比较优势,通过向海外投资农业来解决国内粮食问题是可选途径。日本、韩国在这方面早就有过成功的实践。日本早在1899年就开始在投资经营海外农业,韩国1978年开始在阿根廷购地经营。

我国农产品需求的缺口长期存在,受到资源短缺与环境约束,要减轻主要农产品依赖进口带来的风险,提升我国农业国际竞争力,农业企业有必要通过在海外"租地种粮"或"买地种粮"等方式开发战略性、短缺性农业资源,弥补国内资源与需求的矛盾。

作为国内大型的农业企业,北大荒集团积极地开展海外经营。充分利用国内外"两个市场,两种资源",以加快现代化大农业示范区为目标,在扩大对外出口和吸引外资的同时,把实施境外农业资源开发,确保国家粮食安全,作为垦区扩大农业对外开放的突破口。积极组织农场、企业和家庭农场海外经营,带动垦区闲置农业设备、农业种植技术和劳动力向境外转移,先后到俄罗斯、巴西、菲律宾、朝鲜等国家进行境外农业开发和粮食生产,建起了海外粮仓,取得了明显成效。

三、北大荒集团国际投资经营基本情况

目前,北大荒在俄罗斯、巴西、哈萨克斯坦、蒙古、菲律宾等国家和地区共开发土地120万亩,境外投资超过6.5亿元人民币,累计输出农业机械超过3 000台套,累计输出劳务8 746人次,累计生产粮食超过15亿斤,境外注册公司超过15家,境外合作经营企业9家,国际化经营的脚步已经遍布世界各个角落,"域外垦区"建设的大幕已经启动。

俄罗斯农业合作项目。截至2009年底,9个分局中有28个农场在俄罗斯承包土地,土地种植面积达80万亩,其中宝泉岭分局22万亩、红兴隆分局10万亩、建三江分局22万亩、牡丹江分局5万亩、北安分局2万亩、九三分局5万亩、绥化分局10万亩、齐齐哈尔分局2万亩,哈尔滨分局2万亩。主要种植作物是大豆和水稻,累计生产粮食10亿斤,累计采伐回运木材15.5万立方米,过境农机具2 481台套,输出劳务7474人次,总投资超过1.5亿元,在俄注册经贸公司15家。种植地点从最初的犹太自治州已发展到阿穆尔州、滨海边疆区、哈巴罗夫斯克边疆区、赤塔州、阿尔泰边疆区、克拉斯诺亚尔斯克边疆区、克拉斯诺达尔边疆区和鄂木斯克州等9个边疆区和州。

巴西农业合作和国际物流建设项目。农业合作项目由北安分局与浙江卡森集团所属的福地公司达成协议,共同出资在巴西进行农业种植合作。合作方式是由福地农业公司在巴西注册的阳光公司买地、租地,并负责总体生产经营管理,由北安分局购买配套农机具,并提供农业、农机技术服务。总体战略目标是用3年

左右时间，在巴西土地种植面积达到30万亩，争取5年以后达到100万亩。

北大荒集团总公司与九三粮油工业集团合作建立了国际物流项目，以巴西、美国芝加哥和香港为支点和平台，贸易先行，把原料产地、港口运输连接起来。巴西公司目前的工作主要放在拓展采购渠道上，直接与农民签订采购合同，虽然贸易量较小，但是了解到了当地这种贸易形式，从买卖、执行到最终的结算，并从中获利，是公司能够更加贴近巴西市场，加速融入巴西大豆贸易圈。在信息方面能够获得第一手巴西出口数据及相关行业信息，并且同阿根廷当地的经纪公司建立联系，获得该地区大豆出口销售信息。香港公司自成立以来除了正常融资业务外还开展了代理业务和租船业务，截至2010年10月底共代理集团签订进口合同9船。九三（美国）经贸公司，2009年在美国伊利诺伊州芝加哥注册成立，公司成立后，主要是在美国采购大豆，保障国内各子公司大豆供应，并通过美国CBOT市场套期保值降低采购风险，通过美国公司这个平台直接在大豆主产国的农业合作社或农民手中采购大豆。公司注册资金50万美元，股权结构为九三粮油工业集团有限公司60%，兴隆粮油（香港）有限公司40%，经营范围为农产品贸易。美国公司自2010年5月进入试运营阶段以来，主要开展了北美现货市场研究、大豆采购业务、融资业务和信息收集。

菲律宾农作物新品种试验、繁育和示范基地项目。该项目由北大荒种业集团承担，2006年启动，对中国90个水稻品种和50个玉米品种在菲律宾进行了品种鉴定和配套栽培技术研究。试验结果表明有部分品种具有较高的增产潜力和较强的生态适应性，其中有6个杂交水稻品种亩产超过1 200斤，有9个玉米品种具有一定增产潜力，亩产超过1 000斤。目前有2个品种已向菲律宾有关部门申请审定，待批准后公司将进行商业运作。2009年该项目有了新的进展，北大荒种业集团注册成立了菲律宾北大荒农业发展有限公司，注册资金1 500万元，北大荒种业集团600万元，占总额的40%，菲方（自然人）900万元，占总额的60%。合资公司将在杂交水稻等农作物新品种研发、生产、销售及农产品贸易等领域开展合作，建立东南亚区域性经贸网络。

2010年5月旱季至11月雨季，北大荒种业集团在菲律宾中吕宋大学对180份水稻品种进行了实验，并连续对参试较好的品种进行适应性和丰产性等综合情况进行了重点鉴定和筛选，在参加菲律宾国家水稻联合评比试验（NCT）中，有两个品种表现较好，其中一个品种2011年年底完成试验任务，按菲律宾规定，2011年底可宣布注册结果。2010年9月8日在中国驻菲大使和菲律宾农业部长、议员等共同见证下，北大荒（菲律宾）农业发展股份有限公司举办了开业庆典仪式。通过中菲双方优势互补组建的合资公司，为农业“走出去”搭建良好平台，将有助于推动北大荒“域外垦区”向深层次发展。

朝鲜金矿开采项目。红兴隆分局金石矿业公司在朝鲜成立了中朝合资企业，到2009年底，派驻朝鲜管理人员和技术人员35人次，投入大型设备及物资总价值800万元。在平安北道云山郡建成了日处理矿石量100吨的岩金浮选厂，开采出的精矿粉品位非常高，已分批从朝鲜经丹东海关运回国内300多吨。由于产品中金的品位非常高、有害杂质少、金选冶回收率高，所以在国内各大冶炼厂特别畅销，实现盈利500万元。

四、北大荒集团海外经营的发展历程与对外投资的特点

垦区企业走向海外经营是从开始的摸索到逐步扩大规模，在海外已经取得了不错的成绩。自身发展的历程清晰，对外投资特点也日益明显。

（一）北大荒集团海外经营的发展历程

从垦区企业海外经营发展的历程看，大体经历了三个阶段。

1. 萌芽阶段（1990—2000）

改革开放以后，垦区为了开拓国际市场，发展与世界主要经济体的贸易往来，垦区企业在海外开展了一些对外经济活动。总局外经处、总局外贸公司、分局一些农场先后在韩国首尔、阿联酋迪拜、日本大阪、美国纽约等地设立了海外分支机构，并派出了专人在境外开展业务，通过黑龙江省国际合作公司向利比亚派出了工程机械劳务人员。但是那个时期的海外分支机构多是一些办事处、小型贸易企业，规模非常小，派出的劳务人员也通过中介机构，自己没有经营权，发展较慢。比如，红兴隆分局1996年选派15名挖掘机手赴非洲利比亚进行农业合作，因为自己没有经营权，只能委托中介公司。

2. 初步发展阶段（2000—2006）

在这一阶段，垦区一些边境农场凭借敏锐的洞察力，自发到俄罗斯远东地区进行了一些农事活动，其中有宝泉岭分局的绥滨农场、名山农场，建三江分局的江河农场，绥化分局的嘉荫农场等。当时“走出去”到境外办企业的意识虽十分清晰，但遇到各种因素的制约，如规模小、效益低、不规范、不稳定，境外项目一直处于摸索试验阶段，有些农场职工曾认为风险大，动摇过，不想长干，要回国。

2004年，在中俄两国第一届投资贸易促进会议上，时任总局局长的吕维峰副

省长与俄罗斯联邦自然资源部和环保厅签订了在犹太自治州租赁105万亩耕地合作协议和13万立方米木材采伐合作协议。自此,总局境外农业综合开发的大幕正式启动,在总局召开的动员会上,东部分局争先恐后纷纷表态要响应号召,向俄罗斯进军。宝泉岭分局就组建了远东农业开发公司,建三江分局成立了东方龙建经贸公司,绥化分局在俄注册了乌尔米公司,红兴隆、北安、牡丹江等分局也成立了境外经贸公司,开始投入大量人力物力。

3. 加速发展阶段(2007年至今)

进入新的历史时期以来,北大荒开始把目光投向国外,投向了更广阔的国际大舞台。2007年总局党委提出了"走出去"发展思路,2009年又提出了建设"本体垦区、影子垦区、域外垦区"的战略构想。"域外垦区"这个词成为了北大荒发展词典中的新词,北大荒开始向美国、俄罗斯、巴西、菲律宾、朝鲜、哈萨克斯坦、蒙古、古巴、瓦努阿图等10多个国家和地区发展。

(二)对外投资的特点

1. 投资规模不断扩大,投资主体相对分散

垦区对外农业投资总体规模从2003年的5万亩,发展到目前的100多万亩,规模在逐年扩大,垦区非贸易类海外企业也从无到有,2010年达到十几家,而且都是境外注册的合法企业,如北大荒农垦集团总公司、农垦建工有限公司等。

2. 投资领域逐步拓宽,地区分布日趋广泛

垦区企业跨国投资的行业领先涵盖了一、二、三产业趋于多样化。随着对外投资的进一步推进,投资的行业和领域也不断拓展,从农业生产、森林采伐加工、畜牧养殖、矿藏开发、建筑、商业流通贸易、科学技术输出等产业都有涉足。区域布局上,在巩固俄罗斯、朝鲜、菲律宾等国家的基础上,正向欧洲、中亚、南美等国家进军。投资形式多样化,有以绿地投资形式的合资国有公司、中外合资公司、民营公司等,有以战略联盟合作经营的、技术推广示范的,还有以贸易为主线的避税公司。

3. 创新投资管理体制,引领与示范作用明显

面对复杂多变的国际经济形势,如何发挥垦区自身的优势,使走出去的企业站稳脚跟是企业决策层不能回避的问题。垦区尝试着把"大农场套小农场"的双

层经营管理体制搬到国外，加上国内主体公司的统筹，使投资受益与承担风险的主体形成合力。比如宝泉岭远东农业开发有限公司是由五个作业区组成，每个作业区代表公司行使管理和服务职能，公司制定了作业区绩效考核办法等一系列规章制度。实践证明，这种办法非常好，作业区工作有条不紊，较好应对了国外复杂特殊环境下开发管理和服务工作，生产经营步入正常轨道。

五、北大荒集团海外经营的基本经验和主要做法

北大荒集团在海外投资经营中取得了不错的成绩，主要是企业坚持了较好的境外开发经营模式和服务模式。北大荒集团海外经营的基本经验、主要做法及面临的一些问题。

（一）基本经验

1. “四位一体”的境外开发经营模式

在海外投资经营中，坚持农场为管理主体、家庭农场为经营主体、商务部门为协调主体、境外公司为服务主体。这种有效的经营管理模式，给企业带来稳定的发展空间和良好的外部形象，当地政府非常欢迎垦区的企业，当地媒体进行了报道，同时垦区企业给当地农业种植带去了先进的管理经验。

2. “三个统一”的服务模式

成立专门的境外开发公司，由境外开发公司统一购买生产资料、统一进行生产管理、统一进行劳务签证的“三统一”服务模式。家庭农场在生产中，所有的生产资料购买、田间管理和生产措施下达均由境外开发公司负责，境外开发公司负责协调与当地政府的关系，签订土地租赁合同，并每亩收取10元作为管理服务费，其中包括劳务签证费及保险费等，解决了境外农业职工的后顾之忧。

3. 注重经济效益

俄罗斯土地肥沃，生产和管理成本都明显低于国内，垦区在俄罗斯进行农业开发经济效益显著。近几年，在俄从事农业开发种植的农场和家庭农场都取得了很好的经济效益，实现了场场、人人盈利。

(二)主要做法

1. 提高管理服务能力

为加强组织领导,成立了"走出去"办公室,由专人负责机构的运转及日常工作,统一协调管理境外合作开发与投资管理活动,逐步建立了体系完善、快捷方便、功能性强的管理服务体系,提供有效的后勤保障,在技术、资金、信息上对"走出去"开发的企业和个人给予扶持和服务。特别是发挥组织领导机构的作用,搞好与东道国合作部门的衔接、协调与配合,建立协调联络机构,改变原来一些农场以民间方式无序开发和服务相对滞后的局面。

2. 提高与外方经营环境的衔接能力

通过深入研究俄东道国的资源条件和市场条件,研究当地法律法规政策,特别是到拟开发的区域,全面考察合作伙伴信誉状况,结合垦区优势和各自实际,准确选择适合自己开发的项目和产业,循序渐进,积极稳妥,不断推进境外农业开发的深度与广度。

3. 提高境外适应能力

发挥农垦系统的组织优势,提前或适时开展分期分批的培训工作,进行相关涉外知识、法律法规、日常外语会话以及操作技能等方面的学习,提高境外劳务人员的素质,帮助他们尽快融入国外开发地区的社会和人文环境。在此基础上,挑选那些政策业务素质好、文化程度较高、有一定外语水平、身体健康、能吃苦耐劳的中青年人作为境外开发的骨干;鼓励和动员垦区有实力的农场、企业和个体经营大户参与项目的实施,整合、扩充和壮大开发实力,在俄远东地区和其他适于境外开发的领域,树立起农垦人的地位与形象,为以后全方位、多层次、宽领域进军国外市场奠定基础。

4. 提高经营运作能力

"走出去"办公室自成立以来,严格要求参与境外开发的农场和个人都要严格遵守所在国的法律法规,依法经营,尊重当地民俗风情,不做有损国格、人格的行为。要求他们从长期立足境外发展的角度出发,研究所在国的消费习惯,生产档次较高的粮食、水果、蔬菜等农产品,塑造良好的北大荒商品形象,将真正代表垦区水平的农副产品和有机产品引进俄罗斯、东南亚及其他国家。特别是要求每个家庭农场都要准确定位自身开发合作的产品和项目，注意发展特色产业，在形成规模和提高标准上下工夫，避免简单重复、恶性竞争。

5. 提高应对风险能力

根据项目市场的需求，不断调整优化在境外的种植结构，适当控制大豆面积，稳定小麦面积，增加水稻、玉米、荞麦面积；适时延长产业链，进一步拓展产业领域，促进农产品就地加工转化增值；适度发展养殖业、农产品加工业和其他服务业，形成产业集群，为进一步扩大经营规模、有效规避风险提供有力保障。

（三）面临的主要问题

1. “走出去”工作缺乏系统性的政策支持

企业在“走出去”过程中，需要大量的前期考察、境外认证、项目启动以及境外实施项目经费，但目前，农业系统的扶持大多针对农产品贸易，其他方面的支持力度小，且大多采取一事一议的方式，没有专门的政策性支持。

2. 政府服务能力有待提高，不能为企业提供准确、及时、有效的境外农业相关信息

企业境外开发不仅需要对目标国的自然条件如气象、水文、土地条件等有详细的了解，且对其政治、经济、文化、法律、风俗习惯等都要有细致的了解，但单凭企业自身调研不仅成本高，且很难保证效果。但现在，农业系统缺乏细致的信息收集体系，信息获取方式单一，很难满足企业对外开发的需要。

3. 企业投资能力有限，融资困难，抗风险能力弱

目前，农业信贷门槛高，融资困难，还款期限短，企业还款压力大。且农业项目受自然条件、政治因素、市场因素、汇率因素等影响很大，但农业保险、出口信用保险尤其是境外投资保险体系不健全，风险防范体系尚未建立，企业抗风险能力差。

4. “走出去”人才储备不足

农业“走出去”需要大量的懂外语，懂农业，且了解国际规则、国际惯例，熟悉目标国产业政策、税收政策、市场潜力等情况的人才，目前垦区的人才储备大多是单一型人才，缺乏复合型人才。

5. 境外项目用农机具过境的关税太高，企业负担过重

另外，种子是农业项目的基础，目前，境外项目的种子已开始退化，受一些政策和法规限制，多数项目的种子出境成为瓶颈问题。

六、对我国农业企业海外投资经营的几点建议

中国企业在国际投资经营中，农业领域国际投资经营相对其他行业比份额中比重较小，据2009年中国对外直接投资统计公报显示，农、林、牧、渔业对外投资金额20.3亿美元，占全年中国对外直接投资流量的0.8个百分点。我国在海外投资经营的农业企业规模不大，国际竞争力不强。为提高我国农业企业国际投资经营能力，提出以下几点建议。

(一)着眼全球战略布局，整合全球资源

各个地区因资源禀赋的差异，适宜发展的产业不尽相同。从全球范围来看，那些具有良好的市场、政策、自然条件的适宜海外农业经营的地区有，亚洲、非洲、拉丁美洲、加勒比、俄罗斯以及拥有丰富渔业资源的南太平洋和印度洋岛国，这些应该作为海外经营战略布局的重点区域。在这些地区要发挥我国在农产品种植加工、禽畜饲养、农机具生产优势、渔业捕捞等方面具备的相对比较优势。

我国企业可购买或租用境外土地兴建农场，开展农作物和多种经济作物种植以及禽畜、水产养殖。发展远洋渔业，建立境外远洋渔业综合性捕捞、加工和服务基地。如马来西亚农产、水产资源丰富，但种植、养殖技术相对落后，我国企业可利用自身先进的水产养殖和水稻种植技术在马承包种植或养殖园。另外，利用我国对外援助工作基础，我国企业承包或租赁经营我国援外已建成的老农场项目，重新整合开发，实现项目再增值。特别是要注重开发利用我国援助非洲的农业项目。非洲有耕地2亿公顷，占世界耕地总面积13%，宜牧草场约9亿公顷，水资源占世界水力资源总量的2/5，农业发展条件优越。

(二)注重全球化经营与本土化经营相结合

一些跨国公司在全球经营中能够成功，最主要的是他们能够把全球战略与本土化经营相结合。一些全球化经营失败的企业就是在这两者之间没有协调好。跨国公司要想进入与母公司完全不同的东道国市场，针对当地的政策法规、道德观念、消费者偏好、消费习惯和消费理念等制定相应的经营方案是跨国公司的必

然措施。实施本土化战略,实现跨国文化管理是有效促进中西文化融合、促进经营活动顺利开展的重要方式之一。在营销管理、人力资源、产品服务、企业文化等多个方面进行本土化融合。

在全球范围内有选择地对农业资源大国进行分工合作开发,如鼓励国有民营企业、华侨、侨胞对当地农业资源进行合理开发利用;与当地政府和企业联合搞好关系,了解当地的民风民俗,和当地的农民进行技术交流,向当地农民传授技术,提供农业服务和指导等;对当地社区承担社会责任,创造和谐宽松的合作环境和双赢氛围,用较长的时间让他们认同中国企业、接受我国企业,降低东道国对中国人的戒备心理。

(三)培育中国的农业跨国公司,提高农业企业的国际竞争力

我国的农业行业内的跨国公司还很少,规模也不是很大,与库恩公司、孟山都公司、先正达公司相比,我国农业行业内的跨国公司的国际竞争能力还不强,无论是从全球经营的战略布局还是适应全球经营的管理结构都不具有国际竞争力。我国农业企业需要学习国外农业企业的先进经验,利用自身的优势,提升企业的国际竞争力。

目前,国有大中型农产品贸易企业、农业产业化龙头企业是我国农业国际化经营的主要力量,像农垦企业集团化、产业化、组织化程度高,农业科技力量雄厚,参与我国农业援外工作有多年历史,开展农业对外合作有一定基础和优势。要鼓励这些企业在开发境外农业资源和学习利用境外先进生产管理技术中发挥示范和带动作用,对他们给予重点支持,争取在获取境外重大农业资源开发项目、农业技术合作项目上有更大的突破,并在参与国际竞争中不断增强实力。

参考文献

1. 黑龙江农垦总局实施“走出去”战略基本情况,黑龙江农垦总局商务局“走出去”办公室,2010. 3. 28。
2. 加快实施“走出去”战略早日实现“域外垦区”建设目标,黑龙江农垦总局商务局,罗东,2010. 9. 15。
3. 黑龙江省农垦总局2009年经济和社会发展统计公报。
4. 漯河市商务局:我国农业“走出去”要向“两端”进发,2009. 06. 29。
5. 黑龙江农垦总局“走出去”工作汇报,黑龙江省农垦总局商务局,2011. 5. 19。

海尔集团:开创全球化品牌战略

米尔顿·科特勒说:“更多的国际品牌也深入地渗透入中国市场,以往,当人们说到‘中国的品牌’和‘国际的品牌’,往往是代表了两个市场阵营,现在这种区分逐渐开始失去意义,随着市场的融合和进步,人们对品牌的价值评判,以及市场竞争的标准不会有两套不同的体系。在这样的趋势之下,目前相对而言仍然年轻的中国品牌,在品牌建设上需要一些新的认识和行动。或者说,不论是在中国市场还是在国际市场,对品牌的打造需要向新的、‘国际品牌’参照系看齐,而不再是所谓的‘中国品牌’层面。”真正成为国际化的中国品牌太少,而海尔集团无疑是中国企业品牌国际化的先行者,通过品牌国际化战略的延伸,成为开创国际品牌的佼佼者。

一、海尔集团基本情况

创立于1984年的海尔集团,经过25年的拼搏努力,已经从最初的生产单一冰箱产品的小厂发展到现在拥有白色家电、黑色家电、米色家电在内的近百个门类的全球第四大电器生产厂商。

2010年海尔集团实现利润62亿元,全球营业额到达1 357亿元。海外收入占总收入将近30%。海尔在全球建立了29个制造基地,8个综合研发中心,19个海外贸易公司,全球员工总数超过6万人,已发展成为规模巨大的跨国企业集团。

自2002年以来,海尔品牌价值连续7年蝉联中国最有价值品牌榜首。海尔品牌旗下冰箱、空调、洗衣机、电视机、热水器、电脑、手机、家居集成等19个产品被评为中国名牌,其中海尔冰箱、洗衣机还被国家质检总局评为首批中国世界名牌。

随着海尔国际化战略的不断推进,海尔品牌在世界范围的美誉度也大幅提升。2010年8月16日,《财富》(中文版)公布了“2010最具创新力的中国公司”排行,海尔成为入选的25家公司之一。美国《商业周刊》公布2010年"全球最具创新力企业50强"名单中,海尔集团榜上有名。

二、国际化发展战略创新

名牌战略阶段(1984—1991年):这一阶段,海尔狠抓质量创名牌。通过做专冰箱产品,探索并积累了企业管理的经验,为今后的发展奠定了坚实的基础,总结出一套可移植的管理模式。

多元化战略阶段(1992—1998年):从1984—1998年十多年时间,海尔从一个产品向多个产品发展,多元化增加竞争力,从白色家电进入黑色家电领域,以"吃休克鱼"的方式进行资本运营,以无形资产盘活有形资产,在最短的时间里以最低的成本把规模做大,把企业做强。

国际化战略阶段(1998—2005年):这7年间从海尔的国际化到国际化的海尔,产品批量销往全球主要经济区域市场,有自己的海外经销商网络与售后服务网络,Haier品牌已经有了一定知名度、信誉度与美誉度。

全球化品牌战略阶段(2006年—今):为了适应全球经济一体化的形势,运作全球范围的品牌,从2006年开始,海尔集团继名牌战略、多元化战略、国际化战略阶段之后,进入第四个发展战略创新阶段:全球化品牌战略阶段。国际化战略和全球化品牌战略的区别是:国际化战略阶段是以中国为基地,向全世界辐射;全球化品牌战略则是在每一个国家的市场创造本土化的海尔品牌。海尔实施全球化品牌战略要解决的问题是:提升产品的竞争力和企业运营的竞争力。与分供方、客户、用户都实现双赢利润。从单一文化转变到多元文化,实现持续发展。步入新的战略阶段后,海尔努力提升企业运营的竞争力、力图实现利润模式和企业文化的双重转型,着重以效率打造全球第一竞争力,创世界级的全球化海尔品牌。

三、海尔国际化"三步走"战略

在海尔全球化四个战略阶段中,走出国门,海尔的路径是"三步走",即走出去,走进去,走上去。三步走的战略确保海尔能走得出去,出去后能站得稳,站稳后能做得实,做得专,最后成为能在国际市场进行差异化经营的本土化名牌。

1. 步出去

在海尔实施走出去的战略时,面临着市场障碍,主要来自经销商不认可海尔品牌，拒绝采用海尔品牌商标；品牌影响力尚未建立，又没有资源铺天盖地做广告；不熟悉市场的需求特点，短时间内必须完成适应过程。

为了保证走出去站稳脚跟，海尔的做法是，坚持出口创牌，始终强调产品品质，要以质取胜；采取先难后易的市场战术，首先打入了欧美发达国家市场，这不仅带动了对其他国家市场的出口，更重要的是使得海尔整个的质保体系达到了国际先进水平标准，提高了员工的素质。同时海尔采取缝隙策略，就是用技术或细分市场的方法一下子进入市场，采取先进入，让消费者认知我们这个品牌，然后再打差异化。比如，海尔专为巴基斯坦用户设计的洗大袍子的洗衣机可同时洗32件，满足巴基斯坦家庭人口多的需要；电压波动的国际标准是上下差26伏，海尔根据印度实际设计165~280伏，差100多伏；海尔专为日本单身族设计的“个人洗衣间”；海尔专为美国设计的学生用小冰箱。正如营销大师米尔顿·科特勒先生说：“海尔品牌在美国市场营销的对象是年轻人，从上大学开始，海尔产品就成为大学生的朋友。海尔应该一直追踪到这个大学生进入社会、就业、成立家庭以后还会不忘大学时代的‘老朋友’而选择海尔产品的全过程”，“海尔在这么短的时间内在美国市场就取得如此好的成果，是很了不得的！”

2. 走进去

企业能够走出去，还必须要走进去。只有走进去，才能深入了解本地市场，通过了解本土市场的消费需求与偏好，才能创造客户新的需求。当企业走出去后，国际市场中新的市场挑战就随之出现。首先，企业产品在本土市场引起了竞争对手的关注，国际市场打压随之而来。其次，无序的竞争环境以及竞争对手恶意倾销引发的贸易争端。再次，市场技术水平的不断升级，企业必须跟上技术变迁的步伐，企业的研发甚至要走在技术的前面，新的技术还要在最合适的时间与市场进行最有效的结合，实现有效的市场化。

为了在国际市场中占有一席之地，海尔做法是将研发、制造、销售三位一体，设计中心、营销中心、制造中心“三位一体”，最终成为一个非常有竞争力的、具备在当地融资、融智功能的本土化海尔。海尔美国设计中心在洛杉矶，营销中心在纽约，生产中心在南卡州。另外，海尔的产品、渠道、营销、管理、服务等实现本土化。比如，在美国，电话中心使用自动接听，海尔美国公司采用人工接听，用户可以打一个电话得到满意的服务，而且是24小时7天服务。现在，服务已经成为海尔在美国的竞争优势。

3. 走上去

海尔就是要通过主流的营销成为当地的主流品牌。在这个过程中，海尔面临的挑战是,国际竞争对手"以十攻一",海尔需要"以一攻十";进入主流文化,面临巨大的文化差异;有限资源条件下的本土化品牌建设。

为了能够走上去,海尔的做法第一是以维基经济理念,进行大规模协同。所谓维基经济理念就是充分利用组织里每一个人的智慧,发挥出每个的能量。第二是实施人单合一的模式,进行企业流程再造。所谓"人单合一","人"指的是每一个员工,也就是每一个自主创新的主体;"单"是有竞争力的市场目标;人单合一就是每一个自主创新的主体在市场空间里以最快的速度捕获商机,产生快于对手的竞争力。在以信息化为基础的"人单合一"管理模式下,海尔集团的每一笔订单都是有主的订单,能够做到与客户现款现货交易。每一笔订单信息的客户码、订单码、人码自始至终"三码合一",有效地避免了目前企业界共同面临的库存和应收账款的两大难题,保证了企业的良性、持续发展。在新的理念指导下,海尔创造了马其顿政府电脑项目的大订单,海尔-鲁巴经济区开园典礼,成为境外第一个中资经济合作区。海尔赞助奥运、NBA,与主流文化牵手,实施主流营销。

海尔的"三步走"战略,通过以出口创牌为导向,海尔形成了其品牌的国际竞争力;通过本土化认知、本土化扎根和本土化名牌三个阶段,推进了海尔作为国际化品牌的运营;通过提高自身运营管理速度和开拓创新,海尔赢得了国际品牌的美誉度。

四、海尔的全球布局

海尔的全球化品牌战略与以往的国际化战略有着本质的不同:海尔的国际化战略阶段是以中国为基地向全世界辐射,而全球化战略阶段则是在当地的国家形成自己的品牌。海尔全球布局以其"三位一体"的本土化经营体系为显著特点。海尔美洲、海尔欧洲、海尔南亚、海尔中东非、海尔亚太、海尔东盟,6大海外"三位一体"中心基本架构完毕,标志着海尔在全球化布局基本形成(见表3-1)。

表3-1　海尔的全球网络情况　(单位:个)

全球网络	海外	全球
贸易公司	19	64
设计中心	8	18
制造	28	35
工业园	3	15
销售网络	45 800	588 000

1. 海尔美洲

1999 年,海尔在美国南卡来罗纳州建立了美国海尔工业园,2000 年正式投产生产家电产品,拥有当地员工约 180 人。这意味着第一个“三位一体本土化”的海外海尔的成立,即设计中心在洛杉矶、营销中心在纽约、生产中心在南卡来罗纳州。海尔美国建厂前,在美国的年销售额不到3 000万美元,由于该建厂项目的带动,海尔在美国的年销售额 3 年内提高到 2. 5 亿美元,增长了 8 倍。冰箱销售量突破 100 万台,占美国市场份额 11% ,列第五位,冷柜份额 9% ,列第三位,空调份额 12% ,列第 3 位。

2. 海尔欧洲

2001 年 6 月,海尔集团并购了意大利迈尼盖蒂冰箱工厂,加之海尔在法国里昂和荷兰阿姆斯特丹的设计中心,在意大利米兰的营销中心,海尔在欧洲真正实现了“三位一体”的本土化经营。海尔不但拥有欧洲的白色家电生产基地,而且具备了参与当地制造商组织并获取信息的条件,从而为实现在欧洲的“三融一创”(即融资、融智、融文化,创世界名牌)奠定了坚实的基础。

3. 海尔东南亚

在印度,海尔已发展到近3 000个销售网点,14 个海尔展示厅。海尔产品已由包括冰箱、空调、洗衣机、洗碗机、微波炉等白电系列产品,迅速向电视,DVD,手机等黑电产品扩张。2007 年 1 月 1 日海尔通过并购的方式,成功的收购了当地一家冰箱工厂,从此海尔在印度有了自己的工厂。海尔印度工厂占地 16 万平方米,目前主要生产冰箱,年产能为 33 万台,拥有职工 300 多人。印度工厂的建立标志着海尔在印度市场三位一体的本土化战略格局基本形成。

在巴基斯坦,海尔于 2006 年成立了“巴基斯坦海尔 - 鲁巴经济区”,依托海尔在巴斯基斯坦生产、销售渠道和物流基础,利用中巴两国全天候、多领域的合作关系及双边投资贸易优惠政策,已发展成为中资企业拓展巴基斯坦及周边南亚市场的跨国平台。其主要优惠措施包括投资便利化、金融支持、出境便利、通关便利、进口设备免税、基础设施商务服务等方面。

在东南亚地区的其他地区,海尔已分别在马来西亚、印尼、孟加拉、越南等国建立工厂,在新加坡建立贸易公司。海尔在东南亚地区市场的拓展已迈上快车道。

4. 海尔非洲

2000年，海尔英国PZ集团签订合资协议，在尼日利亚成立合资工厂，进行联合品牌Haier－Thermocool冰箱、冷柜、空调的组装以及销售。同年，海尔与突尼斯Hachicha集团在突尼斯合资成立工厂HHW，于2001年11月份开始建设，2002年10月份投产。工厂每年可组装空调器3万台、冰箱2.5万台、洗衣机5万台。

5. 海尔中东

在中东地区建立了约旦工业园，在约旦工业园建成前，海尔已在中东地区开始销售海尔品牌的产品，但业务规模很小，没有统一的营销规划。很多市场如叙利亚、埃及、伊拉克市场由于关税和非关税壁垒一直无法进入。海尔品牌无法得到迅速的提升。海尔工业园的成立，充分利用了约旦与周边的阿拉伯国家之间签订的互免关税协议，海尔在约旦工业园生产的产品得以迅速进入周边的阿拉伯国家。

2002年海尔约旦工业园生产的产品顺利进入了伊拉克市场，建立了完善的产品的销售网络和服务网络。伊拉克战后，利用既有的网络及约旦工业园的产品又得以迅速抢得了战后的先机。四年来，海尔产品已通过约旦工业园进入了周边的叙利亚、黎巴嫩、埃及、巴勒斯坦等国。总体市场份额达到了3%以上，在约旦成为当地家电品牌的前三名，在叙利亚的波轮机市场份额达到了第一名，滚筒机成为前三名。

6. 海尔东盟

2007年4月，海尔收购了原属于日本三洋的泰国冰箱厂，建立了一套三位一体的本土化运营模式。在泰国建立三位一体的本土化运营模式是海尔全球化战略的重要布局。

表3－2　海尔全球营业收入情况（B$）

年度	营业额	
	海外	全球
2006	3.26	13.9
2007	4.1	16.2
2008	4.5	17.5
2009	4.6	19.2
2010	5.5	20.7

注：2008、2009年的数据是根据媒体披露的海尔收入的资料计算，供参考。

另外，海尔集团的中国外亚洲区首席执行长张铁杨接受道琼斯通讯社（Dow Jones Newswires）采访时重申，该公司计划最终将国际市场销售额占总收入的比例提高至2/3，并表示有望在3～5年内实现这一长期目标。

海尔品牌在其全球化品牌战略的指引下迅速扩展，海尔这一洋溢着全球视野的战略，正在取得丰硕的成果见表3-2。从被广大消费者评为“最先令人想到的代表企业和品牌（即第一品牌）”，到“首选理想品牌”、“最具竞争力中资跨国企业”，到“中国最受尊敬企业”榜首，以及超过戴尔、惠普、西门子等国外著名品牌获“亚洲信誉品牌”金奖，进入全球化品牌战略第四年的海尔，以一连串令人眼花缭乱的获评荣誉，再次引起人们的关注。这些荣誉特别是来自国内外一线消费者的评价表明，证明海尔已经大踏步成为全球知名的大公司，其品牌影响已经深深扎根在国内外消费者心中。

五、海尔品牌全球化新的征程

海尔集团首席执行官张瑞敏曾指出，海尔要想完成“全球化品牌战略”，还有很长的路要走，而且至少要过三道坎：满足全球化的产品质量保证体系和企业运营的竞争力、能否实现从机遇利润到双赢利润的转变、从单一文化转变到多元文化。可见，海尔已经不仅仅满足于过去传统的增长方式，而是开始向高端市场靠拢，以提高技术与品牌形象，加快国际化进程。自此，海尔需要开启一条对于中国企业来说艰巨但又必须要走完的新征程。

1. 提升企业运营管理能力

为实施全球化品牌战略，海尔已通过业务流程再造、SBU（市场链经营主体）建设等多个途径，对其业务运营管理系统进行了全新改造，制定了产品零缺陷，物流零距离，仓储零库存，用户零烦恼等严格标准，并获得了美、日、澳、俄、加以及欧盟、美洲等国家和地区的多种产品认证，成为中国获国外认证证书最多的企业。

但从全球化品牌战略的要求看，海尔的运营管理系统还存在一些缺陷。首先，人力资源严重不足。海尔国内外快速扩张的各类新兴业务需要充实大量人才，但其能够输出的管理干部和技术骨干无论是数量还是综合能力都远不能适应要求。其次，风险控制机制不够完善。随着海尔进入世界范围的高风险业务以及实施大规模并购等活动增多，其风险层级和发生概率都已明显放大，要最大限度地规避各类风险，保证海尔海外资本运营的安全，还需进一步加强风险识别、监测、控制和化解机制的建设。第三，衰退业务整合力度不足。海尔虽然已经针对盈利能力不强，甚至长期亏损的业务采取了一些收缩性措施，包括关闭不具发展前途的海外制造工厂等，但就整体业务能力的优化而言，力度还是明显不足。

为了解决上述问题，海尔应当适当放缓海外扩张步伐，通过业务调整，为更高水平的发展奠定人力资源和创新的基础。同时,应按业务运营管理系统的要求对集团各类业务进行必要梳理,集中有限资源和精力将公司核心业务做得更好。此外,应将其“创造资源,美誉全球”的新的企业精神和速度与精细、准确相统一的新的工作作风真正落到实处,并建立可以使不同文化背景的人都能接受的职业准则。

2. 通过资产重组,提升海外业务的综合竞争能力

在海尔宣布进入全球化品牌战略进程的第一年,2006 年 10 月 27 日,海尔集团就宣布与日本三洋电机在日本成立由海尔控股的合资公司。这是一个由海尔控股的研发机构,三洋原冰箱开发团队全部进入合资公司,知识产权归合资公司所有,双方将致力于全球冰箱新品的研发,目标是联手打造全球最强的冰箱联合体。

三洋与海尔的渊源可以追溯到 2001 年。当时,时任三洋株式会社会长的井植敏来海尔参观,并且对海尔的管理模式和产品留下了深刻的印象,因而提出了合作意愿,双方一拍即合。2002 年 1 月 8 日,海尔与三洋在大阪宣布结成战略联盟,合资成立了“三洋海尔株式会社”,该公司由三洋控股并负责海尔品牌家电产品在日本的销售和品牌推广。当年 12 月,三洋电机也在海尔产业园正式开工,成为海尔的配套工厂之一。日本家电市场是世界上最“顽固”的市场,其境内包括三洋、松下、东芝、日立和夏普在内的五大品牌垄断了 90% 的市场,国外品牌难以进入,而此次海尔与三洋实施战略性合作,为海尔品牌进入被称为“家电王国”的日本起到重要作用,使得海尔利用三洋的渠道得以进入日本市场,而三洋通过海尔也轻松的打入了加入 WTO 后不久的中国市场,可以说,双方的合作在当时给对方都带来了不少好处。

2006 年,一方面,三洋想要甩掉冰箱业务这个包袱,希望通过调整生产结构以降低成本、提高收益;而另一方面,海尔在推进自有品牌效果并不显著之后,一直在全球寻找并购对象,冰箱一直是海尔的核心业务,如果收购成功,对其综合实力将会是个有力的补充。因此,这起并购案进展顺利。2006 年 10 月 27 日,海尔与三洋在东京签约,双方合作成立合资公司“海尔三洋电器株式会社”。合资公司注册资金 5 亿日元,海尔和三洋分别占 60% 和 40%。海尔以现金入股,三洋则以原冰箱事业开发团队整体进入合资公司,合资公司将致力于全球冰箱新产品的研发,目标是联手打造全球最强的冰箱联合体,其知识产权归合资公司所有。此外,由于企业战略调整的需要,海尔在日本市场的本土化营销继续由海尔日本销售株式会社负责,海尔在日本市场的本土化研发则由新成立的合资公司负责。

在“海尔三洋”成立的次年3月，三洋宣布解散原有的合资公司“三洋海尔”，从而海尔与三洋冰箱业务合并的实体公司“海尔三洋电器株式会社”成为海尔跨国经营发展重头戏。通过收购取得三洋冰箱业务，进而控股三洋研发部门后，海尔冰箱在高端技术上赢得了一定的优势，从而提升了其全线产品的品牌价值，这使海尔在日本市场的本土化步伐大大加快，也有利于加强海尔在日本市场打造本土化品牌。

通过资产重组方式提升海尔海外业务的综合竞争能力是海尔当前战略管理的一项迫切需求。如果运作成功，它不仅会缓解海尔海外投资产品竞争力不强和资本实力不足的矛盾，而且将使海尔海外投资的核心业务和投资概念更显清晰，并有可能创造资本市场和产品市场的联动效应，为海尔电器赢得在国际资本市场上融资的便利，甚至有可能带动海尔集团的整体上市。

参考文献

1. 邹习文，海尔的国际化战略．走向世界的中国跨国公司，中国商业出版社，2004。
2. 海尔集团官方网站。
3. 海尔国际化介绍：海尔——以创新精神创全球化品牌，PPT讲稿。
4. 郭凌晨，海尔集团：跨国经营的新阶段——全球化品牌战略，2010。

海信集团:在国际化中扬帆远航

海信坚持健康开发海外市场的原则,已将企业的发展纳入了国际化正轨。海信相继在海外建立生产基地与研发中心,积极开拓非洲、欧洲、美洲、澳洲国际市场及周边市场。“稳健型”投运作理念,国际化的人才培养和储备,经营理念国际化,过硬的质量,诚信经营,搭建自主品牌等经营战略让海信在国际化中扬帆远航。

一、集团基本情况

海信集团是以海信集团公司为投资母体组建的山东省最大的专业电子信息产业集团,在中国电子信息百强企业中名列前茅。海信集团形成了多媒体、家电、通信、IT、房地产、服务(与配套)六大产业。2010 年度实现营业收入 212. 64 亿元,净利润 8. 35 亿元。产品在 120 多个国家和地区销售,销售收入从 1992 年的 4 亿元,到 2008 年增长了 100 多倍。海信坚持健康开发海外市场的原则,已将企业的发展纳入了国际化轨道。海信通过寻找合格的代理商,努力开拓各种国际营销渠道,健全销售网络和探索建立有效的服务体系,从单一的产品出口转向了境外投资建厂,实现了资源优化组合、优势互补。

在全球范围内建设包括以美国为中心的北美市场,以巴西为中心的拉美市场,以意大利为中心的西欧市场,以俄罗斯为中心的东欧市场,以澳大利亚为中心的澳洲市场,以南非为中心的非洲市场等市场网络,向全球市场伸出触角,建设一个国际化的海信。

二、海信国际化发展战略

海信在国际化发展中,先以出口为导向,使企业的产品、技术能力在国外得到认可,积累了资金和国际投资经验,然后通过在海外创建自己的品牌,从而实现品牌的国际化。

1. 出口导向型战略

从1985—2006年是海信海外市场发展的"试水"阶段,海信集团的海外业务开始于1985年,当时产品主要以整机出口的方式。随着出口贸易额的增大,1998年海信正式注册成立进出口有限公司,把出口作为主要业务。2006年,海信并购科龙后重组海外部门,进出口公司改为国际营销公司,销售网络经过多年积累已经覆盖了全球各个市场。在这一阶段中,海信通过OEM,为大品牌贴牌不断提高自己的技术、工艺、质量以及各种标准水平,以适应海外的要求。

2. 海外品牌战略

2006年后,海信国际化思路发生转变,改变了过去贴牌为主模式。公司制定海外战略,核心是把海信从国内品牌变成国际知名品牌。这是一个艰苦的过程,要建立海外品牌基地。

3. 本土化经营战略

企业全球化经营需要提高本土化经营的能力。本土化经营是通过全球战略的构建来发挥企业所在地资源的比较优势,使国外的人才、资本等为我所用,这样企业就能在调动全球资源中发挥全球化经营的优势。海信本土化经营的具体做法是:

(1)搭建海外平台,建立海外分支机构。海信在推行品牌国际化过程中,其核心的战略就是本土化战略。但是通过代理商进行本地经营销售,这些代理商资源有限,做小市场没有问题,但却做不了大市场。所以,海信广泛建立分支机构,目前在美、欧、澳等地已经建立了分支机构。

(2)利用本地人脉资源,雇员本地化。比如海信的美国机构,总经理从国内派出,业务经理由当地人担任,利用本地人的人脉背景,帮助海信获得更多的信息。2004年,海信欧洲建立,把法国LG总经理挖来做总经理。同样,南非市场建立分支机构也是挖当地优秀人才管理。随着本土化深入,品牌影响逐渐深入。在美国还需要建物流、服务平台。海信把澳洲市场定为品牌基地,原因在于那里的市场规模小,人口2 000万人,发现问题便于及时修正,澳洲公司按照国际规范运作。海信国内派出 3 人,其他 8 名职工为当地专家,海信产品很好地打入了澳洲主流市场。

(3)了解本地消费,研发本地化。随着公司海外本土经营的深入,海外技术研发前伸,海信开始实行研发本地化,更好地开发出适应当地市场的产品,更加灵活地处理本地市场需求的变化。比如,在分散的欧洲市场,海信电视在德国质量没问题,但到意大利有两个台收不到。这就要求企业必须在当地有研发机构,了解当地情况,适应当地要求。又如,在美国建立研发机构,进行当地市场适应性开发。

(4)选择合理定位,品牌本土化。海信进入海外市场的策略是决不从入门级价格进入,定位于中等偏上价位,单品牌进入。比如实施 B 品牌战略,先从 B 切入,逐步做到 A 品牌。另外,先从成熟市场进入,比如,以色列市场的商业氛围最发达和浓厚,如果以色列成功进入,那么再进入欧美市场就没有问题,而且当地有很好的合作伙伴。目前,海信在以色列占市场份额达 6%。并已成功进入埃及、加拿大等地市场。对美英德大市场海信没有贸然进入,而是随着品牌基地逐步扩大,逐步有准备进入这些大市场。

(5)全球信息在海内外联动。一个国际化的企业有掌握全球信息的优势,对各国的技术标准,行业标准,环境责任的标准都有充分的理解;通过全球信息的收集,对全球范围的竞争对手动向与产业发展的趋势也能有深入的探究。比如,第一时间感受到著名品牌在做什么,将做什么。通过从外部得来的新发现,影响国内的开发。例如,海信最先推出的超薄电视机就是得益跟踪研究全球技术发展的方向。

三、跨国经营网络

追求技术、质量和信誉,着眼于培养远期效益,不做低价做技术,不求数量做品牌,不进小商场而进大渠道,海信打通了多条国际市场通道,形成跨国经营网络。

1. 南非基地的建设

海信南非公司位于南非约翰内斯堡,目前具有年产 20 万台彩电的生产能力,现有员工 230 人,其中 90% 是当地员工,公司销售网络、售后服务体系遍布整个南部非洲。1993 年海信进入南非,成为第一家打出自己品牌和进入南非连锁主渠道的中国企业,1996 年在当地建起年产 10 万台彩色及黑白电视的生产基地。2000 年 10 月,海信在南非收购了韩国大宇公司总面积达 2 万多平方米的工厂,扩建后海信南非公司成为中国在南非最大的彩电生产基地。

海信电视销售、服务网络目前已覆盖南非全国2 400多家连锁店和 500 多家家电专营店,成为在当地与索尼、松下等齐名的畅销品牌,其中海信电视机在南非市场所占份额超过 15%,还销往周边的纳米比亚、莱索托、莫桑比克、博茨瓦纳等 10 多个国家和地区,家庭影院、DVD 播放机、冰箱和微波炉等其他产品市场份额均在 10% 左右。2007 年 1 月 22 日,公司在南非投资兴建海信工业园,实现年销售收入 1.4 亿美元,为当地提供了1 100个就业岗位。

2. 埃及海信建设

海信 2006 年在埃及成立办事处,通过优质产品和服务取得埃及消费者认可。海信的埃及生产基地,给当地带来大量就业机会,迅速提升了海信在当地的知名度,同时坚定了当地经销商对海信的信心。2008 年 11 月,海信在埃及的彩电生产基地正式投产,这是继南非、法国、匈牙利、阿尔及利亚之后,海信在海外建立的第五个生产基地。

3. 欧洲以及周边市场中的海信

2006 年 4 月,欧盟对中国 7 家彩电企业恢复征收 44.6% 的反倾销税,由于海信集团积极实施"走出去"的战略,对彩电出口业务影响不大。海信平板电视出口主要采用零配件方式出口到欧洲,再在法国和匈牙利的组装工厂进行组装。其彩电基本上可以不从中国出口欧盟,海信通过这些制造基地和研发中心,或者出口半成品在当地组装实现本地化,有效地规避了反倾销风险。2004 年海信联手全球 500 强企业之一伟创力公司和巴基斯坦当地纺织、食品和空调巨头 AAA 公司,分别在匈牙利、巴基斯坦建立了两个彩电生产基地,以便更顺利地进入国际彩电市场。随着匈牙利新彩电基地的建成,海信将摆脱欧盟反倾销封锁,避开 40% 的反倾销税。

在以色列,2008 年 4 月 12 日,600 余块路牌广告一夜之间遍布以色列各大城市大街小巷;以色列电视台黄金时段以及主流报纸、杂志上,处处可见海信广告;在各大家电卖场,海信电视和韩国、日本的知名品牌并列被摆在最抢眼位置。海信在以色列造成如此浩大的声势,源自海信集团在以色列发布的自主品牌国际化战略。自主品牌 + 高端定位是海信此次海外推广的策略,这让海信成为第一个进驻以色列高端家电消费市场的中国品牌。不断追加的订单以及良好的市场反馈，显示海信自主品牌国际化推广已经取得阶段性成功。

2007 年 3 月，海信在荷兰南部城市埃因霍温正式建立欧洲研发中心。海信欧洲研发中心将充分利用海信在数字电视、网络多媒体、芯片、数字家庭等领域的技术优势，并充分调研最新技术发展趋势、欧洲流行趋势、用户使用习惯和用户需求，面向欧洲及相近市场开发高技术含量、高性价比的产品。海信欧洲研发中心研究国际最新技术和产品的方向与潮流，与国际知名 ID 造型设计公司开展交流和合作，设计世界一流的产品，全面打造国际化海信品牌形象。

土耳其对海信来说，是一个全新的品牌市场，其横跨欧亚大陆的地理位置，使它成为海信强化区域品牌辐射能力的又一个重要据点。2010 年，海信用与土耳其当地企业 Anadolu 集团合作的方式进入土耳其市场。Anadolu 集团是一个有 60 多年历史的跨产业大型企业集团，销售网络覆盖独联体、中东、中亚等地区，其代理的国际品牌在大多数市场上都取得了行业第一的地位，尤其是平板电视销售约占土耳其 20% 的市场份额。海信与 Anadolu 集团合作，凭借与具有丰富经验、实力雄厚的本土专业代理商合作，共同开拓海信品牌业务，形成长期共赢的合作关系，是海信品牌国际化发展战略的重要组成部分。

4. 美洲市场的海信

美洲主要的家电消费市场仍然在北美地区，这也是海信的战略发展市场，海信在 2003 年初就在北美、澳洲、欧洲等发达地区自建销售渠道，提供种类齐全的数字高清产品，以及完善的售后服务，海信高端电视成为中国彩电售价最高的品牌。2004 年初，在美国拉斯维加斯家电展上，海信与美国专业的数字电视运营商 US-DTV 公司签署合作协议，共同开发美国数字电视市场。2006 年美国将全面停止模拟电视的播放，据权威预测，美国数字电视将成爆炸性增长，增幅将超过 30%。海信选择此时大举进军美国市场正是瞄准了这个巨大的市场机会。

海信与 IBM 强强联合，(时间!)海信网络科技公司与 IBM 公司签署了智能交通领域涉及技术、营销、服务等多项内容的战略合作协议，海信集团称此举意在加强客户开发与服务的基础上，大步进军国际市场。

海信美国研发中心是海信全球研究和开发网络的一部分，致力于新产品的调研和预研、现有产品质量提升和成本控制。海信美国研发中心和国际上的先进公司保持着密切的合作和交流，对海信美国市场的开拓提供强有力的技术支持。海信的产品已经成功地在北美各大商店销售，美国海信研发中心正以其雄厚的技术实力保持海信产品的竞争力，使海信产品走进北美市场的千家万户。

5. 澳洲海信

海信集团于2003年在澳洲设立办事处，随着业务的逐渐发展和当地经销商及消费者的认可，2005年，公司尝试在当地销售海信品牌的家用电器产品。2006年2月，公司筹建海信澳洲分公司，业务范围逐渐扩展到电视、空调、冰箱、酒柜、冷柜等多个门类的产品。经过几年的发展，“海信”已经成为澳洲本土最知名的中国品牌，海信的产品已经全面进入澳洲三大主流连锁卖场，遍布澳洲的HarvyNorman的170多家店、Goodguys的80多家店、JBHi－Fi的80多家店，海信品牌的电视销量已突破当地10%的市场份额，跻身三强。

2008年，海信集团全面启动海外自主品牌战略。基于在全球不同地区技术和市场渠道的积累，海信进行了品牌上的大力度推广。澳洲市场成为该战略第一批试点：2008年7月，澳洲海信一举竞得澳大利亚最先进的澳网赛事体育馆墨尔本奥林匹克体育馆6年的冠名权。伴随着著名的澳网赛事，海信进入了全球6亿多家庭的视野，进一步提高了海信在海外市场的品牌知名度。

全球金融风暴让多个消费电子品牌在澳大利亚收缩战线，甚至直接关门，其中不乏世界消费电子巨头。但是，这场经济危机却成为海信品牌在澳洲等多个地区成功扩展的机遇。2008年以来，澳洲海信的销售量和销售额不仅保持了较大幅度的增长，而且获得了丰厚的利润：2009年1—10月，澳洲海信品牌销量同比增长128.35%，“海信”液晶电视销量同比增长279.05%。2009年澳洲海信冰箱全线上市多款型号，6—10月销量较去年同期增长71.02%。

四、海信国际市场的运作思路的启示

海信利用经济全球化的浪潮，制定和实施了国际化战略，逐渐发展成了国际化大企业，其运作思路也有自己的特色。

1. “稳健型”投资理念

海信南非建成功的关键是它奉行了“稳健型”投资理念。先成立南非海信经贸公司，对该国市场及消费者需求习惯进行充分调研，并组建起有南非人参与的营销队伍和技术服务队伍，形成了遍布南非全国的营销服务网络。“粮草先行”的举措，为海信电视成套设备及技术的输出打下了坚实的基础，同时规避了投资风险。

海信花费了近10年时间方迈出到海外直接投资这一步，周厚健坦言：“跨国经营并不是不计成本地进入海外市场，企业的国际化程度应该以效益为路标，否则摆出任何大肆进军海外的姿态都算不上理性的企业行为。”海信这些年坚持贸易先行的经营策略，实际上是为海外投资建厂奠定坚实的市场基础。

周厚健认为，海外投资建厂作为海信走出去的第二步，条件已成熟，一是拥有发育成熟的海外目标市场，出口贸易扩大有效地提高了海信在国际市场的品牌影响力；二是海信已具备参与国际竞争的技术实力；三是国际市场一体化布局开始形成，为国内强势企业走出国门创造了良好外部环境。

周厚健认为跨国经营最讲究企业实力和市场基础，在这个过程中，两步并作一步走难保不摔跟头，因为没有产品出口带来的经济效益与品牌效益，企业的海外投资就可能是一条风险难测的荆棘之路。

2. 实施国际化的人才培养和储备

海信集团解决人才短缺的方法：“一是靠内力，培养、培训以及到位的激励机制；二是靠外部的拿来主义。”人才结构的改善，不仅是眼前单纯培养的问题，更是长远规划的问题。配合着企业未来发展战略，要勾画出清晰的人力资源配置轮廓，才会改变被动局面。海信集团利用海信学院培训中高层管理人员，选拔优秀的技术、业务骨干外送培训，包括送国外大型和知名跨国公司培养锻炼；强化职业生涯规划、轮岗锻炼和“一帮一”的导师制；还将推行各直属公司的中长期激励机制的推行。海信集团人力资源部表示，2008 年集团全面推行任职资格管理工作，在全集团内全面开展任职资格考试，以实现员工队伍真正意义上的规范化、专业化和职业化。海信集团还将人才引进与管理人员业绩挂钩，经营班子人均每年引进中、高级技术和经营管理人才不得少于 2 人。海信科龙人力资源部还与多家猎头招聘、招聘网站签订合作协议，并建立起内部培训师队伍和初、中、高及经营级管理人才培养机制。

为了适应海外的市场需求和社会文化，提升海信的经营管理国际化水准，海信的海外营销团队大量使用了本土的管理者和营销人员。海信的高层经营班子自 2003 年以来加大了对国际化人才的引进。集团公司副总裁王志浩、林澜博士和周小天博士，海信宽带多媒体公司董事长黄卫平博士，海信电器股份公司研发总经理冈本贞二博士等外籍高管和专家的加盟给海信带来了国际化的新视野。未来海信将进一步加大国际化人才的引进力度，全面打造一支具有国际化视野的经营团队。

3. 经营理念的国际化

全面推行标杆管理，实现经营理念的国际化。在全球范围内选取研发、制造、营销、服务、物流等方面的标杆，对比海信的现状，寻找差异，持续改善，促进企业全面且持续的发展。同时积极建立与国际先进企业的战略合作，近距离学习他们的经营理念和管理方法，在合作中实现“双赢”。海信将与遍布全球的战略合作伙伴一起，不断书写新的商业传奇，共同分享它所带来的荣耀与快乐。“Hisense”将成为世界著名品牌，以高品质的形象家喻户晓。

4. 过硬质量、诚信经营搭建自主品牌

海信近几年在海外投资上的调整，与其本身在国际上的品牌定位战略价值有着紧密的联系。海信通过不断的建立海外研发中心，不断自主开发，提升了产品的品牌价值。质量科技的提高，不仅仅是促进了产品资源价值的提高和附加值的提高，而且也树立了海信的品牌价值，逐步建立了可持续发展的市场体系。海信集团下属的海信科龙容声三大品牌，在海外为数不少的大型超市连锁中，与SONY美泰等国际知名品牌放在一起销售，很多外国人已将海信集团旗下的品牌当成高端产品而看待。核心技术的发展不可一蹴而就，要耐得住寂寞，是要一个企业不断引入人才、不断投入、不断创建世界水平研发中心的结果。

对企业而言，要讲品牌，先讲品德。善待客户、善待合作伙伴、善待员工，严格履行契约，严惩弄虚作假者，使得海信不仅拥有稳定的客户关系，也铸就了和谐的员工关系。尤其是在这次席卷全球的金融海啸中，诚信经营为海信带来发展的新机。在大洋洲，海信品牌销售同比实现162%的跨越式增长，中高端定位的品牌形象已经被广大大洋洲消费者所接受；在北美，成功进入美国、加拿大若干主流大型连锁渠道，2009年北美销售逆势增长110%；在非洲，与战略伙伴一起设立工厂，本土化经营，海信品牌销售额同比增长63%。

参考文献

1. 王志乐，走向世界的中国跨国公司[M]，北京：中国商业出版社，2007。
2. 周厚健，海信的国际化发展战略[N]，中国电子报，2009年10月29日第4版专题。
3. 张瑾，海信集团：自主品牌的国际化征程，2009年8月。

华立集团：参与全球竞争的策略

作为民营企业的华立集团是最早实施“走出去”战略的企业之一。从近10年的经验教训看，产品出口只是全球化的开始，华立“走出去”的目标是借助从国外获取高端技术、人力和资金资源、面向全球市场营销的资源配置方式，成为一个世界级的跨国公司。由此，我们得到五点启示：开拓国际市场，采用“借鸡下蛋”式的本地化制造，可以改变产品身份，实现原产地多元化，避开贸易制裁和设限；获取高端技术，采用“借鸡下蛋”式的跨国并购，并不是屡试不爽的妙招；大规模境外投资，采用“抱团取暖”式做法，可帮助中国企业尽快地“集体出海”；并购后整合管理，采用“搓麻将”的方式，能够加速中西方文化差异的融合。多做事少宣传，采用“韬光养晦”式的低姿态“走出去”，能够避免海外政府与企业的抵触和防备心态。

一、华立集团概述

华立集团始建于1970年，其前身为余杭仪表厂，至今已有40多年的发展历程，目前是以华立控股股份有限公司为投资母体的跨地区、多元化、外向型民营股份制企业。20世纪90年代末，华立确立了国际化、资本经营、技术创新三大经营战略，开始走上多元化和国际化道路。华立集团现有控股上市成员公司（国内A股上市，华立药业，000607；昆明制药，600422；武汉健民，600976）及其他股份有限公司七家，其中高新技术产业公司五家。

华立集团是国内“走出去”战略最早的受益者之一。企业在全球各地建立制造基地，不仅在杭州、重庆、昆明、深圳、广州、北京、沈阳等全国各地投资设厂，而且从2000年开始“走出去”，在美国、法国、俄罗斯、阿根廷、印度、泰国、菲律宾以及非洲等全球30多个国家和地区进行直接投资、建设制造基地、开办研究机构、注册商标品牌，目前在全国各地及海外雇员已经超过一万余人。

自2000年在泰国建立第一个海外工厂后，目前华立的国际化发展已包括产品自营出口、海外生产销售基地、海外技术研发合作、海外工业园区建设等多种形态，初步形成了立足杭州、面向全球进行市场营销的资源配置方式。企业目标是到2015年，实现海外营业收入120亿元，占集团总营业收入40%以上。

二、国际化概况

在欧洲市场，华立集团仪表及五金产品出口意大利、英国、俄罗斯、乌克兰、土耳其等国家和地区；华立科泰还在在法国设立了子公司，产品进入德国等欧洲市场。

在亚洲国市场，华立集团在日本、韩国、泰国、菲律宾、巴基斯坦都设有分支机构，并在泰国、乌兹别克设有工厂。

华立集团在泰国中部开发了泰中罗勇工业园。罗勇工业园位于泰国东部海岸，距泰国最大深水港廉差邦仅27公里，从泰国曼谷驱车也只要一个多小时。工业园总体规划面积3.5平方公里，包括一般工业区、保税区、物流仓储区和商业生活区，其中投资12亿元的一期工程占地面积1平方公里（含保税区350亩），整个工业园已于2010年全部建成。

根据投资方华立集团的设想，罗勇工业园将成为包括浙江资本在内的中国产业资本集群式"走出去"的平台，成为我国传统优势产业在泰国的一个产业集群中心与制造出口基地，也将成为我国跨国公司的孵化基地。

在美洲，2001年，华立集团收购飞利浦位于美国的CDMA全球研发中心；华立集团还在阿根廷设有仪表工厂，仪表产品还出口委内瑞拉、厄瓜多尔、墨西哥、哥伦比亚等多个国家和地区。

在非洲，华立集团旗下各公司在非洲投资设立了肯尼亚子公司、坦桑尼亚子公司、乌干达子公司，青蒿素抗疟产品遍及刚果（布）、塞拉利昂、利比里亚等多个非洲国家和地区；华立集团仪表产品还出口埃及、南非、乌干达等国家和地区。

三、国际化的动机

2001年，中国加入WTO后，华立发现自己正在被推向世界，全球市场为华立展开。华立认为勇敢地参与到国际市场的竞争中，与强者进行对话，找到自身的立足与生存点，企业才有希望。应对"入世"后的国际化发展，华立制造业开始了企业经济由内源性向外向型转型的战略大转变，加速参与全球经济复苏和发展的步伐。

1. 开放的、巨大的国际市场孕育了无限的商机，为华立跨世纪海外扩张战略的全面实施创造了良好的外部条件

多边贸易体制为各国经济和企业界提供了巨大的、自由的市场，面对这一扩大了的市场，华立制造业的发展空间也大大地拓宽了。华立计量仪表产品的传统出口地区如东南亚、中东、南亚和南美等整体经济已出现了向好的走势，尤其是南亚和东南亚地区，出口更是保持着较高的增速，市场需求转旺，潜力颇大。其他地区如东欧、中欧、中美洲、西亚、西非、东非和北非等也有相当的市场潜力和需求。还有如欧洲其他地区和大洋洲等都具有可观的市场。

2. 华立制造业海外扩张战略的制定、启动和实施，顺应了国内外市场格局和形势的最新变化。经营重点的适时转移，将促进企业寻求新的、更大的市场，从而获得新的经济增长点

华立的总体计划包括产品出口交货完成指标，海外市场开拓，组建国际销售网络，产品线延伸，出口产品研发计划，设立海外制造工厂，初步建立国际市场信息收集、出口产品研发、生产和品质保证与销售、技术服务的组织协调体系，与欧美跨国公司的战略结盟，建立国外技术研发机构，完成产品的国外认证和商标注册及品牌的海外宣传等一揽子内容。

为提高华立计量仪表产品及系统的先进性与科技附加值，华立集团在全球范围内寻求世界先进技术及贸易合作伙伴，与欧美行业内知名企业建立了或正在建立战略合作伙伴关系，争取实现共赢。

3. 整合各种资源，培育与国际性企业相吻合的经营理念，实现企业在观念、制度、人才和市场的国际化

跨国经营要求企业须是国际化的，除了国际化的经营目标外，企业的人文氛围，组织制度，人力资源和市场运作等均需具备国际化所要求的先进的、开放式的运作模式。华立集团管理层十分重视企业创业团队的经营理念和企业核心价值观的形成与更新，注重企业的管理、技术和制度创新以及企业文化重塑、学习型组织的建设等工作。积极引进年青、有才华、有学识和有作为的中高级国际化经营管理等人才，并为其提供良好的发展平台。

4. 开阔视野，走出国门，主动出击，进入国际资本市场淘金，运用资本经营手段进行扩张，为企业跨国发展积累雄厚资本

为了提高华立在产业链和价值链上的地位，建立起华立的竞争优势加快引进西方先进技术，促进华立新兴产业和高科技产业的迅速起步和超常规发展。同时，在美国的华立上市公司还运用资本运营手段，在美国资本市场按照标准的美国运作方式进行直接融资，为华立移动通信等高新技术产业积聚发展资金，参与整合各生产要素市场资源，为华立主营业务的跨国发展战略积蓄资本，从而实现企业全球化发展目标。此外，意欲通过有效的资本运作，促进华立美国上市公司的资本增值。同时，华立拟在香港设立上市公司，进行资本运作。

5. 提高企业国际竞争能力，创世界名牌，走跨国经营之路，加速中国大陆企业迈向世界的步伐

华立集团为了实现"走出去"，苦练内功，积极实施"科技兴企"战略，着力推进企业信息化建设，大力引入高新技术，改造传统产业，进一步推动产业的升级，提高企业的核心竞争能力。

为了在国际市场上扩大企业知名度和影响力，华立集团加紧落实主要出口产品在国外权威部门的检测和认证工作，其中包括产品在目标市场国家的测试和认证。同时，在近 70 个国家注册了 HOLLEY 商标，计划在不太长的时间内将华立的注册商标覆盖整个目标市场。此外，华立还加大了在国外的企业形象和产品销售宣传力度，选择国外相关媒体进行宣传，并制作多媒体英文光盘和产品样本等宣传品。

华立的计量仪表产品和青蒿素药品在 2010 年实现了产品的市场份额全球第一，前者销售收入的 50% 以上来自国际市场，使华立成为全球领先的以生产电能计量仪表为主导的公共计量仪表及相关产品的国际供应商，成为青蒿素衍生物药品的最大供应商，进一步立足全球市场，不断提高国际市场的竞争力，努力实现企业制定的国际经营目标和战略设想。

四、海外并购案例

华立海外发展项目——火线收购飞利浦移动通信研发部门，切入 3G 核心领域。

1. 相关背景及项目梗概

2001 年 10 月 22 日,持续数月的飞利浦与中国电子信息集团公司(CEC)的谈判终于落下了帷幕,双方正式签署了最终协议。按照协议,CEC 全面承担起飞利浦移动电话生产业务。

当时,全球 IT 产业的不景气使得各大国际手机企业纷纷放弃利益渐薄的手机生产环节,"卸包袱"已成大势所趋。

也曾深受国外手机生产线诱惑的汪力成接下的是另一个"包袱":飞利浦 CDMA无线通信部门几乎所有的知识产权、研发设备、研究资料和研发人员,以及飞利浦半导体开发的 CDMA 协议软件的独家授权。

这意味着不久的将来,除了占统治地位的美国高通 CDMA 手机芯片外,国内获准生产 CDMA 手机的制造商将会多一个选择——标着"Holley Technology Inside"(包含华立技术)的飞利浦 CDMA 芯片。高通一夫当关的 CDMA 手机芯片大门被华立拉开了一条缝隙。国内厂商首次切入了手机业务的核心领域。

2. 火线收购飞利浦半导体 CDMA 芯片设计部门

飞利浦半导体是荷兰飞利浦皇家公司的分公司之一,与高通、LSILogic 公司并列为全球仅有的三家销售 CDMA 芯片组的公司。

2001 年 1 月 15 日,飞利浦宣布,通过与美国高通达成的专利互换协议,已永久掌握了 CDMA 手机的核心芯片技术,并宣布将成立一个专门机构专职开发、销售 CDMA 手机的设计套件。飞利浦雄心勃勃地要重返离开已有 3 年之久的CDMA 芯片设计领域。

2001 年 5 月初,中国联通的 CDMA 计划迟迟未能落地,CDMA 前途未卜,而飞利浦半导体已前后在 CDMA 领域投下近 2 亿美元,此时,飞利浦的现金流已不能满足需要。迟迟看不到商业前景的飞利浦决定暂停投入,为了保证其核心技术——半导体,飞利浦决心放弃基础应用和最终产品,并进而考虑出售此研发部门。

透过飞利浦 CDMA 有关人士,此消息在第一时间传到了正在寻求与飞利浦合作生产手机零部件的华立领导人汪力成耳中。汪力成非常重视。

华立根据对移动通信产业的理解和对国内 CDMA 网络将要大规模启动以及发展趋势的预测,认为,介入该产业将会有一个非常大的前景,是一个足以使华立在未来 10 年内获得长足发展的极好机遇。而掌握 CDMA 手机核心技术又能使华立稳居产业链的上游,获得在该产业领域的发言权。鉴于此,华立的决策层立即与荷兰飞利浦皇家公司联系，并策动华立当时在美国纳斯达克上市的太平洋系统控制技术公司等出手，与另外两家美国公司进行购者行列。

这场美国式收购竞争在延续了3个月后走入了绝路。汪力成说，作为中国背景的公司要让世界级、历史悠久的飞利浦信任和接受是一个异常艰辛的过程。华立被要求在谈判开始一周内，交出200万美元的谈判保函，更使华立深切地感受到飞利浦对中国公司的苛刻。

在汪力成的案头，不乏以前一些台湾公司收购美国公司失败的案例，最后的文化差异和管理理念的分歧，令许多收购者得到的只是美国的一些静态存量——设备、资料、产品，而在公司中起到核心作用的技术人才却纷纷鸟兽散。对这种空壳收购，汪力成引以为戒。

另一种压力来自运营公司需要的资金，数百万美元的前期费用，维持CDMA技术研发和运营每年需要的上千万美元的投入，这对2000年销售收入只有27亿元，以电能表为核心业务的华立来说，稍微把握不当就可能被拖入深渊。

华立计划在吸纳风险基金后，将用两年时间把美国华立通信集团公司独立包装成一个由华立集团控股，并在美国纳斯达克上市的高科技公司。

汪力成说，由此，资金问题将得到解决。而借着这个准备于纳斯达克上市的美国高科技公司的概念，华立与飞利浦的谈判由此峰回路转。

经过了3个月不断的接触、艰苦的谈判、反复的权衡与充分的论证，2001年8月，华立完成了对飞利浦半导体CDMA手机芯片设计部门的收购，在收购的美国圣荷赛CDMA移动通信部门（包括在美国达拉斯和加拿大温哥华的研发分部）基础上，组建了美国华立通信集团公司。

2001年10月16日，华立宣布收购成功，同时宣布研究中的CDMA IS95芯片将于2002年1季度上市。

“这是一家有中国投资背景和市场背景的美国公司”，而不是传统理解上的中国公司的美国分公司。汪力成对美国《财富》杂志的记者反复强调。

从CEO到CFO都是美国人，所有的管理和经营都按照美国的惯例来做。公司一成立立即宣布了4年期权计划。汪力成认为，这些将可以解除美国员工内心深处对公司“运作层面低，按照中国惯例办事”的担忧，并从根本上排除了人的危机。结果是，几乎原来所有的海外员工都和公司续了合约。

3. 切入3G核心技术领域，拥有自主知识产权

凭借在CDMA手机芯片上的技术优势，手握1400多项专利的美国高通公司急切希望得到中国移动通信运营商的承诺，以赚取数额不菲的技术转让费。据报

道，截至2001年3季度，高通已从中国通信公司手中收取了近600万美元的技术合作费，而这还不到全套技术转让费的20%。

而华立称，其推出的CDMA IS95手机技术解决方案，将可使CDMA整机成本至少比现有方案降低20美元/台。按中国联通CDMA网络首期一千万台的容量计算，可为国内手机制造商节约2亿美元。

曾为高通独食的CDMA手机芯片蛋糕多了一个分羹者。有媒体顺势打出了“华立叫板高通”的说法，这令汪力成不悦。汪力成说，无论如何，华立和高通之间的关系走势还是合作大于竞争。因为实际的情况也远远不是二虎争食这么简单。

尽管华立利用飞利浦半导体原有的基础，形成了自己独立自主的知识产权，可从事专业CDMA手机芯片软件及手机整套技术解决方案的设计开发，能够生产出性能质量不亚于高通提供的手机核心芯片。但是，华立仅仅是负责芯片的设计，其生产和销售均还要借助于飞利浦来完成，之后，双方再利润分成。虽然飞利浦半导体刚介入CDMA芯片市场之初，通过专利互换获得了CDMA芯片的专利使用权和生产许可证。但是华立通过收购，真正得到的是前者。

有业内人士认为，在CDMA手机芯片研发与生产领域，华立和高通应该加强合作。华立可帮助高通做大整个CDMA市场的蛋糕，而高通则应降低门槛，力求提高CDMA产业对于GSM产业的竞争力，由此可见，合作的意义也许远远大于竞争。

4. 华立CDMA项目实施及产业发展思路

(1)华立CDMA芯片产业化计划

华立在收购了飞利浦CDMA手机芯片设计部门后，竭力使CDMA核心技术与巨大的中国市场充分结合起来。通过掌握核心能力和自主知识产权，突破中国自主发展移动通信产业的瓶颈，使中国在移动通信产业中的地位得到提升，并进入世界技术先进国家的行列。

(2)华立通信产业商业模式

华立在移动通信产业领域内的定位是：专业为手机制造厂商提供芯片技术和整体技术解决方案(参考设计)的服务。与手机制造厂形成战略联盟的关系。利用华立全球团队的集成能力，向市场提供具有竞争力的产品。

(3)实现CDMA产业链的整体本土化

华立积极推进CDMA终端配套采购本地化，优先选择国内配套生产厂商，力促中国CDMA产业综合规模的形成。

(4)华立CDMA产业实施进程

根据华立在CDMA产业链的定位和商业模式，在技术层面，借助华立在中美加“三国四方”研发部门的分工协作实现产业化，向国内生产厂家提供具有竞争力的CDMA IS95手机芯片及整体解决方案。此前，华立已与国内多家手机制造商进行了合作，向市场提供了产品。同时，华立正在进行CDMA 1XRTT(2.5G)和CDMA 2000(3G)的芯片设计及产业化。

(5)华立CDMA项目实施的结果及意义

华立CDMA项目的实施取得了显著的进展，并获得了商业利益。产业化和本土化及所形成的商业模式，经过实践证明了其可行性与良好的效果。项目的成功运行，对于中国移动通信产业和其他产业快速、健康的发展具有重要的借鉴意义，它打破了国外跨国公司的技术垄断，给中国企业掌握高科技产业的核心技术与关键技术提供了一条行之有效的捷径，为中国企业参与国际竞争，提高国际市场资源利用能力，加快自身发展，提高国际竞争力提供了十分有益的经验。

五、华立“走出去”的战略得失

华立国际化战略的目标是，通过积极的推进和培育，力争在2010年前将华立发展成一个资源(市场、人才、资金、技术)配置全球化的跨国公司。华立集团根据竞争环境和企业发展的需求，提出了主导产品50%以上在外海销售、投资收益50%以上来源于海外项目的具体量化目标。从2000年开始“走出去”，华立集团经过近10年的探索和推进，积累了一些海外投资与市场拓展的经验教训。其中，既有在南美遭遇电表反倾销，促使企业在泰国创建工业园，开拓了东南亚市场的成功案例，也有收购飞利浦的CDMA移动通讯部门后融合不成功，而最终解散海外公司的失败案例。目前华立已摸索出一些适合自己的国际化套路，已初步形成了从国外获取高端技术、人力和资金资源、在中国实现产业化、面向全球市场营销的资源配置方式。

1. 循序渐进打造海外高端产业链

华立集团要成为全球跨国企业，参与国际市场资源配置的战略目标，并不是一件容易的事情。一方面，作为一家民营企业，打开国际市场将产品销售到海外当初还是比较困难；另一方面，提供高质量、高附加值的商品，打造高端产业链，得到国际市场的认可则是更为困难的事情。华立认为，经济全球化给企业发展带来冲击的同时，也给企业带来了更有竞争性和希望的大环境，国内企业唯有认清形势，积极应对，寻找发展机会，制定适应全球化生存的运作战略并予以实施，企业才有前途。

华立的做法是站在全球视角下考虑国际化问题,采取主动出击。为了熟悉国际市场,为企业跨国经营做好准备,华立进行了一系列的“热身”运动,到国际市场“学游泳”,将触角伸向多个海外目标市场。华立认为,将产品卖到海外只是全球化的开始,随后还需紧抓两件事,一是加强本地化制造,即到海外投资设厂;二是加强核心技术研发,即提升核心产业竞争力。华立具体做法如下:首先是国内制造品的出口。华立通过直销、代理和参与招投标等形式,努力开拓电能表等商品的海外市场,获取商业利润。

其次是在海外设立生产基地和办事处。2000 年,华立在泰国曼谷建立了第一家海外工厂,生产和销售电能表,利用在东道国所具有的便利开展经营活动,力求立足和进一步发展,并进而谋求对周边国家市场的产品辐射;2003 年,华立在非洲尼日利亚拉各斯设立了办事处,从事电能表和青蒿素等产品的销售;同时在南美阿根廷兴建了电能表组装工厂。随后,华立在南亚、南美洲、非洲和东欧等全球各地区域投资设厂。

再次是购买先进技术和设立海外研发中心。2001 年,华立在美国注册了全资子公司,并通过它迅速收购了一家于 NASDAQ 上市的高科技公司,进行计量仪表及系统、电力自动化等领域的产品研发和技术购买活动。2001 年 9 月,华立根据发展高科技产业、切入产业链高端,掌握核心技术和关键技术的技术发展方针和向移动通信领域发展的战略构想,通过在美国 NASDAQ 上市的高科技子公司,经过艰苦的谈判,成功收购了飞利浦半导体公司的 CDMA 核心芯片设计部门,掌握了 CDMA 手机芯片的核心技术,成为国内移动通信领域第一家掌握核心技术的中国公司,并拥有了属于自己的知识产权。

通过在美国资本和技术市场的多个举动,华立在世界最大的发达国家美国初步形成了获得高技术的窗口并建立了高技术产品的研发基地。通过长期、卓有成效的运作,初步建成了全球性的仪表生产和销售体系。华立产业全球化的过程,同时也是学习西方先进管理方法和技术,壮大自己的过程。从世界产业链的最低层次向高层次进行,这样通过循序渐进的全球化运作实现自身的产业升级。华立在国际化道路上深刻地意识到:走向国际,就必须拥有真正的核心技术,必须转向上游产业和核心资源。

2. 从学习借鉴成熟模式到创造多样化的新模式

作为一家实施多元化战略的民营企业,华立自主发展的意识较强,这些年来一直在探索和推进“走出去”战略,并在不同行业、不同阶段尝试了不同的“走出去”方式。例如,在仪表产业方面,华立以建立海外研发中心、制造基地和营销机构的模式,将触角延伸至海外,不断扩大国际市场份额,并始终保持技术的领先;在医药产业方面,将“走出去”和“引进来”战略相结合,通过几年的努力,已形成了自主知识产权、自主品牌、自主国际营销网络的完整产业链。在海外投资方面,利用创新密集、市场敏感和优势互补集群模式,华立又在泰国建立“泰中罗勇工业园区”,为中国企业“走出去”提供一个海外投资服务平台。

华立开展的一系列国际化经营的做法收到了一定的成效。华立制造业海外扩张战略的制定、启动和实施,顺应了国内外市场格局和形势的最新变化。经营重点的适时转移,将促进企业寻求新的、更大的市场,从而获得新的经济增长点。整合各种资源,培育与国际性企业相吻合的经营理念,实现企业在观念、制度、人才和市场的国际化。开阔视野,走出国门,主动出击,进入国际资本市场淘金,运用资本经营手段进行扩张,为企业跨国大发展积累雄厚资本。提高企业国际竞争能力,创世界名牌,走跨国经营之路,加速中国大陆企业迈向世界的步伐。

华立的理念是“进攻是最好的防御”。首先,从 1996 年起进行准备,重点是:现代企业制度的建立(改制)、技术创新、工艺进步、管理创新、尽量缩小与国际先进企业在主要方面的差距;其次,确定符合国际化生存的品牌:HOLLEY。在全球大部分国家办理涵盖 10 大类产品的商标注册;再次,在 1990 年成立浙江华立进出口有限公司的基础上,1997 年设立海外事业部,搭筑实施国际化战略的业务平台,共同承担起华立国际化战略的推进重任。

事实上,华立的国际化进程并不是一帆风顺,在开展国际并购中也栽过不少跟头。例如,2001 年,浙江华立并购了飞利浦 CDMA 无线通信部门几乎所有的知识产权、研发设备和人员,以及其半导体开发的 CDMA 协议软件的独家授权,拥有了 600 项 CDMA 核心技术专利,进入了该业务的核心领域。然而并购 4 年后,华立 CDMA 却悄无声息。问题之一出在华立对该技术情报的尽职调查上,在飞利浦与美国高通之间关于 CDMA 芯片有一系列交叉协议和授权协议上,双方承诺不对第三方公开。因此,华立的并购无法间接获得飞利浦拥有的高通 CDMA 专利技术,损失惨重。因此,对被收购企业核心技术的尽职调查一定要慎重,细化相关的调研和评估工作,防止花巨资却买不来技术。

六、华立“走出去”的有益启示

从华立“走出去”的实践中,我们看到中国企业纷纷“走出去”是一个积极的现象。这说明中国企业正在更广泛的领域、更高层次上参与国际产业分工。从华立走出去战略得失成败中，对已经走出去或打算走出去的民营企业来说，有一些有益的启示可资借鉴。

1. “借鸡下蛋”式的走出去，避开贸易壁垒

开拓国际市场，采用“借鸡下蛋”式的本地化制造可以改变产品身份，实现原产地多元化，避开贸易制裁和设限。例如，华立销售到南美的电能表放在泰国生产，就规避了来自泰国贸易设限的风险，同时还可以享受本地厂商的待遇，借助地区自由贸易政策和区域经合组织的便利，向区域内的其他国家市场辐射，实现“曲线输出”。例如东盟自由贸易区的关税减免，东南非洲共同市场的零关税等等。

2. 获取高端技术，不能复制产品走出去的成功模式

获取高端技术，复制“借鸡下蛋”模式的跨国并购并不是屡试不爽的妙招。华立购买飞利浦 CDMA 核心技术专利，虽然能够帮助尽快进入了该业务的核心领域，但是如果无法获得关键的技术细节，也难以获得突破性的进步。因而，在购买拥有核心技术的企业时，一定还要做足功课，尽职调查被收购企业核心技术细节，哪怕是很小的产品，也一定掌握好核心技术，免得并购后吃哑巴亏。

3. 用“抱团取暖”的方式来帮助中国企业“集体出海”

大规模境外投资，要采用“抱团取暖”式做法，帮助中国企业“集体出海”。华立认为，中国企业不走向联合是没有前途的。中国企业还有一个致命弱点就是喜欢单打独斗，大家都满足于开小店铺，当小老板，做小蛋糕，都喜欢自己说了算。聚沙可以成塔，团结产生力量，单个的小舢板微不足道，但捆绑在一起就可抵御风浪、抗衡航母。特别提出的是，2006 年开始，华立在泰国开发建设“泰中罗勇工业园”，致力于将其打造成中国企业投资海外的平台，经过两年多的开发和招商，已有 15 家企业签订合同进入“泰中罗勇工业园”，发展成为中国传统优势产业在泰国的一个产业集群中心与制造出口基地，已成为中国企业“走出去”的新模式。通过中国工业园这种形式，在境外其他国家建立生产基地和营销网络，将有利于加强中资企业之间横向的联系与合作，更好地为中国企业“走出去”提供服务，形成中国企业在泰国的投资氛围和集聚效应，实现原产地多元化，进而规避欧美贸易壁垒，有利于中国企业更好地发展，成为中国企业舰队驶入全球经济航道的一个坚实、可靠的基地。

4. 以“搓麻将”应对并购后整合管理

并购后整合管理，采用“搓麻将”的方式实现中西方文化差异的融合。华立认

为，一个跨国收购个案的成功与否，在很大程度上取决于收购后的资源整合与管理。并购海外企业后，如何进行有效管理，如何充分发挥外籍员工的作用，推动企业的有效运转，就成为企业在收购后亟待解决的棘手难题。对此，在遵循国际惯例的情况下，华立采用了一种“搓麻将”方法，华立把加拿大、美国和杭州的员工互换，让他们在每个地方都呆上几个月，这样利于促进中西文化融合和双方沟通理解。同时，中国企业也需要自身做出改变适应国际化的要求，只有中国企业能够非常自如地包容和整合世界各地的不同文化，并转化为企业的竞争力，才能真正称之为世界级的企业。

5. “韬光养晦”式的海外低调行事

多做事少宣传，采用“韬光养晦”式的低姿态走出去，避免海外政府与企业的抵触和防备心态。华立在实施“走出去”战略时，在国内重点是正面宣传，为国家有关政策的顺利执行和业务健康发展营造良好的环境，对外十分注重宣传方式，多做少说，突出强调经济合作、共同发展，不做一锤子买卖，搞好与当地居民的关系，特别要避免对外造成中国企业进行经济殖民扩张的误解。

总之，从华立的国际化实践中看，中国企业实施“走出去”战略，不仅要注意“走出去”的方式、方法，更要关注“走出去”的目的和意图，做好利用“两个市场、两种资源”的前期功课，做到知己知彼，提高应对致命风险的能力，特别是面对同行业不正当的竞争和打压，要沉着应对。

参考文献

1. 王志乐主编，走向世界的华立集团，走向世界的中国跨国公司［M］，2004. 5.
2. 刘向东，丁继华，华立集团：多元化“走出去”策略案例，2009. 5.

华菱谋发展:引进来与走出去

引进来和走出去相结合的企业发展战略在湖南省华菱钢铁集团有限责任公司(以下简称:华菱集团或华菱钢铁集团)得到了很好的诠释。华菱集团在2005年与米塔尔公司顺利合作,取得了阶段性的成功;2009年华菱集团坚决走出去,参与持股澳大利亚FMG公司,成为该公司的第二大股东,这是中国钢铁企业在金融危机中善于抓准时机实施跨国并购的成功案例。充分利用国外资源来突破发展中面临的瓶颈,是后危机时代中国企业成长的必然选择。华菱集团就是充分利用国外资源,实施有效整合,先引进外资改善公司管治结构,同时积累与国外企业合作的经验,然后又通过走出去,整合上游矿产资源,为华菱集团建立长期稳定的铁矿石供应渠道奠定了坚实的基础,有效地解决了铁矿石资源问题。华菱集团在全球钢铁产业竞合中,谋求共赢的思维理念与操作经验值得借鉴。

一、华菱集团的基本情况

华菱集团是1997年底由湖南省三大钢铁企业——湘钢、涟钢、衡钢联合组建的大型企业集团,作为省属国有企业,由省国资委授权经营。集团下辖湘潭钢铁集团有限公司、涟源钢铁集团有限公司、湖南衡阳钢管(集团)有限公司、湖南华菱钢铁股份有限公司、江苏锡钢集团股份有限公司、湖南华菱财务有限公司、湖南华菱信息股份有限公司等十余家直接或间接控股的子公司。2009年,全年完成钢1 181万吨、铁1 064万吨、钢材1 115万吨,实现销售收入约500亿元,利润27亿元。

华菱钢铁集团依托资本市场稳步推进主业资产的渐进式整体上市,推行国际化发展战略。2005年,通过股权转让的方式与世界500大企业安塞乐-米塔尔钢铁公司进行战略合作,努力融入全球钢铁业和世界经济大循环。2008年8月,华菱钢铁集团与澳大利亚金西资源有限公司(Golden West Resource Limited,以下简称金西)签署了股权认购协议和铁矿石长期供应协议。2009年华菱钢铁集团与澳大利亚第三大矿业公司 Fortescue Metals Group(FMG)在香港签署股权合作协议,华菱集团以现金收购FMG的16.48%股份,成为FMG的第二大股东。

二、引进来,谋求企业发展

2005年10月,世界最大的钢铁集团安赛乐米塔尔公司以3.38亿美元收购了华菱管线36.67%的股权。这一收购当时在国内引起强烈反响,整个行业都不看好,华菱被认为是“引狼入室”。但华菱考虑到自身发展需要,执意与跨国巨头进行了合作。后来事实证明这一合作是成功的,通过合作使得华菱集团取得了良好的发展。通过与安赛乐米塔尔合作,华菱至少获得了以下几个方面的好处:

1. 获得新的经营理念与新的管理模式

与米塔尔合作后,华菱建立了国际标准的董事会,内部也开始了与国际化公司的运作惯例接轨,并以米塔尔为标杆,不断地在生产及经济技术指标上持续改进,其投资决策与管理体系逐步健全,企业的运行质量和效率不断提高。经营理念和管控模式都有了提高。

2. 促进华菱集团技术进步

与米塔尔合作前,华菱的钢铁产能以及技术在全国处于劣势的地位。为此,华菱钢铁选择精品战略走高端路线,希望引进外资战略投资者,安赛乐米塔尔成为最佳选择。合作后安赛乐米塔尔在技术方面帮助华菱进行了提升,技术人员的培训不保密,让华菱尽量学习,米塔尔生产线也不保密,对华菱开放。华菱学到很多先进的东西,与米塔尔共同研发出来新产品在全国也是独一无二的。两家企业合作后开发的产品填补了很多空白,华菱在汽车、硅钢、宽厚板等五个方向全部实现了高端化。

3. 积累与外资企业合作的经验

华菱选择战略投资者时,先后与新日铁集团、美钢联集团、韩国浦项集团就股权合作接触,都未达成意向,后来才与米塔尔公司进行成功合作。华菱以旗下上市公司华菱管线与米塔尔谈判,谈判从2004年8月正式启动,2005年1月中旬签订正式协议,双方围绕股权与价格展开一轮又一轮博弈,谈判过程使得华菱积累了许多宝贵的经验,也为后来华菱集团走出去实施国际投资积累了经验。

三、走出去，打通资源瓶颈

根据华菱集团的发展规划，到2011年，华菱集团将力争实现年销售收入1 180亿元，年利税总额170亿元，其中利润70亿元，税金100亿元，集团总资产达到约1 000亿元。但华菱集团是国内少数没有铁矿资源的内陆钢企，铁矿石全部依靠外购，进口矿占55%，国内矿占45%，到2011年，华菱的铁矿石需求达到约3 000万吨。华菱对自身的资源自足供应能力有充分的认识，由于湖南资源贫乏，缺煤少矿，地处中部，发展钢铁业先天不足，而且，我国铁矿资源不足，加之这些年的矿产价格上涨过快，成本压力增加，这个劣势让华菱集团认识到走出去是解决钢铁资源的必由之路，是华菱未来稳定发展的必然选择。于是华菱集团开展了海外的矿产资源收购，保证企业的稳定发展。

1. 华菱并购澳大利亚矿山

2008年8月，华菱集团子公司华菱钢铁股份有限公司（华菱钢铁）与金西资源有限公司签署了股权认购协议和铁矿石长期供应协议，华菱钢铁认购金西新发行的1 440万股股票，占金西发行量的11.39%，并在金西正式出矿后，每年获得450万吨的铁矿石。

2009年2月24日，湖南华菱钢铁集团与澳大利亚第三大矿业公司Fortescue Metals Group（FMG）在香港签署股权合作协议，华菱集团通过自有现金与融资工具相结合的方式购买FMG的16.48%股份，成为FMG的第二大股东。

根据协议约定，华菱集团同意以2.48澳元每股认购FMG新发行的2.25亿股股票，总价为5.58亿澳元。同时，华菱集团还与美国Harbinger Capital Partners（Harbinger）公司达成一致，购买其持有的2.75亿股FMG的股票，交易完成后华菱持有相当于FMG全面摊薄后16.48%的股份。在财务顾问德意志银行的帮助下，华菱集团将通过自有资金与融资工具相结合的方式为其购买FMG的股权筹集到足够的资金。收购完成后，华菱集团向FMG委派一名董事。

同时，华菱集团还与FMG签署了业务合作协议。在目前双方的现有铁矿石供应协议以外，华菱集团还就进一步的铁矿石购买协议与FMG达成了一致。此合作协议还为今后进行铁矿石加工和铁矿石技术开发合作设定了框架。

2. 华菱海外并购的成功经验

取得海外成功并购不是一帆风顺的，只有充分的准备才能取得成功，从这次

华菱走出去的成功经验来看,有以下几个方面值得关注:

(1)成立专门的并购项目小组。华菱在与 FMG 合作前,成立专门的项目小组,小组成员有丰富的经验。项目小组对并购目标进行了长期的跟踪,历时将近一年。在进行谈判前,项目组就对 FMG 和安德鲁·弗利斯特进行了摸底调查,谈判一开始就签了保密协议。在集团内部,只有项目组的工作人员和负责这一项目决策的少数领导知道此事。成员尽量不公开谈论这个项目,必须谈及时都用代号指称。项目组成员的经验也相当重要,据介绍,华菱在引入战略投资者米塔尔的过程中,积累了非常丰富的谈判经验。正如华菱公司前任董事长李效伟坦言,在此次并购中如果没有这个优秀的团队及积累的谈判经验,成功与否也是个问题。此外,当集团决定与 FMG 谈判时,不仅根据国际通行做法聘请了优秀的财务公司、优秀的投行团队、专业法律顾问,还聘请了国际知名财经公关公司。

(2)做好财经公关。在并购中,企业往往借助媒体造势,引导舆论营造对自己有利的气氛,把握舆论的主导权,做到"师出有名"这是非常重要的。企业和媒体充分沟通,既有利于大众了解企业,也有利于避开一些扭曲公司形象的报道,从而减少并购阻力。在国际并购中,这一点也显得非常重要。华菱钢铁集团前任董事长李效伟在强调财经公关在国际商战中的作用时说:"把握舆论先机,太重要了。中国企业参与国际竞争,一定要重视舆论监测,也要懂得利用机会,通过传媒做自我推介。"海外公司都擅长运用媒体造势,FMG 成立以来,与中国的往来十分活跃,媒体的相关报道与说法很多,概括地说"FMG 执行总裁安德鲁·弗利斯特是一个造势的高手、资本运作的高手"。公司之间虽然签有保密协议,但为了以防万一,华菱还是聘请了国际知名财经公关公司,参考他们对舆情处置的专业化建议。

(3)以双赢促成交易。华菱并购之所以能成功,是充分做到知己知彼,考虑双方的利益,做到优势互补,形成合作双赢的局面。华菱知道 FMG 的优势在于现代化程度非常高,核心竞争力在于他的低成本。中国是一个新兴经济体,需要市场、需要实现中国战略。位于长沙的中南大学与长沙矿冶研究院,拥有全世界领先的低品位矿的开发利用技术与研发能力,这是 FMG 最需要的技术,也是其青睐华菱的原因之一。自 2003 年 FMG 成立以来,资金一直紧张,在金融危机中,现金流有断裂危险。对于华菱来说,他需要资源,需要完善价值投资战略构架。华菱要搭建合理的产业链,寻求上游产业链的支持。可以说,完善供应链,解决制约华菱发展的资源瓶颈问题,是华菱与 FMG 实现股权合作的最大动力。

(4)争取政府的理解与支持。在进行跨国合作过程中,争取合作双方所在国政府的理解与支持是相当重要。从国外政府来看,在 2009 年初,不到两周的时间,几家中国企业在同一时间段意图投资澳洲矿产资源类企业,造成了海外传媒对中国企业政府背景的猜想。对投资 FMG 的关注再次证明了一些外国政府与民众对中国企业并购的了解并不充分。作为企业,华菱尽自己的本分,尽量让对方理解自己,去充分沟通,让外国政府的决策层了解双方是互利共赢的商业目的,这样才能够通过政府的审批。在国内方面,走出去的企业要争取国家相关部门和当地政府的支持也相当重要,李效伟说:“国家相关部门,也是信任我们、理解我们的。在审批走程序时,问些问题很正常。”华菱同时也得到了湖南省政府的支持,“省委、省政府、发改委、国资委等相关职能部门都一直信任我们,支持我们。他们要我们以积极的态度做这个项目,选择合适的时机把它拿下来。”

四、给我国企业国际投资经营带来的启示

在华菱集团利用两种资源时,华菱领导层有开阔的思维,在国际竞争中不忘国际合作,在合作中实现共赢。在我国鼓励企业引进来与走出去相结合的战略下,华菱做到了引进来与成功走出去相结合,引进来是为了不断学习跨国巨头的先进技术与管理经验,然后又积极走出去。这种先学后用的方式对我国的中外合资、合作企业来说,应该值得我国企业学习,这样有助于我国企业加大走出去的步伐。走出去的企业,还要抓住好时机,进入时机过早与太迟都可能得不到理想的效果。

1. 以共赢指导企业国际合作

西方国家有一部分人还沿袭着冷战时代的传统思维模式,他们把互利的经济合作看作潜在的竞争,把共赢的合作看成是零和博弈;在国内,也有这样一部分人。我们批评西方国家那部分人时,也要注意我们国内的这批人。从长远来看,经济全球化的趋势不可逆转,只有积极主动参与经济全球化对我国经济发展才有利;从全局来看,我国经济发展需要吸纳世界范围的资源,整合世界资源为我所用,才能使得中国实现更好的发展。钢铁产业发展就是一例,这些年来我国钢铁产业取得的巨大发展与吸纳全球的大量优质铁矿资源密不可分。所以,在经济全球化不可逆转的大趋势下,我们要用长远的、全局的、全球的视野来分析和解决问题,充分利用经济全球化带来的便利,在国际合作博弈中,以一种更加开放的胸怀,参与国际经济的建设与发展,合作共赢。

2. 有条件的中外合资、合作企业要加大步伐走出去

目前,国内有一大批中外合资、合作企业通过引进先进技术和管理理念取得

了良好的发展，这些企业在走向海外投资过程中有更多的经验，也更能适应海外的投资与经营。在与米塔尔较量与磨炼中，华菱对国际规则以及国际竞争与合作都有了到位的理解，这些经验足以应对 FMG 的并购，这就是先进来再走出去合作的好处。所以，有条件的我国中外合资、合作企业在合作中学习的同时，也不要忘记加大走出去的步伐，到国际市场上整合全球资源。

3. 善于抓住时机，才能以最小成本进行国际投资经营

如何以最小的成本走出去，如何以最小的代价获得想要的资源，值得我国企业研究与实践。成功地走出去离不开“天时”条件，所以对于我国企业来说，走出去的时机选择非常重要，在资产价格高的时候，出去收购是不可取的，在资产价格低的时候就要抓住时机走出去。国际金融危机的爆发，使得海外资产价格大幅下降，一些资质条件好的国外公司为渡难关不得不出卖公司资产或股权，这些都为我国相关企业、机构创造了一系列海外直接或间接投资的机会。所以，在金融危机中海外资产价格掉下来后，就要顺势进入。华菱的案例就可以看到，当时 FMG 的股价很高，收购不到 15% 的股权就要 200 多亿人民币，华菱没有出手。碰上全球经济低迷，FMG 迫切需要中国资金与市场的支撑时，为低成本进入提供了大好时机，华菱只用了 10 多个亿就拿下了 17.34% 的股权。华菱并购是成功的，这个案例也说明我国企业海外投资经营时应讲究谋定而后动，“动善时”，我国企业又如何甄时择机而动，如何做到出手快，出拳做到“狠”与“准”，这给后危机时代的我国企业国际投资经营提出了更高的要求。

参考文献

1. 蒋姮，王倩，丁继华等对华菱高管的访谈，2009，8.

2. 湖南华菱集团入股 FMG 台前幕后．作者：刘非小 刘涛．来源：《经济参考报》．2009 年 05 月 11 日．

3. 李沛林．联手打造“中国钢铁业皇冠上的明珠”——华菱钢铁集团董事长李效伟谈国际化合作的思考与体会，冶金财会[J]．2007 年 3 月．

华为:合作与联盟 重塑全球竞争格局

2001 年,华为总裁任正非提出,以合作联盟等方式改变全球市场竞争格局。沿着这一既定的国际化战略方向,华为与思科、爱立信、诺基亚、摩托罗拉、西门子等实力强大的全球公司在全球范围内同台展开竞争,十年的国际化征程,华为已经改变了电信行业全球竞争格局。

一、企业简介

深圳华为技术有限公司(以下简称"华为")是 1988 年在深圳成立的民营通讯设备制造企业,致力于成为全球领先的电信解决方案供应商,专注于与运营商建立长期合作伙伴关系。经过 20 年的发展,华为从最初几个知识分子创办的小企业成为如今有名的民营高科技企业,被英国《经济学家》周刊誉为"中国的硅谷"。

2010 年华为销售收入达1 852亿元,净利润达到 238 亿元。国内市场实现销售收入 648 亿元,海外市场实现销售收入1 204亿元。其中,电信网络销售收入达到1 229亿元,全球服务实现销售收入 315 亿元,华为终端产品销售收入 308 亿元。

华为的产品和解决方案应用于全球 100 多个国家,服务全球运营商 50 强中的 36 家,是目前中国企业中国际化程度最高的企业之一。华为在美国、德国、瑞典、俄罗斯、印度以及中国的北京、上海和南京等地设立了多个研究所,近一半的员工从事着产品与解决方案的研发工作。截至 2009 年 6 月底,华为已累计申请专利 39 184件。华为在全球拥有 100 多个管理服务项目,并服务于欧洲、美国等成熟市场,成功签约西班牙 Jazztel、英国 Virgin Media、美国 Cox 等管理服务项目;EOT、Outsourcing、多厂家代维等服务模式和能力得到主流运营商的充分肯定;业务与数据迁移、网络性能管理等网络技术服务实现了规模销售;网络集成、客户支持、培训服务等专业服务产品在全球规模销售。

二、危机意识促使全球战略布局

1998 年,华为成为中国最大通信设备制造商,这时华为的创始人任正非就意识到,公司规模的快速膨胀与发展使公司面临着空前的危机和压力。他认为当时的华为“产品技术突破后,不仅不能打遍全世界,而且在家门口也未必有优势”。国内市场一旦饱和,企业就会坐以待毙。2000 年任正非提出了向国际市场进军的口号,通过开拓海外市场来扩大生存空间,向公司的员工提出要前仆后继的奔向国际市场。华为开始了走“农村包围城市”的海外市场拓展战略。

华为海外第一单合同是从俄罗斯开始的,当时的俄罗斯正处于市场转型的初期,中俄又有相似的政治文化背景。由此发端,华为的市场战略从俄罗斯,到非洲,到东南亚,到中东,到欧洲,再到日本,再到今天北美市场的攻坚,一步一步走了一条从所谓的从非主流市场、新兴市场,到主流市场、成熟市场的从外围到中心市场之路。

华为通过向国际市场进军,将各个销售网络与研发中心向全球布局,成为一家中国的跨国公司。2010 年华为销售合同额达 160 亿美元,其中海外销售额所占比例达 72%。华为已为全球 50 强电信运营商中的 35 家提供服务,全球用户超过 10 亿。目前,华为在海外设立了 22 个地区部,100 多个分支机构,在美国、德国、瑞典、俄罗斯、印度及中国等地设立了 17 个研究所。在全球设立了 36 个培训中心,为当地培养技术人员,并大力推行员工的本地化。

1. 耕耘非洲市场

1998 年华为开始在南部非洲进行国际化经营,通过对南非市场 10 多年的开拓,已在南非、尼日利亚、肯尼亚等十多个国家设立了代表处,成为当地主要的通信设备供应商,其中非洲本地员工超过半数。另外,华为在南部非洲设立了南非、东非和西非三个地区部,通过区域管理提高对客户需求和服务的响应速度。

华为认识到质量的重要性,把质量看成在南部非洲长期发展的生命线,研发投入是产品质量的有力保证,而当地工程服务网络的完善、员工本地化的推进、当地分包商资源的培养和共同进步则为华为公司在非洲树立自身品牌提供了充分保障。以诚心获得客户认可,用一流的工程交付让客户信服,这样才能树立起华为的品牌。

在这样的技术和品牌优势下,华为已成为南非所有主流运营商的合作伙伴。在尼日利亚,从 2005 年起,华为就与所有主流运营商建立了合作关系。目前综合市场份额超过30%。在肯尼亚,华为是当地最大移动通信运营商萨法利通信公司的3G核心网合作伙伴。

2. 布局东南亚市场

华为1999年进入东南亚市场,目前在该地区的业务规模不断扩大。华为为东南亚地区的电信运营商们提供包括移动网络、下一代网络(NGN,next generation network)、宽带以及智能网络在内的电信解决方案。从整体来看,华为占据东南亚地区电信设备市场20%的市场份额。华为已在新加坡、马来西亚、泰国、越南、柬埔寨、菲律宾以及印度尼西亚等7个国家中建立了分支机构。

3. 挺进欧洲市场

华为2000年进入欧洲,目前已经建立了26家子公司或者代表处,拥有超过1 300名员工。华为已获得了众多欧洲移动运营商无线基础设施的合同。华为从阿尔卡特-朗讯(Alcatel-Lucent)、爱立信和诺基亚西门子等供应商手中争得了市场份额。2007年华为在希腊、罗马尼亚和西班牙获得了沃达丰的订单,在法国和比利时获得了法国电信的订单,在德国获得了意大利电信的订单。华为与挪威运营商携手开发LTE商用网络的业务应用。华为与北欧及波罗的海地区最大的电信运营商TeliaSonera在挪威首都奥斯陆向业界首次展示了全球首个商用LTE网络的业务应用。

4. 征战北美洲市场

2001年3月,FutureWei成立,这是华为在北美地区的子公司,主要负责美国和加拿大的业务,总部设在德克萨斯州的Plano。FutureWei从事无线网络、光传输网络和宽带网络的研究与开发。FutureWei在北美建立了多个办事处,为广大客户提供客户服务、技术支持、销售等服务。FutureWei利用OEM和ODM的销售渠道来支持产品销售。2009年华为在北美获得突破,为加拿大Telus和Bell两家运营商的共同部署北美首个面向LTE演进的HSPA+网络。除了为美国Cox通信提供端到端CDMA解决方案外,华为还为美国Leap部署了CDMA网络,并为Clearwire提供WiMAX解决方案。

5. 拓展独联体市场

1996年,华为开始拓展独联体市场。1997年4月,在乌法市成立了合资企业“贝托-华为”。目前,华为在独联体地区10个国家设有代表处,本地员工比例超过80%。在莫斯科邮电大学和"贝托－华为"建立了培训中心,并建立了5个区域性用户服务中心。为开发符合独联体网络特点的业务,华为在莫斯科建立了研发中心。华为不仅为客户提供设备,还提供包括网络设施和业务平台在内的完整解决方案。2000年以来,华为在俄罗斯的销售每年以100%速度增长。华为设备已进入俄罗斯各地区,包括俄罗斯"通信投资公司"所属的七大区运营商,主要移动运营商—MEGAFON,MTS,Vimpelcom,SKYLINK,最大的长途干线运营商ROSTELECOM和TRANSTELECOM。华为最初进入俄罗斯几乎是颗粒无收,甚至还只做过一笔只有数十美元的生意。现在,华为在俄罗斯拥有一个通讯产品制造厂。在俄罗斯,华为的员工超过1 000人,其中本地员工超过70%。

2000年,华为获得乌拉尔电信交换机和莫斯科MTS移动网络两大项目,拉开了俄罗斯市场规模销售的步伐。2001年,华为与俄罗斯国家电信部门签署上千万美元的GSM设备供应合同。2002年底,华为获得从莫斯科到新西伯利亚3 797公里的超常距离320G国家光传输干线(DWDM系统)的订单。2009年华为在为MTS在乌兹别克斯坦部署独联体首个LTE网络。2010年2月24日,华为宣布和乌拉尔电信(Uralsvyazinform,俄罗斯电信投资公司SvyazInvest的子公司)签署了一项合同备忘录,将携手共建基于IMS("IP多媒体子系统")架构的全IP核心网,这也是独联体地区目前为止规模最大的IMS项目。

三、合作联盟改变全球市场格局

跨国并购成为企业跨国经营的主要手段,但是,跨国并购的风险远远大于其他的走出去策略。根据咨询公司麦肯锡的研究,过去20年全球大型的企业兼并案中,取得预期效果的比例低于50%。具体到中国,有67%的海外收购不成功。海外收购的目的,一些是为获得先进的技术,一些是为获得国外市场,大多都没能实现。

华为国际化经营是通过战略联盟的策略。2001年,任正非提出"以合作联盟等方式,改变全球市场竞争格局"。在这一策略下,华为的国际化不是通过跨国并购而是通过与国际公司联合,达到优势组合和跨国经营的目的。这样的方式与行业的特点是分不开的,正如华为董事长孙亚芳指出:"只有运营商赢得利润,赢得生存能力,设备供应商才能生存。因此,昔日的竞争对手可以成为合作伙伴。"基于这种理念,华为不断与业界同行合作。例如,华为同3COM、西门子、NEC、松下、摩托罗拉等企业都有合作。

2002年华为与NEC、松下公司三方合资成立的上海宇梦通信科技有限公司正式开始运营。主要从事第三代移动终端的研究和开发。注册资本为800万美元，其中出资比率为NEC 47%，松下通信47%，华为6%。2003年3月，华为与美国3Com公司宣布成立一家全球性合资公司——华为3Com通信技术有限公司（简称H3C），3Com投资1.6亿美元获得合资公司49%的股权。3Com利用华为在中国市场的销售渠道以及产品成本方面的竞争优势，华为则利用3Com在国际市场的品牌和地位，以3Com的品牌销售合资公司生产的数据通信产品，实现“借船出海”。根据协议，在中国和日本市场将以合资公司的品牌销售数据产品，其他市场则以3Com品牌销售。与3Com建立全球合资公司对华为具有同样的战略价值，3Com的驰名品牌及其全球性经销渠道，对合资公司是直接和长远的贡献，合资公司将大大加快华为新兴企业网络业务的全球化进程。2003年9月，华为与德国英飞凌（Infineon）科技公司双方合作，开发低成本的WCDMA手机平台。合作有利于两家公司在方案设计前端就贴近用户需求，缩短研发周期，降低研发成本，更快地推出满足中国市场需求的低成本WCDMA商用手机平台。华为在2004年8月与德国西门子公司组建了另一家全球性合资公司（鼎桥通信技术有限公司）。西门子拥有该公司51%股份，华为占49%的股份，专注于TD-SCDMA技术及产品的开发、生产、销售和服务。合资公司取代了思科成为西门子数据产品的制造商。

四、国际化道路纵深而曲折

作为新兴市场中崛起的中国跨国公司，随着国际竞争力的增强，国际市场份额的增加，实力强大的跨国公司就开始为华为的国际化设置更高的进入门槛，使得华为国际化再进一步纵深发展更加艰难。比如，华为进入北美市场和印度市场时就面临着新的挑战。

1. 国家安全审查壁垒

打开北美市场是华为的梦想，但是华为想要跨越国家安全这一关将是非常困难的。2008年，华为计划与贝恩竞购3Com来打开北美市场的业务，最终在美国外国投资委员会（CFIUS）基于“国家安全”的审核下宣告失败。

同样是出于“国家安全”因素的考虑，在2010年华为和中兴在与阿尔卡特朗讯、爱立信以及三星竞标美国运营商Sprint Nextel的数十亿美元采购大单时，尽管出价低于竞争对手，但是仍被排除在外。原因是美国国防部和部分立法者一直担心，让华为和中兴通讯的基础设备进入美国电信网络中，可能会给美国国家安全带来威胁。

因美国外国投资委员会(Committee on Foreign Investment in the U. S.)的反对,华为放弃以200万美元收购3Leaf Systems部分资产的小规模交易申请。华为说,2011年因华盛顿的顾虑,公司未能入围无线运营商Sprint Nextel Corp.一份数十亿美元合同的竞标。对于中国公司来说,这样的局面真让人遗憾。

印度政府感受到中国企业崛起的压力,同时来自国际竞争对手的激烈竞争,印度政府也同样以国家安全为由对中国电信设备商发布新的禁令。在2009年9月22日,印度政府称包括华为这样的中国企业的设备威胁到印度的国家安全。在印度主要电信运营商的采购合同项目中,华为往往被印方以不符合"国家安全要求"为由拒绝批准。针对印度方面的担心,华为发言人说:"我们的设备和解决方案严格遵守全球安全标准。"

2. 知识产权的纠纷

2003年1月24日,思科在美国提起诉讼,指控华为抄袭思科IOS源代码、技术文档、"命令行接口"以及侵犯思科在路由协议方面至少5项专利。这是华为在海外遭遇的第一场专利阻击战,华为积极应诉,一方面主动停止了相关产品在美国的销售;另一方面与美国3Com公司结成联盟,3Com公司CEO克拉夫林出庭作证,充分肯定了华为的技术实力,指出思科提出诉讼的目的在于垄断市场。后来,美地方法院判华为停止使用有争议的代码,但认为思科没足够证据证明华为抄袭。最终,华为与思科初步达成协议,同意中止诉讼,两家公司最终和解,但对和解协议内容讳莫如深。华为则修改其命令行界面、用户手册、帮助界面和部分源代码。

2010年11月22日,摩托罗拉在向美国伊利诺伊州北区地区法院提交的诉状中称,过去10年中,华为与10多名摩托罗拉员工合谋窃取了其手机网络设备方面的机密信息。

华为官方声明,宣称摩托罗拉的起诉是毫无道理并且完全没有法律依据的。值得注意的是华为是摩托罗拉重要的OEM提供商,提供移动交换机等设备,与摩托罗拉此前一直保持着良好的合作关系。另外这次起诉的时间是华为和摩托罗拉正在进行并购谈判失败后,就在4天前,诺基亚西门子以12亿美元收购摩托罗拉无线基础设施资产。华为在并购摩托罗拉部分业务的时候,实际是面临诺基亚和西门子强烈的竞争,从出价的角度来看,诺基亚和西门子的出价比华为少了12亿美元,如果按照市场竞争的原理,出价高的一方应该获胜,但是结果恰恰相反。起诉的受理地点在摩托罗拉的总部所在地美国伊利诺伊州联邦法院进行。外界猜测摩托罗拉起诉华为可能是诺基亚西门子收购协议中的一部分,因为这些年来，华为在欧洲市场突破的速度太快，并大规模进入，让这些老牌的欧洲电信设备商感觉到压力。

五、华为国际化中的启示

从上个世纪90年代以来，电子和电信设备业就开始了全球化发展，在1997年全球几大跨国公司的跨国指数就超过50%，这说明这些公司成为了全球资源整合型的公司，通过全球资源整合，不断推动着行业全球化发展，不断加剧行业内全球企业的竞争。全球电子电信行业全球化发展指数（见图3－1）。[①]

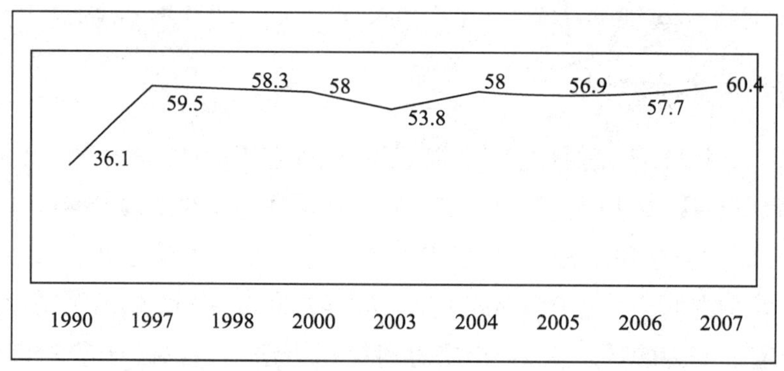

图3－1　全球电子电信行业全球化指数

数据来源：世界投资报告2008.

华为从2000年开始全球化发展，全球化起步较晚，面对的全球竞争压力就可想而知。今天，随着经济全球化的进一步深入发展，华为国际化前方的路就尤显坎坷。

1. 顺应国际化趋势加速全球化发展

当前，全球电信设备行业增长开始放缓，无线接入服务、信息家电等也不断成熟，与通讯相关的电信设备制造、运营、网络设备制造、内容提供、增值服务、终端设备制造等等互相重叠部分越来越大，在通讯相关的各行业逐渐融合的趋势下，市场边界扩大，电信设备制造行业整合趋势明显。电信设备行业集中度也在提高，比如，爱立信收购马可尼（Marconi）、阿尔卡特与朗讯合并、诺基亚和西门子将旗下电信业务合并，收购北电最赚钱的CDMA业务连同LTE业务，全球电信设备制造商数目锐减。这样的全球并购与整合预示着电信设备行业全球寡头竞争时

① The world's top 100 non－financial TNCs，ranked by foreign assets，UNCTAD

代已经来临。未来华为国际化的道路不外乎就是通过并购或通过合作来实现全球化深入发展。

华为在国际化过程中的主要特点就是合作与结盟。基于电信设备行业的特点,华为通过与国外公司结成战略联盟的方式进行国际化经营。实践证明,华为的国际化策略是成功的,不但成功地"走出去"成为了跨国公司,而且还成功"走上去"了,在国际上也颇具竞争力,在全球行业排名中,也名列前茅。未来随着电信行业的融合与边界扩大,合作与结盟还将是很好的国际化手段。

通过跨国并购也可以实现跨越式的发展。从北电的破产与被重组事例表明,全球电信设备业并购重组的进程没有结束,还有深入发展的空间。行业内还会有大并购、大重组的机会。那么华为的国际化深入发展过程中,可能还会有这样的机会,通过大型的跨国并购与重组使全球化水平大幅提升,成就一个更加强大的国际巨头。但是从华为操作的案例来看,无论是从并购3COM还是并购美国私有宽带互联网软件提供商2Wire的失利,到最近被迫放弃并购3Leaf Systems部分资产,都说明华为在国际并购方面经验还显得相对不足。如何提高海外并购的成功率是华为未来国际化发展的一个挑战。

2. 加强公司治理透明度

1992年以来,随着经济全球化的深入发展,跨国公司强调全球战略,管理结构从单一中心向全球管理网络化转变。随着资本的国际流动,企业通过在全球的资本市场上市,股权结构也变得更加分散与全球化,而公司治理也变得更加清晰透明与规范。清晰与规范的公司治理结构与公众股权让企业在全球化发展中获得各方的认同。

华为是一个非上市公司,在海外一直都有一种说法就是中国军方背景,它的财务与管理还不够透明。所以在国际化过程中,尽管华为高管多次出面批驳华为影响国家安全,并强调严格遵守全球安全标准,但是还是遭到一些国家的安全限制和一些竞争对手的攻击。在与英国电信运营商的合作中,对方就对华为的管理提出了很多批评性建议。"华为有中国军方背景"、"恐对印度安全构成威胁"的说法也经常出现在印度政界和媒体之中。

作为一家非上市公司,这是华为国际化的软肋。与其他的国际公司的股权全球化与治理规范化方面比较,华为公司的企业治理确实还有待进一步的提升,增加公司的透明性与规范化。通过公司上市进行规范化运作就值得考虑,当华为成为一个公众公司,或者能在海外上市后,那么其公司形象就更加符合国际化的要求。

3. 提升自主创新能力

企业的价值体现在企业的创新能力,创新能力决定了企业的竞争能力。企业创新不仅要重视创新的数量,还要注重创新的质量;企业创新不仅要进行技术方面创新,还要在管理、商业模式等方面进行创新。中国企业只有在创新方面取得突破,提升自主创新的能力,才能更好地开展国际扩张。

一方面要强调创新要数量与质量并重。华为每年投入技术研发不少于销售收入的10%,2009年研发投入10亿元人民币。华为最新数据显示,目前在华为的全球员工中,研发人员占46%,达4万多人。华为还在美国、欧洲、印度以及国内的上海、北京等地设立了12个研发中心,建立了自己的全球研发体系,使其产品投入市场紧跟全球新技术进步。2009年,华为新申请专利6 770件,累计申请专利达到4.2543万件,其中包括中国专利申请2.9011万件、国际专利申请7 144件、国外专利申请6 388件。但是,华为在海外申请的专利比率并不高,在核心专利方面占的份额并不多。

另一方面要强调在产业链中进行价值创新。企业要在研发、技术等方面提升产品竞争力,创造出有高附加值的产品,更多地要在商业服务、管理理念、商业模式等方面开展创新。当前,电信设备制造业产业结构正在发生变化,产业竞争的要素正逐渐从技术驱动型产业,逐渐演变成为以服务和低成本竞争的产业。在低成本方面,华为往往占有优势,但是服务的快速响应能力华为还有待提升。这就要求华为重新对产品和服务进行组合,从技术驱动向服务驱动进行商业模式的创新,在全球竞争中建立新的优势。

4. 开展积极的公共关系管理

华为收购3Leaf失败,很好地说明了投资审查制度在实践中意味着什么。为了回应五角大楼对此事的高度关注,海外投资委员会在交易达成后开始进行审查。此后,国会议员扎堆反对此项交易。华为发现自己置身于一个充满敌意的政治环境中。这说明像华为这样的中国公司在海外并购时,公共关系管理策略还应有所提高。

据《交易》杂志(Deal Magazine)介绍,2006年没有涉及到中国的交易遭到审查,2007年有3起,2008年上升至6起。随着中国经济的快速增长,中国公司在美投资机会的增多,一些中国公司不仅受到海外投资委员会的审查,包括联邦政府,地方官员、各大企业和各个社区都会对中国公司产生大量的关注。由于美国的政界、商界、法律界等一些人士或者机构依然持有传统冷战思维,对中国公司在美国投资都会持有怀疑目光,他们制造的舆论环境不可轻视。

中国公司海外发展,需要用经济全球化背景下中国走和平发展道路的理念去开展公共关系,持互利共赢的思想与海外利益相关方找到更多的利益契合点。对于中国公司不仅要法律合规,还要积极承担公司责任,让那些持有冷战时期传统思维的人们对中国公司有新的认识。让他们认识到,中国公司其实是负责任的公司,是当地经济增长和就业的促进者,对当地社会与社区做出了重要贡献。在互利共赢的理念下,中国公司开展公共关系管理时,要从不同层面消除利益相关方的担忧。在美国智库、新闻媒体、专业中介机构中寻找一些代理人,让他们积极发展与美国联邦和州级政策制定者之间的关系,让美国人看到中国公司遵守美国法律,为美国经济做出了积极的贡献。

5. 强化本土化经营

企业在国际化经营过程中,还需要更加注重本土化经营,通过本土化经营能够让国外政府和利益相关方建立更加广泛的联系,使得国外的利益相关方能够参与到企业海外公司的发展和成长中,这就为企业进入海外市场降低了进入壁垒。近期,我们看到,华为技术有限公司在澳大利亚成立子公司董事会。华为将聘请多名澳大利亚前高官作为独立董事,加盟华为澳大利亚子公司新设立的董事会。华为采取这样的做法有非常积极的意义,能让海外子公司更加本土化,也使得国内的母公司更加国际化。

参考文献

1. 华为技术有限公司在海外,2007 走向世界的中国跨国公司,王志乐主编,中国经济出版社。

2. 华为官网。

吉利控股集团:海外并购加快战略转型

浙江吉利控股集团有限公司是一家优秀的民营企业。通过并购国际知名汽车品牌沃尔沃,在汽车行业内成为大众的焦点。海外并购使吉利获得国际知名汽车品牌,提升了吉利的品牌形象和技术创新能力,从而加快了公司的战略转型。吉利的战略转型分三步走:第一步到2009年初步完成转型,品牌、技术、质量提升到有美誉度、知名度的水平,目前来看这一步已基本完成;第二步到2012年形成吉利品牌强大的竞争力;第三步到2015年,全面完成战略转型,即在海外建成十五个生产基地,实现1/2外销目标,使吉利汽车成为国际上有竞争力的品牌。

一、吉利公司简介

浙江吉利控股集团有限公司(以下称吉利或吉利控股集团)是一家以汽车、摩托车、汽车发动机、变速器、汽车电子电气及汽车零部件经营为主业的民营企业,总部设在杭州,目前,在浙江临海、宁波、路桥和上海、兰州、湘潭、济南等地建有汽车整车和动力总成制造基地,拥有年产40万辆整车、40万台发动机、40万台变速器的生产能力。

吉利从一个仅有22名员工的家庭作坊的小工厂发展到今天资产总值超过了200亿元人民币的企业,是中国企业500强,中国汽车行业十强,从国内成长起来到走向海外并购,成为中国民营汽车业的排头兵。

二、吉利的海外并购

吉利围绕汽车主业进行海外收购,通过对海外资源的整合来提升自己的竞争力,2006年收购了英国锰铜控股公司,实现跨国并购,全球发展。2009年并购澳大利亚 DSI 公司,获得关键零部件技术。2010 年又收购了全球汽车品牌沃尔沃公司,成为了中国企业海外并购一大热点。

1. 控股英国锰铜控股公司

2006 年 10 月 24 日,吉利控股、上海华普,与英国锰铜控股公司(MBH)正式签署合资生产名牌出租车的协议。协议规定,吉利控股集团与英国锰铜控股组建新合资公司,在上海华普生产 TX4 伦敦出租车。吉利认购英国锰铜2 000万股新股,股比情况为:吉利集团 51%,华普汽车 1%,英国锰铜 48%,这次合资打破了以往中外双方各占 50% 股份的惯例,实现了中方控股。

吉利这一海外合作虽然不算完美,但却获得了许多宝贵的经验。比如,如何按照国际惯例与包括投资银行、法律事务所、会计事务所、公关公司等机构打交道。另外,吉利控股集团除了拥有著名的伦敦黑色出租车的技术和生产权外,通过业务交换,妥善处理了复杂的文化差异问题以及劳资关系,直接实现了在中国本地化低成本生产,吸取了国际先进技术和先进管理经验,提升了产品在国际汽车市场上的竞争力,吉利还可利用英国锰铜在英国乃至全欧洲的售后服务网络,使吉利自己生产的经济型轿车进入欧洲。

2. 并购澳大利亚 DSI 公司

2009 年 6 月,吉利成功收购全球第二大独立自动变速箱生产商——澳大利亚 DSI(Drivetrain Systems International)公司。DSI 公司是世界第二大独立自动变速器生产商,拥有先进的技术,可生产包括四速、六速前后驱动大马力的全系列自动变速器。对 DSI 的成功收购,使吉利掌握了一项关键零部件技术,丰富了吉利的海外供应商体系。

收购 DSI 后,吉利控股集团已成功解决 DSI 的订单缺口问题,销量翻番,DSI 公司现已恢复生产并开始在中国组建新厂的工作。在具体的运营上,吉利控股集团继续保留 DSI 品牌和 DSI 公司运营的相对独立性,经考核合格,原有 DSI 管理团队集体留任继续负责管理澳大利亚公司的运营,吉利控股集团不向 DSI 派任何高管,而是通过其在澳大利亚注册的全资子公司“DSI 控股有限公司”董事会,制定总体战略目标并以具体的绩效考核方式对其进行管控。这一实践一方面保持了 DSI 的经营稳定性及技术优势,同时也解决了在海外并购时通常会出现的文化管理冲突、人才技术流失等问题。目前 DSI 运营良好,企业发展很快,盈利水平很高。

3. 收购沃尔沃

2010年，吉利控股集团联合国内民营资本和银行（进出口银行、中国银行伦敦分行等）成立特殊目的公司作为收购主体。吉利斥资18亿美元收购福特汽车公司（Ford Motor Co.）旗下沃尔沃（Volvo）品牌，获得沃尔沃轿车公司100%的股权以及相关资产（包括知识产权），也包括了沃尔沃品牌。

在资金安排方面，吉利准备了27亿美元。这些资金的安排，一半是在国内融得的，国内有吉利占51%以上股份的资金，也有国内银行融得的收购以及并购资金。还有将近一半的资金，来自美国、欧洲、中国香港等地。

为实现收购后对沃尔沃资产最大限度的掌握，吉利还聘请了全球专业的投行、律师行和会计师行，组成了200人的收购团队。并购启动之初，吉利就聘请罗兰贝格对沃尔沃项目展开了为期100天的内部审查。此后，吉利又聘请德勤会计师事务所负责收购项目的财务咨询。研究收购完成后的企业整合工作，包括国内市场营销、网点分布、物流及全球联合运营。有罗斯柴尔德银行（LCF Rothschild Group）的团队，做收购项目的财务顾问，负责对卖方的总体协调，并提供对沃尔沃的估值分析，帮助吉利与沃尔沃的员工、工会和供应商进行沟通。吉利的顾问团队还包括英国富尔德律师事务所企业业务律师以及知识产权专家。负责收购项目的相关法律事务，包括对知识产权、商业协议、诉讼、雇佣、不动产、进口、海关及关税、经销商及特许经营、竞争及国家援助等方面的法律尽职调查，以及全部交易文件的全面标注。专业公关公司博然思维公司帮助吉利进行公共关系管理。作为项目的公关顾问，负责项目的总体公关策划、媒体战略制定和实施。目前正对全球范围内的相关媒体报道和公众舆论进行监测。

沃尔沃品牌拥有百年历史，具有丰富的产品线和高端的品牌形象，在轿车安全性和可靠性方面获得一致好评。沃尔沃拥有9大系列产品和3个最新车型平台，这些产品系列包含沃尔沃目前在全球范围内销售的所有车型，其中也有为中国消费者专门量身定制的。沃尔沃的知识产权和研发人才为以后吉利运作沃尔沃品牌，加入中国元素提供了技术和人才支持。沃尔沃全球的经销商网络有利于吉利继续拓展沃尔沃品牌的全球市场。沃尔沃的供应商体系，有利于为未来沃尔沃轿车在生产和品质等方面的保障，也可以进一步提升沃尔沃汽车的全球声誉。

作为此次交易的组成部分，吉利集团将继续保持沃尔沃与其员工、工会、供应商、经销商，特别是与用户建立的良好关系。交易完成后，沃尔沃轿车的总部仍然设在瑞典哥德堡，在新的董事会指导下，沃尔沃轿车的管理团队将全权负责沃尔沃轿车的日常运营，继续保持沃尔沃轿车在安全环保技术上的领先地位，拓展沃尔沃轿车作为顶级豪华品牌在全球100多个市场的业务,并推动沃尔沃轿车在高速增长的中国市场的发展。对吉利来说,这次交易是中国公司首次接管一个著名全球汽车品牌。如果吉利成功收购后并能整合拥有国际一流品牌及业界领先的安全技术、知识产权众多、营销网络遍布全球的沃尔沃轿车公司,则将加快吉利控股集团战略转型进程。吉利控股集团在获得当今先进的汽车核心生产技术的同时,也为自主品牌加速全球化扩张打下坚实的基础。

三、吉利海外并购的启示

对于我国汽车行业来说,采用海外并购的方式来整合国际资源,可以帮助我国企业获得国外知名品牌和先进技术,缩短企业培育的周期,能够加速我国企业全球化进程,实现快速的成长。

1. 获得国际知名品牌，提升吉利的品牌价值

目前我国企业最缺少的是拥有世界知名品牌的产品,我国企业的产品主要是通过低成本的方式打市场,品牌价值相当低,美誉度也低,所以在国际竞争中不能获得高额的回报。企业要想改变这样的局面,要么通过自己培育品牌,要么通过购买别人的品牌来经营,前者需要一定的周期,后者需要的时间就相对较短。金融危机的爆发给我国企业提供了一个到海外收购经营困难的品牌企业的机会,吉利就是在金融危机中抓住了这样的机会。

沃尔沃具有良好的品牌形象:安全、现代斯坎迪纳维亚设计风格,以及符合高端客户的品牌定位,即顶级质量、客户体验及驾驶激情,同时也具有良好的品牌运营经验。在国际市场上拥有良好的品牌形象,品牌忠诚度和美誉度都很高。

吉利可以通过管理和经营沃尔沃轿车公司,学习国际通行的品牌营销理念方法,将吉利自主品牌专注于中低端市场,与沃尔沃高端品牌形成良好的互补,同时,也通过沃尔沃专注质量、环保和技术的品牌形象积极提高吉利品牌的美誉度和市场影响力。吉利将实现从产品营销到品牌营销的转变,获得品牌溢价的好处。

2. 获得先进技术，提升企业技术创新能力

我国企业在国际竞争中处于不利的原因有多方面,其中之一就是企业的技术创新能力与老牌的跨国公司相比还有相当大的差距。老牌跨国公司有数十年乃至上百年的技术积累,在某个领域拥有丰富的技术经验。

近几年来，吉利正在加大研发经费投入，大力推动产品研发工作，并取得了较大的进步。但是，由于先进技术需要长期的积累而吉利成立的时间较短，吉利技术水平仍与跨国汽车企业有较大差距，迫切需要先进技术。

沃尔沃轿车公司拥有的中高端车型及其技术体系能力，正是国内自主品牌汽车所缺乏的。沃尔沃轿车公司拥有一个3 826全时当量的产品开发团队以及一个153 全时当量的产品设计团队。沃尔沃轿车公司拥有很强的独立发展能力，可以设计完整的汽车，在底盘工程方面也已制定计划减少对福特的依赖。沃尔沃轿车公司在安全领域拥有领先业界的40 年实践经验，拥有广泛的测试设施，包括位于瑞典哥德堡的已具备多种达到世界一流水平碰撞结构测试能力的安全中心。沃尔沃轿车公司已计划每年量产一项全新的安全创新技术，并与各大学府院校、研究机构及其他 OEM 厂商建立研发网络，积极推动尖端技术的创新研究。

吉利通过对沃尔沃的整体收购，目前已经和福特汽车就沃尔沃轿车公司的知识产权问题达成了一致，这为吉利收购沃尔沃轿车公司后积极学习、提升吉利控股集团的研发能力提供了良好条件。吉利控股集团通过和沃尔沃研发中心分工配合，学习、消化、借鉴沃尔沃轿车公司的一万多项专利和专有技术，将提升吉利的技术实力和开发能力，更好地掌握全球最先进的安全、环保和新能源汽车技术，从而使得企业的自主创新能力和自主品牌价值将得到大幅提升。

3. 共享销售网络，加快国际化进程

我国企业在海外建销售渠道和网络还很少，以往都是通过出口贸易的形式与海外的代理公司进行交易，容易与出口国产生贸易摩擦，出口贸易被对方的贸易壁垒所阻碍。我国企业要成为真正的国际化公司，就必须建立自己的销售和渠道，将产品直接销往海外市场，直接建立客户关系，减少中间环节。只有建立自己的海外营销网络、扩展国际市场，把国内名牌变为国际品牌进行全球销售时，这才能使企业顺利国际化。成熟、优质的汽车销售服务网络是沃尔沃轿车重要的战略性资产。吉利控股集团收购沃尔沃轿车公司后，在获得国际营销经验的同时，能有效利用沃尔沃轿车公司的全球2 325家销售网络和资源，鼓励其成立吉利品牌汽车的销售网点，从而使吉利控股集团迅速进军发达国家市场、快速实现国际化经营。

4. 获得学习机会，提升吉利的影响力

我国企业国际投资经营起步较晚，改革开放经历了 30 年，我国企业国际投资经营也大体上只有 30 年的时间，这和发达国家的跨国公司一二百年的历史相比

显得相对年轻，与发达跨国公司国际经营相比也显得经验不足。从跨国并购来看，从 1985 年开始，我国的大型企业集团，以及珠江三角洲、东南沿海地区的一些实力较强的企业才开始探索跨国并购之路。吉利这次并购沃尔沃，本身就是一个学习机会，通过学习积累中国企业海外并购国际知名品牌，为以后国际化并购提供宝贵经验。并购整合阶段，吉利可以学习沃尔沃轿车公司积极承担社会责任，将企业公民战略提升到企业发展战略的高度加以重视，在安全、环保、节能三个方面持续投入。通过学习先进经验，吉利可以在打造汽车品牌方面和可持续发展方面提升自己的影响力。

参考资料

1. 吉利公司内部资料：吉利参与全球收购的情况。
2. 瑞典媒体热议吉利收购沃尔沃，华尔街日报，2010 年 3 月 31 日。

沙钢集团:联合多重资本完成海外并购

江苏沙钢是一家进入世界500大的中国民营企业,通过海外并购获得权益矿的方式最大限度地保证了企业在经营过程中对原材料的稳定供给。在获取海外矿产资源时,沙钢充分发挥民营企业的体制机制优势,充分利用国有资本的资本充足、实力强大的优势,充分利用国外资本的本土优势与丰富的经验等。联合发挥不同属性资本的优势,将海外并购的风险控制在最低程度,实现了合作多赢的海外投资,为各种资本国际投资创造出了新机会。

一、江苏沙钢集团简介

江苏沙钢集团是江苏省重点企业集团和国家特大型工业企业,也是全国最大的民营钢铁企业。

目前沙钢集团拥有总资产1 500多亿元,职工4万余名。年生产能力炼铁2 900万吨、炼钢3 500万吨、轧材3 300万吨。在2010年中国企业500大中名列第40位,中国制造业500大中名列第12位,全国民企中名列第1位,连续2年进入世界500大,2010年世界500强名列第415位,排名较上年递进29位。全年共完成炼铁2 506万吨,炼钢3 012万吨,轧材2 860万吨,销售收入1 786亿元,利税128亿元。

沙钢集团的主导产品有宽厚板、热轧卷板、不锈钢热轧和冷轧板、高速线材、大盘卷线材、带肋钢筋、特钢大棒材,已经形成60多个系列的700多个品种近2 000个规格。

2008年4月8日,“沙钢股份”在深圳证券交易所上市。这标志着中国最大的民营钢铁企业沙钢集团实施企业重组和产业整合,涉足资本市场,加速转型升级取得了突破性的重大成果。

二、国际化发展情况

江苏沙钢集团下的沙钢国际贸易有限公司通过开展国际贸易为沙钢集团服务。目前已在中国香港、新加坡、澳大利亚、韩国等国家和地区设立多家海外公司和办事机构。国际贸易公司通过在海外设立机构，进一步接触国际大市场，及时了解掌握国际市场的信息和动态，缩短了上、下游客户之间的距离，从而促进了进出口贸易业务的有效展开。

沙钢还在海外开展矿产权益的收购，不仅丰富了矿产供应的多渠道，也更加有效地保证企业生产所需的矿产供应，从而使得企业在原材料供给方面更能够体现可持续发展。

三、开辟联合多重资本属性海外并购新路

随着我国工业化和城镇化建设的不断推进，对钢铁产品的需求不断增长。对钢铁产品的巨大需求带动了上游的铁矿石的巨大需求。目前，中国钢铁所需的矿石基本上被三大矿业集团垄断，占据了75%，并且全部掌握了中国的海运业务。国内企业没有定价权，导致这些年来钢铁行业的利润大约2/3被赚走。焦煤大量进口，其成本占了生铁成本的90%。

目前世界铁矿石生产企业高度集中，全球75%的铁矿石生产量和贸易量都集中在世界前三家铁矿石供应商那里，使得铁矿石供应商的谈判砝码较重，话语权较大，下表显示出三大矿业巨头铁矿石海运市场份额；相对而言，我国钢铁行业的产业集中度却非常低，导致我国钢铁公司或进口商在进口铁矿石谈判时协调困难，进口市场无序化，甚至国内各进口方之间相互竞价，在国际市场上很难用一个声音说话，从而导致铁矿石价格的提高（见表3－1）。

表3－1　　三大矿业巨头铁矿石海运市场份额　　%

	2006年	2007年	2008年
淡水河谷	36.10%	36.10%	32.80%
力拓	19.00%	19.30%	18.60%
必和必拓	14.20%	13.80%	17.10%
总计	69.30%	69.20%	68.50%
铁矿石价格涨幅	19.00%	9.50%	79.88%(1)
铁矿石价格指数(2003年=100)	238.8	261.5	470.4

数据来源：联合国贸发会议（UNCTAD）；注：(1)为澳大利亚粉矿出口到亚洲的涨幅

严格的讲,中国钢铁业是依靠国外矿产资源发展起来的。全球矿石自由交换使得中国钢铁产业在发展中可以利用全球最好的矿石资源。但是这些年来,全球矿石价格大涨,供应链上的博弈越来越激烈,也让中国钢铁产业发展产生不安全感。如何解决资源瓶颈问题,保证原材料稳定供给问题,是全国钢铁企业面临的突出问题。

许多国有钢铁企业通过开展海外并购矿产资源,斩获了一些成果。如果采取跨国发展,开展跨国钢铁研发、矿产开发,是完全有可能实现的,也是最现实的。但是,中国国有钢铁企业在海外并购并非一帆风顺,比如中国国有企业在海外并购,由于体制和机制的原因,被西方媒体进行炒作,收购遇到的阻力较大。

相对于国有企业来讲,民营企业市场化更加充分,更能按照市场规律进行国际竞争,决策机制也更加灵活,在海外并购中,遇到的阻力也比较小。但是,民营企业也有自身的劣势,比如国际化经验不足,资金不足等问题。

通过民营企业联合国有资本、国际资本开展国际化经营,其成功率会更高。这样可以联合各种资本的优势,发挥双方的体制机制优势,优势互补,获得多渠道的信息,分散并购中的风险,可以实现多赢的结果。

四、联合并购的经验

作为中国最大的民营钢铁企业,2006 年沙钢以1 463万吨钢产量排名国内钢铁企业第 4 位。随着产量增加,沙钢目前每年有 90% 的铁矿石需要进口,进口量达到2 000万吨。这些年来,随着铁矿石价格大幅上涨,沙钢也开始进行海外并购,获得海外权益股,以保证企业矿石供给。江苏沙钢集团国际化进行方式创新,其中之一就是通过联合国有资本、国际资本等不同属性的资本,成功地获得了海外的矿产资源,大大地提高了海外并购的成功率,其成功经验值得借鉴。

1. 发挥国有资本和民营资本结合的优势

国有企业提供资金优势,民营企业发挥机制优势,这样就能更好地避开国外监管机构和竞争对手设定的进入壁垒。2004 年,以民营企业江苏沙钢为平台,在澳大利亚分别设立子公司,联合国有资本,武钢集团、马钢股份和唐钢股份,分别通过这些境外设立的子公司与澳大利亚的必和必拓公司、伊藤忠澳大利亚矿产与能源公司及三井铁矿公司,在澳大利亚投资组建澳大利亚威拉拉铁矿合营企业,开采西澳洲皮尔巴拉地区津巴布铁矿。获得澳大利亚一铁矿企业 40% 股权就是成功案例。据介绍,当时的合营企业中,必和必拓公司占股 51% ,中方 4 家公司则各为10%。武钢和唐钢每年承购铁矿石350万吨,马钢和沙钢则为250万吨。

2. 发挥国外资本与民营资本的优势

中国企业国际化经验还不够,通过引入国外有国际化经验的公司进行战略合作,一起开展海外并购,既可以弥补国际化经验的不足,也可以提升自身的国际形象,国际合作的企业也往往能得到国际社会的认可。沙钢与瑞钢联集团有限公司、香港泛亚矿产有限公司三家共同出资,收购澳大利亚的Australian Bulk Minerals项目("ABM项目")。目前ABM项目的澳大利亚运营方是Beviron Ptyltd. 及其子公司Goldamere Pty Ltd.。收购完成后,三家公司将共同持有BevironPtyltd. 90%的股份,其中61.2%由沙钢集团持有,沙钢将成为实际控股方。Beviron Pty ltd. 的原股东之一英国Stemcor Pellet Ltd. 将持有其余10%的股份。此次收购的ABM项目由沙钢一家公司控股,可见在资源收购上,沙钢的技术越来越娴熟。

3. 通过获得海外股权益保证供给

许多公司在海外并购时,常常希望获得海外公司的控股权,实施走出去进行资源收购战略,风险很大。购买矿山,开采资源,运回国内,这是一种风险最大的方式。像南美洲这些国家,政治风险比较大,从历史上看,这些国家,多则7年,少则5年就发生一次没收矿产的行为。沙钢为避免风险,在国外实施收购矿产企业的部分股份,获得部分权益矿产权,优先获得矿产的供给。这样可以保持国内企业的原料供应,而风险也相对较小。

五、沙钢海外并购带来的启示

1. 海外并购鼓励各种资本的合作

目前,我国企业在发展过程中,产业资本和金融资本的结合度较低。在海外并购中,中国有高额的外汇储备,但是,企业海外并购获得投资款难,成本高,国家的外汇储备与企业海外并购没有很好地结合起来。目前支持企业"走出去"开展对外投资合作的金融机构主要是开发银行和进出口银行,商业银行基本上没有积极的参与海外并购和海外融资,据统计商业银行占中国企业海外投资的比例不到5%。融资难融资渠道方式相对单一也是我国海外并购面临的一个突出问题。

新的形势下,应该鼓励中国企业开展各种资本的合作进行海外并购,可以是国有资本与民营企业的资本合作；也可以是国内资本与国外资本合作；还可以是金融资本与产业资本的合作，这样多方式的资本合作进行海外扩张效率也更高，风险相对较小。

2. 海外并购鼓励开展股权合作

我国企业海外并购中往往去并购海外企业的资产，通过并购海外企业的资产自己经营或者转移至国内，在制造行业海外并购最为常见。这样的并购方式使得企业在并购中面临着许多困难，失败的几率也相当高。

我国企业海外并购时，可以创新海外并购方式，其中之一就是可以通过企业之间的股权合作，双方成立合资公司或者股权互换来共同经营，实现合作，从而达到各取所需的目的。

3. 海外并购通过合作降低风险

企业海外收购不成功的原因很多，有的是时机不对，有的是经验不足，还有整合不到位等。中国企业海外并购成功率不高，还与专业的外部力量应用有关，比如，没有实现金融资本和产业资本在国内企业的发展过程中很好地结合，没有利用有丰富经验的VC、PE。这些专业服务公司对海外市场、政策、文化等都很熟悉，并且有一批专业的团队，他们对行业、企业的选择有丰富的经验，利用这些公司的专业经验有利于降低海外并购风险。

参考文献

1. 根据王志乐、蒋姮、丁继华等访问沙钢调研记录整理，2009年11月6日。

2. 集团官网：http://www.sha-steel.com/default.aspx。

联想集团向全球性公司迈进

联想集团创建于 1984 年,创业初期只有 11 名科技人员,20 万元人民币,当时主要从事国外电脑品牌和打印机的经销。上世纪 80 年代末,联想开始设计自己的台式电脑,并逐步将品种扩大到服务器、笔记本电脑、打印机以及数码相关产品。现在,联想电脑的年生产能力已经达到 500 万台。从 1996 年至今,联想电脑连续 8 年位居中国国内市场销量第一,台式电脑销量全球排名第五。

2005 年,联想以 12.5 亿美元收购 IBM 个人电脑业务,其后将全球总部迁至美国纽约。2006 年在全球范围发布 Lenovo 品牌,完成机构的重组。2007 年宣布并购后整合成功,北美及欧洲业务扭亏为盈,全球市场份额到 2007 年第 2 财季达到 8.2%。

2008 年国际金融危机的爆发。联想 2008 财年第 3 季度亏损9 700万美元,全球市场份额跌至 7.3%。按联想最新公布的 2011 财年 1 季度的财政收支报告显示,截至 2010 年 6 月 30 日,联想第一财季总营收 51.5 亿美元,同比增长 49.6%;净利润5 486万美元。

2009 年联想创始人柳传志重新掌管联想,原董事局主席杨元庆转任为首席执行官。柳传志亲任联想集团董事会主席,换掉时任 CEO 的阿梅里奥。柳传志新任后,联想更加注重国内市场,协调各方资源帮助杨元庆渡过危机。虽然强调注重国内市场,但是,柳传志说:"自收购 IBM PC 业务部门以来,联想的目标就从未改变过,我们想要建立一家全球性公司和全球性战略。"

一、并购动机

随着中国经济的高速增长,一些中国企业要想做大做强,面临着靠内部成长还是靠并购扩张的选择。美国著名经济学家、1982 年诺贝尔经济学奖获得者乔治·施蒂格勒通过对美国企业的观察认为:"没有一个美国的大公司不是通过某种程度、某种方式的并购而成长起来的,几乎没有一家大公司是靠内部扩张成长起来的。"

中国PC市场竞争激烈,像联想这样的中国公司,虽然在中国PC市场上占有第一的市场份额,但依然面临着国内企业和国际巨头的激烈竞争,在本国市场成长的空间也变得相对有限。在激烈的竞争下,PC产品同质化日益严重,市场价格下降,2004年的销售额和利润率不断下降,使联想在寻求增长和获得新的竞争优势的压力下,确定了进行国际化的发展战略。

1. 突出核心业务,取得规模优势

2003年IBM PC业务拖累了整个公司业绩,IBM决定剥离PC业务部门。PC业务一直以来就是联想的核心业务,联想决定收购IBM PC业务。收购后联想引入高利润率的产品,也可以获得销售渠道,增加产品的销售额。在收购之前,联想每年销售400万台电脑,IBM PC业务是联想的4倍,收购IBM PC业务后,联想在全球市场份额将由2.2%升至9%,排名第3,仅次于市场占有率18%的DELL和16%的HP,在全球市场中取得规模优势。

2. 获取国际品牌,打入国际市场

联想为了进入国际市场,2003年将"Legend"变成"Lenovo",增加额外投入用于新标志的推广,希望把联想树立成为一个国际品牌。但是联想在国际市场上的品牌认知度并不高。收购像IBM的Thinkpad品牌,使得联想一夜之间就有了国际品牌。借助IBM PC的国际知名度与在国际市场中的市场份额,联想可以提高知名度,在自己市场力量非常小的美国和欧洲取得一席之地,从而实现借船出海的目的。

3. 掌握先进技术,提升创新能力

PC市场的同质化相当严重,企业要在全球竞争中获得出路,就得进行差异化经营,进行产品和技术创新。联想在PC市场地位、利润率不高是因为技术创新能力不强,还处在产业链的低端,产品的附加值低,品牌认可度也低。收购IBM PC,可以在并购后获得IBM笔记本的知识产权,整合IBM PC部门的研发团队,共享国外信息,在产品开发与创新上实现全球同步。

二、交易安排

2004 年 12 月 8 日，联想集团正式宣布以总价 17.5 亿美元的代价收购 IBM 的 PC 业务，其中 12.5 亿美元收购 IBM 的全球 PC 业务，5 亿美元是承担 IBM 的债务（见表 3－1）。

表 3－1　联想支付安排

支付方式	支付金额及来源（亿美元）	
现金	6.5	联想公司内部筹集 1.5 亿
		高盛提供的融资 5 亿
股权	6	联想集团股票
小计	12.5	

数据来源：12 月 8 日联想集团并购 IBM PC 在北京的发布会

收购范围为 IBM 全球的台式电脑和笔记本电脑的全部业务。联想获得 IBM 在个人电脑领域的全部知识产权，遍布全球 160 多个国家的销售网络，10 000名员工，以及在为期五年内使用“IBM”和“Thinkpad”品牌的权利。新联想总部设在美国纽约，在北京和罗利（位于美国北卡罗来纳州）设立主要运营中心。交易后，新联想以中国为主要生产基地。

股份收购部分，联想以每股 2.675 港元（2004 年 12 月 3 日的最后收盘价），向 IBM 发行包括 8.21 亿股新股，及 9.216 亿股无投票权的股份（见表 3－2）。

表 3－2　收购后联想股权的变化

收购前后股权的变化	收购前的股权	收购后股权变化
联想控股	57%	46%
公众	43%	35%
IBM	0	19%
合计	100%	100%

三、并购面临的挑战

联想并购 IBM PC 部门，业务是联想的四倍，并分布在全球，被看做是“蛇吞象”，这对联想来说也面临着不小的挑战。

1. 企业国际并购准备不足

当时联想在全球排名第 9 位，销售额 300 亿港元，税后利润 15 亿港元，IBM 全球PC销售额将近300亿美元，全球排名第3位。IBM PC部门要剥离，对于联想来说，确实是一个千载难逢的机会，也是一个突然来临的机会。为抢占先机，联想仓促出手，出手后发现自己的能力不够。具体体现在，联想去买IBM PC的时候，由于IBM公开招标，面临许多来自欧美国家经验丰富的竞争对手，一开始联想没有经验。IBM招标的时候，谈到最后一轮就两家，一家是联想，中国的产业投资者，还有一家是美国的公司(TBG)。联想发现后，改变了策略，由联想领头去买，让TBG当联想的股东。联想共用17.5亿美元收购了IBM PC业务，其中5亿多本金是以TBG为首的PE公司拿出来的，(17.5－7－5余下的钱是谁出的?)化竞争为合作，这对控制价格，迅速完成交易有很大的帮助。

2. 国有股东占大股影响联想国际并购

当时联想是国有企业，中科院是控制联想65%股份的大股东，又是中国国家主要研发机构，这样的股权分布对联想并购很不利。因为联想并购IBM PC业务的时候，面临美国的外国投资与国家安全法审核。IBM电脑主要服务于商用，像美国的外交、商用都用的IBM电脑。美国一些政府部门和一些人士担心IBM PC被中国国有企业并购以后，会对美国国家安全产生影响。为了顺利实施并购，联想动用了公关公司，引入国外PE公司作为股东，改善企业的治理结构。通过将战略投资者引入董事会，共有3家国际投资机构进入了联想的董事会。使得董事会更具国际化的视野，在一定程度上，缓解了投资者对联想国际化进程的担忧，这样才迅速完成了交易。

3. 双方企业决策机制和激励体系的差异

中国国有企业决策机制与成熟的市场化决策机制相比，存在较大差距。在薪酬激励方面，联想的薪酬跟财务计划的完成程度挂钩，而IBM的考核不完全是按照是否完成财务计划，而是按照工作的尽力程度等其他因素来考核，中国企业的薪酬体系对美国的管理团队和技术骨干没有吸引力。

4. 来自企业文化融合的挑战

中国企业的愿景、发展战略和欧美企业有很大不同，并购往往引起双方员工之间产生很大矛盾，严重时直接导致并购以后整合失败。联想由于市场化程度相对较高，在中国的管理基础做得不错，在并购IBM PC之后，虽然面临着文化融合的挑战，但通过企业愿景和发展战略的传递与阐释，对方也逐渐接受和认同了其文化。

四、并购整合

企业跨国并购,如何让一个持有不同企业文化的员工对另一个企业的价值观产生认同,是一件相当不容易的事情,也是影响跨国并购成败的关键因素。由于联想与 IBM 两家企业生长的环境不同,中美企业文化的差异相对来说较大,并购后的冲突就不可避免,使得联想并购后成功整合面临着巨大的挑战。联想不断观察、研究、学习,并采用双品牌、双市场战术保持过渡期的暂时稳定,而不急于改造是联想整合 IBM PC 业务的策略。整合过程坚守的原则是同事之间要进行坦诚的沟通,要互尊重和学会妥协。

1. 人力资源的整合

企业并购的"七七定律"就是说有 70% 的并购不能实现预期的商业价值,而并购的失败有 70% 是因为文化整合失败所致。为了尽量减轻文化冲突给企业带来的不稳定,联想并购过程中对人力资源做了大量的尽职调查,他们请了 10 多家机构进行咨询调查。联想并购后,其最具有战略意义的就是要留住 IBM PC 的公司高层管理人员和关键技术人员,IBM 个人电脑业务部门有近万名员工,分别来自 160 个国家和地区,如何管理这些海外员工,并留住关键人才,提防戴尔、惠普等厂商乘机挖墙脚,对联想来说是个巨大的挑战。在缺少国际化管理团队的条件下,留住这些人才对于维护公司的稳定,实现并购目标和平稳过渡至关重要。

为了实现人才队伍的稳定,联想对原 IBM 员工的工资水平没有调整,也承诺不解雇原 IBM PC 事业部门的员工。在员工激励方面,IBM 员工的股权和期权变更为联想的期权。在并购协议中,IBM PC 部门的员工并入新联想两年之内,不得去 IBM 任职。

并购之初联想打算设立双总部,后来因原来 IBM 方的部分员工坚持认为要用国际化的形象,还是把总部设在了纽约。这些措施使 IBM PC 人员流失降低到最低程度。并购后联想派出杨元庆担任董事局主席,原 IBM 高级副总裁兼 IBM PC 事业部总经理斯蒂芬·沃德担任 CEO。在联想 14 位副总裁和高级副总裁中,五位来自 IBM,另有五位的背景是跨国公司或国际咨询公司。这样就构成了一支高水平的国际化管理团队。一年的实践证明,留用斯蒂芬·沃德,稳定了军心和业务,实现了平稳过渡,联想的国际业务得以顺利地扭亏为盈。现在,联想已进入新的整合阶段,使联想实现盈利性的增长。为此,联想聘任戴尔前高级副总裁阿梅里奥担任公司新的 CEO,沃德担任公司顾问。联想一开始收购的时候,清一色是

IBM 的人，以后是一半 IBM 的人，一半联想的人，再后是 1/3 联想、1/3 戴尔、1/3 是 IBM 的人。

2. 销售渠道的整合

在销售渠道方面，联想并购 IBM PC 后，要继续发挥 IBM PC 销售网络作用。联想保住 IBM PC 的大客户是联想进行渠道整合的重点，大客户是原 IBM PC 组织最重要的资源，IBM 一直拥有很多全球统一采购的跨国公司大客户。成功留住大客户，这对联想来说既是挑战，更是机会。保住这些核心客户就能站稳，也能在戴尔、HP 等竞争对手面前坐稳行业第三的位置。

在维护与利用 IBM 的销售渠道方面，关键是稳定销售渠道人员，联想让原来的 IBM 员工负责产品的全球销售和市场业务，减少了人员流动导致市场流失。联想还积极地进行客户公共关系管理，通过美国的主流媒体向消费者进行承诺，向消费者与员工阐述并购后联想的新计划。

3. 两大品牌的整合

Lenovo 与 IBM 的 Thinkpad 是两个品牌，并购如何使用好这两个品牌也是影响联想并购成败的关键因素之一。联想的策略是双品牌运作，先保持 Thinkpad 并逐渐淡化它，同时强化 Lenovo 并增加国际影响力。

在联想与 IBM 的附属协议中，对一些特殊客户（如已签订合同并未交割的政府客户），联想集团将被允许向 IBM 提供这些客户的计算机和某些服务。联想将使用 IBM 品牌五年，这对客户的保留有很大的帮助。联想还会继续用 IBM 的销售模式，继续使用 IBM 的服务，继续使用 IBM 的融资手段，对客户来说感觉没有变化。

同时，联想加大对“Lenovo”品牌的海外宣传力度，通过有计划有步骤的推广和宣传，提升“Lenovo”的品牌影响力，把“Lenovo”整合进入 IBM 个人电脑品牌和渠道资源中。通过国际化的产品组合与市场整合，“Lenovo”品牌迅速在国际化品牌形象中变得越来越有影响力。2005 年 11 月底，联想宣布提前放弃 IBM 的品牌，并打算在全球实施以“Lenovo”为主的品牌战略。

五、联想并购成功的原因

联想并购 IBM PC 部门就是看中了 ThinkPad 的品牌、技术和规模等资源。在并购后，柳传志认为，联想获得了三样他们非常想要买到的东西。

1. 联想成功买到了ThinkPad品牌，可以永久使用

对IBM这个牌子联想有5年的使用年限，即到2010年，2010年后就不能再用。事实上在并购的3年后，联想就不用IBM，联想电脑卖得依然好，联想也感受到了品牌的重要性。

2. 正如预期的一样，联想买到了技术

ThinkPad本身做研发，联想买回了这个团队和专利，中国的科研工作者和ThinkPad的研发团队混合编队，工作得非常好。这些成功，对联想技术进步有很大的帮助。

3. 实现了管理团队的国际化

并购后联想获得了国际化的管理经验，国际化的团队，国际化的商业环境，以及国际化的董事会，为联想进行全球化经营提供了国际视野、组织保障和人才积累。

以上三样东西的获得符合联想当初走国际化之路的目标，也标志着联想并购的成功。联想并购成功有以下几个方面的原因。

(1)善于整合全球资源。联想重金聘请国际知名的顾问公司，在这些顾问公司的帮助下，系统地考虑并购后可能发生的各种大小问题，弥补了联想自身并购经验的不足。

(2)树立正确指导思想。一切为了股东，而非中国人掌权，这是联想并购的指导思想。在并购IBM后，并不急于让自己的团队去掌握权力，而是保持原管理团队的稳定，对原管理团队的员工的股权进行转换，让他们受益，实现了平稳过渡。

(3)丰富的行业经验。联想从创立之初就是从事电脑行业经营，虽然其中有过不成功的多元化发展，但是对电脑主业的执著程度始终没有减弱，使得联想对全球电脑行业的发展趋势有深入的洞察，丰富的行业经验获得了国外的战略投资者和IBM的信任，从而实现了并购后新的发展。

(4)私募基金的参与。联想请了两家美国的私募基金，它们给予了联想充分的信任，他们没有要求控股，只希望作为投资者与管理层以及其他股东合作，共同让交易获得成功。私募给联想带来了很多好的观念和经验，从董事会层面到运营层面为联想提供建议。在董事会层面，特别是战略委员会上起到了积极地作用，他们的角色不是领导或指导，而是积极参与联想制定战略的对话，并在如何发展国际业务上积极提出建议。在运营层面，他们派出专家在制造、供应链，甚至人力

资源方面提供帮助。

六、并购启示

联想并购 IBM PC 部门,结合行业特点和企业自身成长需要,通过跨国经营的扩张路径,边干边学,借助国际各方专业力量分散风险,并获得了成功,对中国企业跨国并购有一定的借鉴意义。

1. 清晰的战略扩张路径

企业实施跨国经营,其战略要么是通过绿地投资,要么是进行跨国并购。一个企业在进行国际化战略路径选择时,关系到企业各方面的准备。联想确定国际化扩张战略路径时,也面临着两种路径的选择。2003 年,联想高层召开战略研讨会,决定将多元化的业务调整为专注 PC 业务,并且向国际化发展。内部经历了激烈的讨论,对 PC 行业进行了很深入的调研。发现 PC 业在美国、欧洲适合品牌建设,研发和生产适合在低成本的亚洲进行,通过跨国经营就能实现产业链上全球资源配置。当机会来临时,联想就选择了跨国并购,通过跨国并购快速地实现了跨国经营。

2. 边干边学

一个企业决定跨国并购,往往会在全球范围内选择并跟踪一批公司,通过不断的评估和寻找机会,挑选出几个公司进行重点关注,并在适当的时机开展并购。联想并购 IBM PC 时,事实上以前根本没有想到有这样好的机会。当 IBM 向联想伸出橄榄枝时,联想还没有全面充分的准备,对跨国并购了解也不全面,所以在并购中面临了一些操作难题,但是联想通过一边并购,一边补课,边干边学,最终还是较为顺利地实施了并购。

3. 善于分散风险

跨国并购在蕴藏大量机会的同时也面临着巨大的风险。联想并购通过借助外部力量成功地化解了并购中一部分风险。在 IBM 与财务顾问高盛的协助下,联想从巴黎银行、荷兰银行、渣打银行和工商银行获得 6 亿美元国际银团贷款。随后,联想还获得全球三大私人股权投资公司的青睐,获得总计 3.5 亿美元的战略投资。通过国际银团贷款和私募筹集交易现金和运营资金,使联想的财务风险大大降低。

参考文献

1. 联想收购 IBM:1+1>2? 央视国际 2004 年 12 月 09 日。

2. 柳传志在全球智库峰会“跨国公司在金融危机中的合作与责任”的演讲,2009 年 7 月 4 日。

3. 弘毅投资董事总经理邱中伟在第九届跨国公司中国论坛上的演讲,2011 年 3 月 1 日。

南京汽车:收购海外技术实现自主创新

南京汽车通过收购MG罗孚汽车公司以及从海外并购先进技术,自主研发出了MG名爵汽车,走出了一条从国外引进、消化吸收、再创新的自主研发之路。经济全球化的今天,开放合作的自主研发模式对我国企业发展有借鉴意义。

一、南京汽车集团基本情况

南京汽车集团有限公司是我国特大型汽车骨干生产企业,是上海汽车集团股份有限公司的全资子公司。公司注册资本46亿元人民币,2007年销售收入144.6亿元,利税6.2亿元,利润6 900万元,资产负债率51%,共有各类人员10 717人,其中正式职工7 890人,技术人员2 478人,管理人员716人;汽车品牌达600多种。

2007年12月26日,上南合作成功签约,资产整合后的新南汽成为上海汽车的全资子公司。上南双方推进"五个统一"(统一规划,统一研发,统一采购,统一制造,统一营销),优势互补,资源共享,使南汽成为上汽全球整车业务中的重要汽车制造基地,上汽借助收购南汽成为中国最大的世界一流的汽车企业。上汽商用车短缺,而南汽优势在于商用车,双方优势互补,此次整合是中国汽车合作的最大事件。

二、南京汽车收购MG罗孚的经过

2002年,英国凤凰创业控股与华晨汽车达成的在中国宁波合资生产全系列罗孚轿车和发动机的合同出现问题,凤凰控股的股东没有放弃为MG罗孚汽车寻找中国拯救者。凤凰控股接触了很多中国汽车制造商,像南京汽车、上海汽车、广州汽车、重庆力帆以及浙江吉利,相关的谈判几乎同时进行。

在南京汽车收购MG罗孚时,基本上就剩下上汽、吉利以及愿意与上汽联合收购的两家英国竞购者,一家是英国财团,另一家是英国的和人投资公司。这其中还有一段关于上汽与MG罗孚较量的插曲。

事实上在MG罗孚宣布破产前,上汽已经用6 700万英镑收购了其最核心的知识产权,买走了MG罗孚最好的两个车型25、75系列轿车及全系列发动机的知识产权。MG罗孚宣布破产后,来自美国、印度等国的许多国外的竞争者都希望参与竞购。在罗孚宣布破产后的第二周,上汽给MG罗孚的破产监管公司普华永道发信,表明它已购买了MG罗孚一部分汽车生产业务和POWERTRAIN发动机制造业务。同时,上汽公开声明自己拥有MG罗孚数项知识产权,未来所有生产MG罗孚相关技术产品的厂商都需要事先得到上汽的许可。为了保证在发生纠纷的时候能够处理公正,2004年上汽与MG罗孚的知识产权合同是按第三国新加坡的法律规范签订的。后来在与普华永道就这项知识产权争议时,这份合同发挥了重要作用。上汽的公开宣称使得其他的国外竞购者纷纷退出,上汽希望能以更低的价格购买这些设备。

此时,南京汽车对MG罗孚发起收购,希望通过并购实现两条腿走路,“既要引进来,也要有自主品牌”。

南京汽车方面的谈判代表包括一个副总,一个总经理助理,外进部部长,财务部部长,发动机正副厂长和计划发展部部长。最早,南京汽车的谈判基调是技术引进,到2004年,谈判开始讨论合资设厂。南汽一方面与MG罗孚谈判,一方面是争抢时间,将项目建议书和可行性研究报告上报政府有关部门。

一段时间过后,南汽和英国凤凰公司合资经营南京罗孚汽车有限公司的项目建议书和可行性研究报告定稿,设计了年产20万辆车和30万辆轿车的两个达产纲领方案。凤凰控股和南京汽车决定以50%:50%的出资比例在南京建立合资公司。项目注册资本2.4亿英镑,其中流动资金15亿元人民币。合资公司将开发、生产、销售和服务MG罗孚的系列汽车整车产品以及PTL的动力合成总成品。凤凰控股将把产品研发中心、国际营销网络以及罗孚品牌、MG品牌等相关无形资产所有权,完整地转移到合资公司。

三、南京汽车收购MG罗孚的动因

1. 扩大范围经济

南京汽车主要是以轻型卡车和中小型轿车为主,一直没有中高档轿车,和意大利菲亚特方面的合作也仅推出家庭轿车,通过收购罗孚,南京汽车可以拓展生产链条获得范围经济、提高竞争力。

2. 提高生产效率

因为南京汽车集团的存量资产效率不高,2 个发动机厂由于产品和制造技术落后,产能无法发挥;零部件企业开工不足,罗孚的发动机项目将有助于发动机厂“新生”。

3. 增加自主研发能力

南京汽车自主研发能力低,通过收购罗孚达到引进技术再创新的目的,此次南汽集团引进罗孚汽车的生产技术可以加快自主品牌的建设和自主知识产权建设。

4. 增强自身实力

与上海汽车开展更有实力的谈判也是南京汽车收购 MG 罗孚的重要原因。上海汽车早就有意收购南京汽车,收购 MG 罗孚后,南京汽车在谈判中的筹码就更大了。虽然分别为高中低档车的罗孚 75、45、25 南汽集团不能够生产,但其拥有生产这些车型的生产线和设备,因而也就具备了与上汽集团等公司的合作资本。正如上汽一位人士所言:“我们一看到南汽跟罗孚签了框架协议,就警觉起来,觉得和罗孚谈判这个事情不能拖下去。拖下去,上汽不仅得不到罗孚,而且以后也更难把南汽并入上汽版图,人家的翅膀变硬了。”从后来南京汽车并入上海汽车的发展走势来看,也能解释为什么南京汽车不顾及上海汽车在拥有 MG 罗孚核心知识产权的情况下,别的企业都纷纷退出后,南京汽车还执意收购。

四、走出一条并购技术到自主开发的新路

南京汽车收购 MGR 及动力总成公司的全部资产,其中包括一套完整的生产研发设备、4 个整车产品平台、3 个系列发动机、一个变速箱产品和一套百年积淀的无形资产。南汽通过海外并购,在充分利用国外企业先进的研发及生产设备基础上,借助高水平的产品平台,通过消化、吸收、再创新,实现跨越式发展,培育自主研发能力。

南京汽车实施名爵汽车项目,从产品系列到产品结构进行调整,开发全系列的发动机,为下一代新产品的开发提供支撑,从而大大提升了南京汽车在动力总

成方面的竞争力。实施并购短短一年时间后，南京名爵汽车有限公司就掌握和消化了 MG 的各项核心技术，建立了国家级汽车研究院，实现了第一批配件出口欧洲，第一台 N4 发动机点火成功，第一台 MG－7 整车点火成功，第一台 MG－TF 整车点火成功，第一辆 MG 名爵整车下线等一系列标志性的成果。

MG 名爵成为中国汽车业内第一个自主国际品牌，它通过技术的引进吸收和自主开发、创新，进入了中国汽车行业的高端领域，又成功地实施了“引进来，走出去”的战略，为探索中国汽车自主发展开辟了一条新路。

五、南京汽车并购的启示

从南京汽车并购 MG 罗孚到自主发展来看，南京汽走出了一条整合全球资源实现自主开发的创新之路，通过借助国外专业机构并购海外企业，在开放合作中实现企业的发展。

1. 实现了自主开发模式的创新

企业的技术自主创新并不等于自己创新，在经济全球化的开放背景下更是如此。许多企业往往把企业自主创新理解成为自己创新，试图通过自己单打独斗，凭一己之力来实现。在全球生产要素与资本自由流动的环境下，任何一个企业在创新的过程中都应该思考站在全球开放的背景下进行整合全球资源，实现自主创新。而在全球开放经济背景下，也应该赋予自主创新的新内涵，那就是在全球范围内引进、消化吸收、再创新，把创新的条件与背景放大，创新的视野就由狭隘变得开阔，创新的内容也变得更加丰富。南京汽车开发出自主品牌 MG 名爵的成功就在于企业发展思路活跃，能够整合国外资源实现引进、消化吸收，再创新。

2. 利用国外专业资源开展并购

中国企业走出去的经验普遍不足这是一个不争的事实，企业并购中往往对国外企业、国际市场环境不太熟悉。南京汽车当时一点经验都没有，并购团队中也没有专业人士，为了实现顺利收购，他们请了当地最好的中介机构，合同审定工作也由国内的律师事务所转到了国外的律师事务所。南京汽车只定策略目标，其他工作都交由中介进行，这样把最主要的精力就放在了交易的战略思考上，从而保证了并购的顺利进行。

3. 在开放合作中发展中国汽车产业

MG 罗孚汽车公司创建于 1904 年，是一家拥有百年历史的英国老牌企业，也是英国最大的独立轿车制造企业，其轿车和跑车生产工艺代表当今世界最高水平，但近年经营业绩大幅下滑。其中一个重要原因就是自二战结束之后，英国政府开始对汽车工业实行关税保护，这一举措当时看来的确在一定程度上保护了本国企业免受外国汽车厂商的冲击，但从长远角度看，长期过分的保护使得英国本土的汽车企业难以适应全球化所带来的新理念和市场需求。保护政策可以培育幼稚产业，却很难壮大一个产业。所以，我国汽车产业在发展过程中，一方面要引进来，另一方面也要鼓励企业走出去，通过引进来走出去，实现在开放与合作中发展我国汽车产业。

参考文献

1. 王志乐，南京汽车集团调研纪要，2005. 5.
2. 南京名爵(MG)汽车有限公司，www. nacmg. com.

三一集团:海外绿地投资向跨国并购转变

对外绿地投资与跨国并购是大多数企业快速实现国际化扩张的路径。国际上一些工程机械企业在发展壮大过程中都选择了跨国并购作为其实现规模经济和国际发展的主要手段。

2012年初,三一重工(以下或简称为三一)宣布收购德国普茨迈斯特。三一认为,本次并购,将改变世界混凝土机械领域的竞争格局,使三一国际化目标提前5-10年实现。而在这之前,因为同城竞争对手中联重科收购了意大利CIFA公司,三一的高管还发表文章称,跨国并购不如在海外建厂。海外直接建厂的好处是风险可控,自主性发展较强。

通过三一跨国并购,我们可以看出,企业战略调整在随着形势的变化而变化。在没有合适的并购目标出现前,主张绿地投资是三一国际化发展的主要方式;有了合适的目标,三一选择了跨国并购。

一、三一集团简介

1989年三一集团有限公司创立。经历20年的发展,三一集团成为新中国成立以来湖南省首家销售过百亿的民营企业。2008年和2009年,尽管受金融危机影响,三一仍然保持了较好的增长。2010年实现销售额超过500亿元,目前拥有员工6万余名。

三一集团主业是以“工程”为主的机械装备制造业,目前已全面进入工程机械制造领域。主导产品为混凝土机械、筑路机械、挖掘机械、桩工机械、起重机械、非开挖施工设备、港口机械、风电设备等全系列产品。其中混凝土机械、桩工机械、履带起重机械为国内第一品牌,混凝土泵车全面取代进口,国内市场占有率达57%,为国内首位,且连续多年产销量居全球第一。

目前，三一集团在海外拥有30家子公司，业务覆盖达150个国家，产品出口到110多个国家和地区，超过1 300名营销和服务人员常年在海外为全球客户提供产品和服务，其中近300名外籍员工。截至目前，三一出口累计超过10亿美元。三一已在印度、美国、德国、巴西相继投资建设工程机械研发制造基地。三一在全球已建成15个物流中心，以配件仓库为核心的物流体系和服务支持系统已经形成。三一重工已经完成了战略中的前两大步骤：在欧洲、美国、印度、俄罗斯、澳大利亚等13个地区和国家设立海外销售公司；另外还投资6 000万美元在印度设立产业园，在美国佐治亚州投资6 000万美元设立研发、制造中心。在三一的规划中，到2012年，实现销售额1 000亿元人民币，其中来自海外市场占一半以上。2011年营收额突破500亿元的三一重工在2015年营业额至少要突破2 000亿元。

二、企业国际化基本情况

2007年，三一重工在香港设立三一国际发展有限公司，三一国际是三一重工在香港投资设立的全资子公司，也是三一重工在全球海外投资的主要运作平台。

2008年，三一集团委托渣打银行作为最重要的主办行，向国际市场筹措资金。这是三一集团海外扩张加速，进军与工程机械行业高度关联的金融租赁领域的重要标志。“三一今后还有更大的挑战，我们不仅需要商业银行的融资，还需要更多的投行业务支持”三一集团总裁唐修国说，三一和渣打银行的合作协议约定：双方进一步研究、建立支持三一集团产品的国内国际销售的贸易融资体系，包括国内工程机械融资销售、国际经销商和国际客户的融资支持；双方将加强构建香港国际性资本与贸易融资以及国际结算平台的合作，渣打银行将协助三一集团或其成员企业在境外发行银团贷款或私募债券等。

借助三一国际发展有限公司这个国际对外投资平台，2008年，三一重工总投资1亿欧元，在德国科隆市建设研发中心和机械制造基地，实现对整个欧洲市场布局。按其计划，项目达产后年产工程机械产品3 000台，预计将实现年销售收入3.5亿欧元，利润总额4 802万欧元，投资利润率为27.75%，投资回收期7年。

2009年11月，三一重工（泰国）有限公司在泰国曼谷成立。主要是向泰国市场提供销售、售后、融资等业务，同时还提供机械操作的培训与技术支持。三一还在积极筹备在泰国投资兴建大型的6S店和组装厂。

2010年2月22日，三一与巴西圣保罗州政府达成了投资2亿美元在圣保罗州建立工程机械生产基地的意向。三一进入巴西，在其全球版图画上了重重一笔，标志着三一在全球市场的布局已初步完成。

在2011年4月,三一重工公司与印尼工业部签订投资协议,将在印尼爪哇省以西的卡拉旺投资2亿美元兴建三一印尼产业园。2010年12月购置了项目首期10公顷用地,三一重工将通过征地、建设厂房、设备采购、雇佣当地人才及与印尼工业部下属的金属工业发展中心、材料与技术产品中心、教育机构等开展全面合作等方式,分阶段、有步骤地进行投资,预计可为当地提供1 500个就业岗位。三一印尼产业园的机械产品,除销往印尼当地外,还可辐射整个东盟国家市场。

在2012年1月31日,三一召开新闻发布会,宣布收购德国混凝土机械公司普茨迈斯特,这家公司在全世界范围内开发、生产、销售建筑设备机械,尤其在混凝土泵领域,长期占据除中国市场以外的国际市场超40%的市场份额。普茨迈斯特用了54年的时间,在世界泵车领域建立起领先的品质、技术、国际化销售和服务体系。根据三一重工公布的收购细节显示,公司旗下三一德国有限公司将联合中信基金收购德国工程机械巨头普茨迈斯特100%股权,其中三一德国收购90%,中信基金收购10%。三一德国的出资额为3.24亿欧元(折合人民币26.54亿元)。普茨迈斯特拥有其在全球经营了53年的销售与服务网络,销售覆盖全球154个国家。

三、国际化发展三步走战略

企业在国际化经营之前大多都采用国际贸易方式,让企业产品被国际市场所了解和接受,通过对国际市场的了解及经验的积累然后进行对外投资。三一集团国际化发展也是按照先把产品出口到国外,后海外建厂,逐步实现全球化资本运作。

第一,产品先行。三一集团先是产品出口到海外,获得海外市场对产品的需求信息,通过在海外设立销售分公司,从而使得海外市场形成对三一品牌认知,这样通过掌握国际市场的需求,实现快速响应。

第二,海外新建工厂。三一2010年至今只收购了国内一个企业,发展过程中都是自己建立新的工厂。在海外市场,三一似乎没有抓住有利的并购机会,或者说没有合适的并购目标出现。这期间,三一选择了海外新设工厂,通过直接投资的方式,实现海外生产网络的布局。

第三,跨国并购。三一国际化的目标就是实现走出去,通过国际化的资本运作,去整合国际人才、资本、市场等资源。收购普茨迈斯特,三一总裁向文波表示:“三一国际化走了10年,目前海外销售额约占总额的5%。而‘大象’创立54年来,在全球主要市场拥有704个销售点,并购会让三一的国际化节省5—10年时间,一下有了全球最发达体系。”普茨迈斯特遍布全球的生产基地和营销网点也将加速三一国际化进程。据摩根士丹利(Morgan Stanley)估计,普茨迈斯特 4/5 以上的销售收入来自中国以外的国家。三一重工将获得普茨迈斯特的全球分销和售后服务渠道,同时,通过向普茨迈斯特的组装工厂供应零部件,还将产生潜在的协同增进效应。

四、三一国际海外建厂的体会

在没有海外并购目标时,三一选择自主地在国外建立新工厂,以内生增长的方式实现企业的国际化,相对于其他制造企业来说,也更具有特色。

1. 产业链全球布局

当今世界资源分布不均衡导致企业全球配置资源,各个国家优势产业各不相同使得企业需要进行全球整合产业内优势资源,这就要求企业在产业链上进行全球布局。世界已经全面开放,中国企业的国际化必须考虑“用国际化的资源提升国际化的中国企业”。中国企业应该从供应链开始,用世界一流的资源来充实自己。三一集团执行总裁向文波认为,全球经济一体化中需要利用全球优势资源,发挥后发优势,加强与国际市场的融合与接轨,在国际市场中开展竞争与合作,把自己融入全球产业链中发展。比如在美国,有世界上最大的工程机械市场,有全球最发达的工程机械技术和先进的管理方法,三一就在美国建立一个研发中心,在美国这样有强烈创新氛围的国家开展企业研发,形成企业研发的国际化。在制造方面,德国工业产品质量闻名世界,优秀的德国制造业文化让世界形成了德国生产的工业产品是世界一流的工业制品的看法。德国有许多高素质产业工人,有完整的、专业化的供应链,三一就通过在德国设工厂,利用德国的制造业的优势来布局欧洲市场。

2. 提升企业品牌形象

企业产品要进入国际市场就要求企业有国际形象,国际化经营是形成国际形象最直接的途径。事实上,中国工程机械企业走向世界说明了中国产品质量提升与竞争能力的增强,国际市场认识到中国企业形象在提升。三一把自己的欧洲总部设在了德国,这无疑给三一集团在国际市场增添了不少形象分,让欧洲市场认识到了这个来自中国新面孔,同时三一在发达国家的经营与让企业向国内和发展中国家传递出了一种三一有竞争实力的信息,通过国外站稳脚跟来证明自身实力的强大。比如，在德国有最高水平的监管要求。如果能在这里获得成功，就可以很容易地扩展至其他市场。在产品品牌方面，借德国人长期从事制造业形成的严谨科学文化来感染自己，从德国制造企业中学习他们在制造方面的优秀品质，从而达到向欧洲市场传递三一按照德国安全标准进行加工生产产品，实现从“中国制造”到“德国制造”，借助“德国制造”这个标签立足于欧洲市场。这样对三一产品本身的产品形象有了大大的提升。

3. 国际化中本土化经营

国际化是企业海外经营的方向，而执行下去更需要企业进行本土化经营，本土化就要求企业用当地供应链，用当地的人才，形成适应当地的生产经营管理体系。

实现本土化经营的一个重要方面就是融入当地的供应链。三一集团通过在国外建厂，充分利用当地的生产要素，从物流、管理等方面降低成本，多方面地与当地供应商进行合作，与许多当地企业形成良好的关系，更好地了解当地市场需求特点，从而实现更多的市场销量。在 2007—2008 年中国工程业突飞猛进的时期，德国一些机械设备企业都要求买方缴纳一年的预付款，而且仍然经常接不上货。因此，只有参与供应链，才能强化自己在这一产业中的发言权。产品的本土化是企业国际化经营成功的标志，工程机械行业能够根据客户喜好不同，设计出不同的机械设备就能满足不同用户的要求，三一进入德国就是为了能够更好地生产出满足当地用户需求的机械。

人才的本土化是三一国际化面临的新的挑战，应用更多的本土人才，关系到一个企业在国际化中能否生存，用好本土化人才是企业国际化成功的重要条件。

4. 稳健的投资模式

在机械设备制造业国际化的路上，中国企业普遍很幼稚，没有成熟的路径可供依循。并购中文化整合、管理经营不足、法律纠纷、产能刚性、法人治理结构不一样都会影响跨国并购的成功。相比欧美企业，国际化更多是产业整合，是并购重组，但是三一选择了一条自主投资建厂的发展道路，向文波认为，这条路比较适合三一，尤其是适合一个民营企业的国际化发展道路，因为作为三一来说还是稳健优先。所以三一的资产负债率始终保持在很低的水平，把金融风险作为首要的考量。企业自我投资建厂是低风险，是风险可控的发展模式。在没有出现合适的并购目标时，三一主要依靠的还是自主投资建厂。

5. 品牌形象国际化传播

三一集团在品牌传播上也更加注重国际化,比如向文波经常随中国领导人出国访问,在国际社会上展示企业领导人的形象,从而实现了企业形象展示。每当企业在海外开业或签约时,总能请到两国重要的领导人出席见证,这些事件为企业品牌宣传提供了非常好良好的契机。三一机械参与智利矿难救援和日本核电站事故救援等,对宣传三一设备起到了重要的作用,这使产品品牌在国际上树立了良好的口碑,提高了国际知名度。

五、跨国并购面临的挑战

三一并购普茨迈斯特,这样大的并购案在短短的一个月之内就完成了签约,改变了三一一贯稳健的投资步伐。绿地投资与跨国并购各有优劣,中联重科在并购 CIFA 后对绿地投资与跨国并购有一个总结(见表 3-1),在中联重科并购的案例中,应对跨国并购也有许多好的做法,值得三一借鉴。

表 3-1　　优劣势对比—绿地投资 VS 并购

项目	绿地投资	并购
缓解产能过剩	×	√
利于人才吸引	×	√
压缩经验曲线	×	√
借用高端品牌	×	√
增强渠道互补	×	√
移植研发能力	×	√
获得技术提升	×	√
社会/文化融合度强	×	√
整合难度较低	√	×
成功概率较高	√	×

资料来源:从中国企业到跨国公司的尝试,中联重科副总裁万钧在2011跨国公司中国论坛上的演讲。

其实,跨国并购与绿地投资没有孰优孰劣,只有对一个具体的企业合适与否。并购普茨迈斯特,对三一来说确实是一个机会。正如三一总裁向文波所言,这次并购,不是简单的财务性并购,而是一个战略性的并购,是一个将决定全球竞争格局的、决定三一行业领导地位的战略性并购。“通过并购,三一已经拥有了或者成为了一个世界级品牌,这不是可以用金钱来衡量的”。向文波认为主要有两个方面,一是技术上的互补。普茨迈斯特尽管销售规模不如三一,但作为全球混凝土机械的第一品牌，其技术指标、可靠性、稳定性、质量控制标准和流程等方面明显优于国内企业，因此可以提升三一产品质量，从而提高产品竞争力。普茨迈斯特不是全产业模式，产品盈利水平不高，但是成本偏高，而三一所拥有的产业链优势也将大幅降低其生产成本。与此同时，随着并购完成，三一研发人员的数量和普茨迈斯特研发人员的质量叠加，将会大幅提升三一的研发能力。

但是，并购后，三一要面临整合的挑战。首先是两家公司经营模式与文化不同，三一是一家追求规模和快速发展的企业，而且走的是全产链路子，但普茨迈斯特是一家追求技术质量和专一产品的精细分企业，而且三一目前主要采用日本丰田式的管理方式，与普茨迈斯特的德国式管理也有差别。其次是得到德国公司员工的认同。在三一重工宣布收购后，有数百名的德方工人在普茨迈斯特总部门前举行示威。第三，产业协同与中外互动。在国际上，普茨迈斯特的品牌强于三一重工，但这家公司自从2008年起其销售收入就一直处于下滑状态。而三一集团董事唐修国此前曾表示，三一重工2011年的销售已经达到极限，2012年如果更上一层楼的话显然更为艰难。因此，如何平衡国内国际市场之间的关系，成为三一重工最大的难题。

参考文献

1. 三一集团官网，http://www.sanygroup.com/group/zh-cn/。
2. 何真临：国际并购不如海外自主建厂，20109.09.10。

山东兖矿通过海外并购做大企业

山东兖矿在国家加快经济发展方式转变和产业结构调整的大背景下，通过走出去并购矿产资源，实现规模扩张，走整合国际资源转变企业发展方式的道路，从而把企业做大。在国际并购中，不断增强实力，不断积累经验，以做大海外并购，然后形成主导国内并购的实力，从而开启新的发展之路。

一、集团基本情况

兖矿集团是以煤炭、煤化工、煤电铝及机电成套装备制造为主导产业的国有特大型企业。矿区开发建设始于1966年，1976年成立兖州矿务局，1996年整体改制为国有独资公司，1999年成立兖矿集团，是华东地区煤炭生产、出口、深加工的重要基地和山东省三大化工产业基地之一。

兖矿集团目前已形成煤炭、煤化工、煤电铝及机电成套装备制造“三大主业”，本部鲁南、兖州、邹城“三大园区”，外部贵州、陕西榆林、新疆、内蒙古鄂尔多斯、澳洲“五大基地”的“43335”发展格局。截至2009年底企业资产总额700亿元，职工9.3万人，列中国企业500强排名121位。

二、海外经营情况

兖矿集团是中国煤企最早走出去进行海外并购的企业。在2004年，兖矿集团就以3 200万澳元收购了澳大利亚的南田煤矿，这是个已经关闭的矿山，当时已经九易其主。主要是由于技术原因，该矿的矿主不能对500米以下的矿进行开采。此次收购的南田煤矿，主产硬焦煤和半软焦煤，有效可采储量4 100万吨左右，尽管采储量不是很大，但属于国际煤炭市场紧缺的煤种，并且煤层厚，一般能达到20—

30 米左右，而国内的矿井一般只有八九米厚，非常适合兖矿集团利用自己的专利——综采放顶煤技术进行开采。这一技术的利用使这个矿井短期内起死回生，近几年南田煤矿每年产生的效益都在8 000多万澳元。

2008 年，中资企业趁金融危机对澳大利亚矿产行业发起了多次收购尝试，兖州煤业当时的主要目标是煤炭企业 Felix。2010 年，山东兖州煤业以 32 亿美元并购澳大利亚菲力克斯资源有限公司（Felix）100% 股权，这是当时中国企业在澳大利亚完成的最大一宗收购案。澳大利亚 Felix 在批准中方企业并购的同时，开出了苛刻的附加条件，内容包括：收购完成后双方必须注册成立新公司，总部设在澳大利亚。新公司的名称是兖煤澳大利亚有限公司，在 2012 年底前，这家公司需要在澳大利亚证券交易所上市。到那时，中国兖州煤业必须将它在兖煤澳大利亚有限公司中的持股比例降至 70% 以下。另外，新公司须启用澳方人员组成的管理和销售团队，公司多数董事会会议必须在澳大利亚召开。新公司首席执行官和首席财政官须多数时间居住在澳大利亚。

此次并购完成后，兖州煤业在澳大利亚控制的煤炭资源量将达 15 亿吨，原煤年权益产量超过1 000万吨，接近兖州煤业国内年产量的 1/3。

另外兖矿还在西澳洲与 BRL 公司合作，合作主要包括四项内容。第一是入股 11. 5% 成为该公司第二大股东；第二是拥有了一个1 000平方公里优质铝土资源的 60% 的股权；第三是拥有了一个10 000平方公里铝土资源 49% 的股权；第四是拥有了一个 80 万吨氧化铝厂 50% 的股权。

三、海外并购的经验

中国经济的发展需要整合全球资源，海外并购是获得国外资源的重要途径。企业的跨国并购已经成为了跨国公司为加强企业核心竞争力的途径之一。在并购过程中，企业往往会放弃或退出某些业务领域；与此同时，通过与其他企业建立联盟或者收购兼并其他企业来强化一些领域。

1. 国际化是增加资源的新途径

虽然山东是产煤大省，也是能源消费大省，全省年煤炭产量 1. 4 亿吨左右，2007 年煤炭需求量达到 2. 4 亿吨，煤炭供需矛盾非常突出。因受煤炭赋存条件、村庄压煤等因素影响，山东全省已探明可采储量仅占全国的 2%，可采储量则更为窘迫。要确保山东省经济发展对能源的需求，必须“走出去”寻找新的资源。

兖矿是山东省的大型国有企业，需要满足当地市场需求。当前，转变企业发展方式是兖矿面临的一项重要挑战。以往企业的增长主要来自于国内新项目的投资来实现的,实施海外并购就成为了企业实现新的发展途经,通过在海外进行资本运作,整合海外资源做大、做强主业。

2. 做大海外市场主导国内重组

兖州煤业曾在2006年成功收购澳大利亚南田煤矿,成为首家在境外收购煤矿的中国企业。而2010年对澳大利亚菲力克斯煤企的成功并购,进一步提升了兖州煤业的海外市场和发展空间,增强了其竞争实力。

澳大利亚煤企并购案的成功,增强了兖煤主导山东七大煤矿企业合并重组的信心。目前,山东省属煤炭企业共有7家,分别是兖矿集团、枣庄矿业、淄博矿业、新汶矿业、龙口矿业、肥城矿业、临沂矿业,合计产能过亿吨。

3. 银企合作推动海外扩张

兖矿集团有限公司与建行山东省分行举行全面合作,建行将在5年内提供不少于300亿元的信贷资金支持兖矿集团发展,包括拓展海外市场。

2010年,在对菲利克斯33.33亿澳元的收购案中,兖矿收购菲利克斯采用了内保外贷(由企业内部的总公司给银行担保,银行在外部给企业解决贷款问题)的方式,采用中国银行在悉尼的机构进行贷款收购,这种贷款收购方式不仅利率低,而且不用动用企业的流动资金。在把菲利克斯公司100%的股权买断后,该公司已经退市,该公司千万吨的露天矿投产后,将会再次准备上市。通过上市融资,用于偿还收购公司的一大半银行贷款。

4. 从试验中实行边干边学

在2004年对南田煤矿的并购中,有效可采储量只有4 100万吨,仅占兖州煤业可采储量33亿吨的1.2%左右,可谓微乎其微,对于兖矿来说,更多的是其国际化战略的尝试。

在收购南田煤矿成功之后,兖矿就一直在寻找下一个目标,菲利克斯煤矿进入了兖矿集团的视野。这次金融危机到来,为其收购提供了良好的时机。在最低谷的时候,出资收购了菲利克斯100%的股权。这是兖矿集团国际化发展战略的明智选择。

5. 国际化中强调责任理念

中国企业海外实施并购,最难的是文化融合,在当地树立起负责任的企业形象。

正是基于这样的认识,2010 年 3 月 26 日,兖矿集团在济南举行企业文化创新启动仪式,表达兖矿 10 万职工建设责任文化的决心,创新企业管理,凝聚发展合力。

现在,南田煤矿已经连续 4 年被评为澳大利亚新南威尔士州安全最好的示范矿井。2005 年到 2010 年间,兖矿集团的百万吨死亡率由 0.108 降低到 0。在技术支持方面,兖矿集团有充分的信心。也正因为南田煤矿的示范效应,2010 年兖矿集团收购菲利克斯煤矿时,无论是在澳大利亚政府,还是反对党方面,几乎都未遇到大的阻力。

四、兖矿国际化经营带来的启示

兖矿通过国际化经营,不断成长,把企业发展方式与国际化相结合,一步步地推进国际化,通过国际化推动企业的可持续发展。

1. 通过国际化转变企业发展方式

当前,我国企业面临发展方式的转变,企业产业结构调整和企业成长方面的压力。而在经济全球化背景下,企业应该具有国际视野,通过整合全球资源来调整产业结构、实现企业成长。

2. 国际化施行先易后难的策略

企业在国际化过程中,往往会采用先去国外进行贸易,然后开设分公司,最后进行跨国经营,实行先易后难的策略,这样让企业能够平稳地扩张,不断地融合本地化的经营,提升国际化的水平。对于没有国际贸易的企业,可以先进行对当地小企业进行收购,融入当地的行业中,了解更多信息,一步步地向更大的目标企业发起收购。

3. 国际并购要做到准、快、密

企业之间并购是一个复杂的过程,这个过程中拖延的时间越长,交易中发生的变数就越多。在交易中,信息被竞争对手和媒体掌握得多,交易的难度也会变得更大。所以企业在并购前,一定要熟悉并购流程,平时多积累资源,在应用时以最快的速度进行调动,做到对目标企业瞄得准,动作快,消息封锁严密,使得竞争对手和媒体没有借势炒着的机会。

4. 树立良好的形象实现海外可持续发展

企业在海外经营,一定要规范运作,像澳大利亚和加拿大都是典型的法治国家，这些国家资源多，而人口少，参与开发的企业也都是国际化大公司，环境规范，公司运作也规范。所以中国企业去参与也应有规范的形象。同时，还必须融入当地社会，尤其是文化，要积极承担当地的社会责任，比如安排当地人就业，会受到欢迎。与当地社区形成良好的互动，形成良好的口碑。

参考文献

1. 集团官方网站：http://www.ykjt.cn/。

2. 王志乐教授对兖矿调研访谈记录。

上工申贝联合多种资本走出国际金融危机

上工申贝通过国内企业改革发展,实施"走出去"战略进行跨国经营,在并购后整合相对成功,取得了不错的经营业绩。然而,国际金融危机的爆发影响了企业的跨国经营,让企业陷入了危机。为应对危机,上工申贝通过增加企业收入,降低支出成本,引入战略投资者,成功地渡过了危机。上工申贝将国有资本、民营资本、外资资本三种资本联合经营,探索出企业资本合作的新形式,取得了良好的效果。

一、上工申贝海外并购简况

2003 年,上工申贝利用上市公司增发 B 股募集资金,实施了"走出去"跨国并购的战略举措,开始了缝制设备主业的国际化经营。上工以在德国设立的上工欧洲为平台,于 2005 年 7 月正式完成收购德国杜克普·阿德勒股份有限公司(以下简称"DA 公司")。

目前,上工申贝集团公司下面拥有上工欧洲控股公司(以下简称"上工欧洲")、上工工业缝纫机、蝴蝶家用缝纫机、申贝办公与影像四家公司。上工欧洲是上工申贝在德国的全资子公司,对 Durkopp 传输技术公司、Beisler 公司、DA 捷克公司、DA 罗马尼亚公司、杜克普爱华制造(上海)公司、杜克普爱华贸易(上海)公司等进行控股。

二、跨国经营从成功到受挫

并购之后,上工申贝对 DA 公司的缝制设备业务实施了一系列的生产经营改进活动,发挥德国本部雄厚的研发和营销能力并利用其中欧、东欧子公司的成本优势，整合优化其欧洲生产布局和全球营销网络。

从并购后的财务数据来看，并购后最初的3年，上工申贝是比较成功的，2005—2008年经营良好。随着2008年国际金融危机的爆发，上工申贝深受金融危机的影响，经营出现了困难（图3-1）。

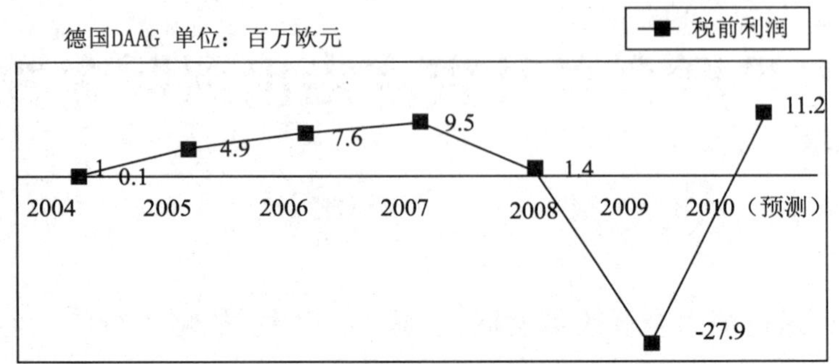

图3-1　并购后的财务数据

上工申贝自2005年开始跨国经营以来，营业收入从约10亿元增长到2007年的25.4亿元，营业利润亦从巨亏约2.7亿元改善为盈利约3 000万元，净利润也在非经常性收益弥补下盈利约2 800万元人民币。

随着2008年金融危机的蔓延和深化，对缝制工业造成严重影响。市场供求失衡，出现供大于求，市场严重衰退，产品价格水平下降，企业经营困难、亏损增加，吸纳就业人数下降，缝制工业陷入多年未见的困境。

由于市场的萎缩，行业内企业为了应对危机，导致竞争更加激烈，企业纷纷以低价或是低于负毛利进行销售，销量下滑，利润逼零，全球整个行业的亏损局面严重，整个行业面临着巨大的困难。上工申贝欧洲和国内业务均受到较大冲击，2008年上工申贝业务收入下降约22.4亿元，营业利润约负1 660万元。

三、上工申贝跨国并购成功的原因

国际金融危机发生以前，上工申贝跨国并购是成功的，这得益于上工申贝选中了合适的并购目标和成功的并购整合。

1. 选择合适的并购目标

早在2003年前，上工申贝集团就认为，根据自己的实际情况，不能走低成本、低端数量扩展型经营路线，必须走出一条能够带来技术领先、产业突破的道路。当时，国家出台了推动中国企业“走出去”战略，于是上工申贝就成立了专门小组，开始在世界范围寻找能够掌握核心技术,并且愿意跟自己一起合作的企业。一个偶然的机会,上工申贝得知德国杜克普公司的股东有意出售自己的股份。

通过研究,目标企业有以下四个特点,非常适合上工申贝并购。这四个方面的特点是:第一,德国DG公司是世界知名的品牌,在行业中处于第一线品牌地位,企业的研发能力也非常强大,服务的目标市场多是一些高档的西服、箱包、皮鞋制造商,为制造商制造设备。第二,DG公司资产规模比较适中,整个股本880万欧元,适合收购控股。第三,原大股东本身处于自身业务调整的需要,希望能够退出缝制设备产业。第四,为了向亚洲地区拓展业务,需要中国战略合作伙伴。基于这些特点的考虑,在充分做好准备的前提下,上工申贝开展了跨国并购的实践。

2. 上工申贝并购后成功整合

上工申贝在并购DA后,通过成功的整合,获取领先技术、突破中国境内市场的低成本、薄利润的战略,取得了海外净资产翻番的经营业绩。这一成绩来自于整合过程中企业六个方面的努力。第一,并购双方在企业战略目标发展取得一致的认同,这是并购后沟通的基础。在一致的目标下,意见相左时,比较容易求同存异。上工申贝并购之初就向德方高层阐述了并购后企业的发展战略,得到了德方的认同,对此形成了统一的认识。比如设立了共同目标,要做到经营务实,应收账款的账期太长的业务不做,压低库存,节约销售费用和管理费用等。第二,并购双方企业坚持资源共享,推进欧亚两地的整合。上工申贝与德国人一起制定新的业务发展布局,使产品在全球布局,在上海成立合资生产公司,并联合原DA公司产品中国总代理设立合资销售公司,共享销售渠道,实现欧亚互动。第三,实行人才的当地化,具体的经营还是以本土化为主。从上海公司总部派出一些高管参与海外公司的管理。第四,加强良好的沟通,消除文化的差异,取得工会的支持。取得工会的支持这一点,在整个经营工作当中也是很重要的,相对来说德国的工会比较强,企业要经营好需要取得工会的支持。第五,健全管理制度,规范操作,上工申贝修改制定了一系列决策的程序及制度,规范经营者的行为。第六,深入企业实际,决策正确。

三、上工申贝应对国际金融危机的做法

在经济危机背景之下,国内企业受到了重大的影响,一些中国走出去的跨国公司也受到了危机的冲击,形势出现了逆转。危机爆发之前的一些在海外成功收购并经营的企业现在也因危机的加深、市场的萎缩导致出现经营困难,有的亏损

严重,有的倒闭,这对中国走出去的跨国公司带来沉重的打击。

2009 年,上工申贝现金流开始吃紧,资金链面临断裂,影响到生存。2009 年第一季度上工欧洲出现大额亏损,税前利润约为负 742 欧元。上工欧洲尚欠 DAAG 的老股东 FAG 2 100万欧元,按《收购协议》原规定将在并购后七年内连同 6% 的年利率(约合 500 万欧元)一并归还,合计约2 600欧元。国内产品销售的利润刚好满足国内生产的运营,债务给上工申贝带来极大的压力。

1. 上工申贝应对危机之策

为缓解企业的资金紧张,一方面增加收入,另一方面寻求降低成本的措施。进行以上两方面入手管理的同时,上工申贝还希望通过引入投资和重组实现新的发展。

为了增加收入。一方面,上工申贝开始更加关注国内市场,更多地关注销售渠道,增大销售网络,积极地进行产品战略调整,希望用优质低价的机器把中国市场打开。另一方面,稳定国外市场,稳住现有的产品出口和欧洲的现有的市场,调整产品策略,加强 DA 公司在特种机、自动缝制单元和厚料机等世界领先技术的机器的销售。同时,上工申贝还计划出售价值约 2 亿多元的地产。

为了降低成本。对国内企业,上工申贝采取的主要措施:第一,通过结合缝制业务整体转让,决定并推进生产工厂转移,将业务转让给那些业务互补,有大量的厂房和劳动力成本较低的地区。第二,实现人员分流,对富余人员分流安置。对停产的公司进行分阶段和分批次地人员分流,公司需要付出一定的安置费,但是能缓解公司的资金紧张。

对上工欧洲,采取的措施主要有,第一,主动收缩欧洲生产企业规模,降低 DA 公司运营成本。第二,减员、减时降低人工成本。第三,节约其他制造成本与费用。在原预算的基础上进一步采取降低采购成本、控制各项费用、减少应收账款、降低库存等措施。第四,整合德国子公司,减少欧洲生产基地,降低管理成本,实现协同效应。

2. 引入投资者和重组实现新发展

积极准备引入新的投资者和重组.引入新的战略投资者,对上工欧洲进行持股,为公司带来现金流。比如其他地方鼓励发展缝纫制造业的地方政府通过投资,注入资金,缓解资金紧张局面。

此时,中捷股份与上工申贝就合作事宜达成协议,中捷股份旗下子公司中捷欧洲将以863.26 万欧元的价格受让上工申贝的全资子公司上工欧洲所持德国 DA

公司29%股权;另一家子公司中屹机械以2 200万元的价格购买上工申贝工业缝纫机加工设备GC5550机壳流水线。

通过战略投资者的引入,上工申贝实现了国有资本、民营资本、外国资本三种资本的合作,从而开启了三种所有制经济合作的新局面。

四、上工申贝案例带来的启示

我们看到,走出国门的一些中国跨国公司在经济危机中所受到的创伤,这些公司的生存环境可能比国内同行业内的其他跨国公司的生存环境更差,跨国经营相当不容易。

1. 跨国并购及时海内外联动

上工申贝并购DA公司的战略规划是,先利用DA公司的先进技术和研发能力,在上海建立DA制造和DA销售,逐步把欧洲的技术和研发能力往中国转移,实现欧亚联动,突然出现的金融危机,打乱了上工申贝原定的步伐。并购初期,欧洲的经济形势较好,上工申贝依靠欧洲的业务,并借欧洲的盈利来弥补国内的亏损。因此没有向国内快速转移技术和研发,未建立起竞争优势,没有占领国内市场。当金融危机爆发后,上工申贝既要面对国外市场的萎缩,又要面对国内市场受到的冲击,出现了经营的困难。

2. 国内企业改革不彻底影响跨国经营

经济危机中,上工申贝在中国的市场矛盾和管理漏洞也暴露出来,沿袭国企的管理模式和松散的组织结构,老国企遗留下来的企业文化等,都不能让上工申贝国内企业在危机中激发出危机意识和快速的反应。这也充分暴露出国内企业改革的不彻底。企业要实现持续经营,必须通过重组和重塑企业文化来摆脱原有的松散和缺乏活力的组织。

上工申贝在欧亚联动的战略中障碍重重。作为老国企改制上市的上工申贝人员负担很重,虽经多年来持续减员,但截至2009年5月底国内主业涉及员工共2 351人,其中在岗1 193人,离岗1 158人,为此上工申贝在正常经营之外每年要多支付人员费用约1 000万元;海外子公司2007年底员工为1 817人,自2008年也开始裁员,截至2009年五月底尚有员工1 517人。

对于跨国经营的企业来说,跨国经营时企业结构的治理一定要完善,要对不利国际市场竞争的企业结构、管理等方面进行彻底的改革,要让企业丢下包袱,轻松上阵，建立起了具有国际竞争力的企业组织。

3. 政府应对危机中的中国跨国公司给予帮助

金融危机爆发之后，已经走出国门的一些中国跨国公司要应对国际国内市场的冲击，压力很大。国内经济刺激方案并不包括这些企业，对中国跨国公司是不利的。

中国政府提供了大量的资金信贷支持，帮助国内企业应对金融危机。在特殊的情况下，政府的这种力量不仅应当惠及在境内经营的企业，也应辐射到那些深受金融危机影响的已经走出去的中国公司。

发源于中国的跨国公司是中国企业的一部分。中国企业（特别是国有企业）"走出去"（特别是走到欧洲），这一步本身充满艰辛，成功率不高。上工申贝在走出去的同类企业中属硕果仅存。这个企业不仅敢于"走出去"，而且金融危机前一直走得很好，说明企业具有较强的竞争能力、整合能力和管理能力。在金融危机面前，这类优质企业反而因为在欧美国家经营，而不能受惠于国家的经济刺激和扶持政策，对这类企业来说不仅不公平，对国家来说，也是一种损失。

帮助那些在金融危机前经营成功的境外公司，能降低"走出去"的成本，减少重复投资。而公司在金融危机中进入破产程序后，将会是以低价对资产进行估值，由其他企业重新竞购，是否仍然能由中国企业购得成为很大未知数，即使能，也面临第二次整合的风险，相当于增加了走出去的成本。

相对比，德国政府在这次金融危机中并没有把上工欧洲企业当成外国公司，而是帮助企业渡难关。从 2009 年 2 月份开始，德国公司全面实施"短时工作制"，按实际工作时间支付工资，如每周做 3 休 4，工资将减少 2/5。当地政府将对减少工资部分给予 60% 的补偿。2009 年中，德国政府提供了 210 万欧元的帮助，惠及 380 人；DA 捷克子公司及罗马尼亚子公司也按实际生产采取类似措施，但无政府补贴。全年欧洲基地计划节约工资性支出约 890 万欧元。

4. 做中外企业合作的典范

上工申贝负责任的应对国际金融危机，在经营过程中表现出强烈的全球责任心，为企业在海外经营赢得了相当好的口碑。2010 年 9 月在德国比勒菲尔德市举行了"杜克普爱华 150 周年庆典"，比勒菲尔德市市长克劳森说："没有中国母公司上工申贝集团的支持，就没有今天的庆典。"充分肯定了上工申贝对 DA 公司的并购发挥的作用，也说明了德国当地的政府和市民认同中国企业。正如中国驻德国崔东明副总领事所说的，"上工申贝并购公司后的成功运作为中德企业合作交流树立了一个良好的典范。”

参考文献

1. 王志乐，蒋姮，丁继华对上工申贝调研资料整理。

2. 上工申贝(集团)有限公司在海外，2007 走向世界的中国跨国公司[M]，王志乐主编，第 148 页 - 154 页，中国经济出版社，2007. 2。

3. 上工申贝(集团)股份有限公司总经理马民良在第九届跨国公司中国论坛上讲话，2011. 3。

上海电气：以技术导向开展跨国并购

上海电气机床集团是上海电气集团股份有限公司和上海电气资产管理公司的机床板块通过剥离、并购、整合，于2006年5月重组而成，系上海电气集团股份有限公司战略业务单元之一。高效清洁能源、新能源装备是上海电气集团的核心业务，能源装备占销售收入70%左右。主导产品有1 000MW级超临界火力发电机组、1 000MW级核电机组，重型装备、输配电、电梯、印刷机械、机床等。

集团由上海机床厂有限公司、上海重型机床厂、上海第三机床厂、上海仪表机床厂和二家海外控股公司——日本株式会社池贝（IKEGAI）、德国的沃伦贝格（WOHLENBERG）机床制造有限公司组成。主营产品覆盖到各类CNC磨床、立式卧式及多轴联动加工中心、CNC镗铣床及各种规格CNC车床，以及为各行业配套的各类专用精密、数控机床与相关企业品牌产品。

一、海外并购情况

受日本经济衰退的影响，2002年初日本秋山印刷机械株式会社出现了巨额负债。创办于1948年的日本秋山具有中小型印刷机械专业制造技术，其技术能级处于世界先进水平，拥有50多项专利，其中单张纸胶印机润版技术、多倍径压印滚筒技术、凸轮咬牙技术和单张纸非翻转多色胶印技术在国际上处于领先地位。上海电气看到并购海外优质资产的机会，2002年5月与香港晨兴集团联手共同出资900万美元收购了秋山印刷机械株式会社，并更名为日本秋山国际股份有限公司，重组后的秋山公司由上海电气负责经营管理，股东双方各持50%的股权。

德国沃伦贝格公司是一家著名的重型数控车床和数控专用机床生产厂，公司集设计、采购、加工、装配、销售及售后服务于一体，2003年初，受其母公司破产影响而连带破产。考虑到沃伦贝格公司的技术优势、销售渠道和在欧洲市场的声誉,2003 年 2 月上海电气增资 48.16 万欧元收购了德国沃伦贝格公司。

日本池贝公司创办于 1889 年 5 月,主要从事机床制造,其技术水平居世界前列,并拥有多项专利。受日本国内经济萧条的影响,以及该公司过分依赖于传统经营管理模式等因素的制约,池贝公司从 1998 ~ 2000 年进入了经营低谷,严重缺乏流动资金,处于勉强维持经营的状态。上海电气于 2004 年 9 月注资 378 万美元,以 65% 的股份控股了日本池贝公司。

2009 年 9 月上海电气集团下属上海机电购得美国高斯国际集团 40% 的股份。2010 年 6 月,上海电气集团以 15 亿美元收购价,对美国高斯国际实现 100% 控股。美国高斯国际是一家生产精密印刷机械设备的供应商,有 170 年历史,总部在美国新罕布什尔州,目前在 9 个国家开展业务,全球有4 000名员工。

目前上海电气有 20 多家合资企业,多数与日本企业合资。经过多年的技术积累,上海电气拥有国内领先、国际上较为先进的部分机床产品设计和制造技术,以及贴近国际一流的产品技术原创渠道和技术创新精英团队;研发了多种拥有自主知识产权的产品技术,屡获国家技术进步奖等殊荣。上海电器的未来发展的目标是进一步发挥主营产品领域的技术优势和人才资源优势,最大限度地实现制造技术的创新化、管理模式的现代化,经营销售的国际化,全力打造一个具有国际竞争力的机床产业集团。

二、跨国并购经营经验

(一)以技术导向择机并购

上海电气连续 3 年先后成功收购了三家德日的先进制造企业,逐步形成了整体收购、技术对接、内外联动的跨国购并经营理念,迅速提升了产业能级,实现了人才、资本、技术、管理等资源的全球优化组合,提升了核心竞争能力,同时也促进了集团国际化程度的提升。

1. 以海外先进的制造技术为导向

2004 年,上海电器成功从秋山引进双面四色胶印机的制造技术,在集团子公司上海光华顺利投产。两年后,集团在印刷机制造产业领域与世界先进水平之间的差距缩短了 18 年。重组后的秋山公司通过继承、消化、吸收原公司的先进技术,迅速恢复了制造设计能力,并建立了跟踪世界先进印刷技术的研发基地,目前秋山公司共拥有 35 项专利、特许权和商标权,另有正在审查中的特许权 21 项。

上海电气收购沃伦贝格公司后，开始消化吸收沃伦贝格的先进技术，借此实现产品的国产化，全面提高了集团公司重型机床行业的技术能级；同时还将沃伦贝格公司作为电气集团重型机床行业的国际技术培训基地，以中方委派培训人员和德方来沪指导相结合等形式，为集团公司重型机床行业培养优秀的设计人员和制造工艺人员。

收购日本池贝，上海电气获得了大型曲轴加工设备方面的技术，提升池贝制造大型曲轴加工车床的能力以及在业内的竞争力。

2. 通过获取销售网络打通国际国内两个市场

上海电气借助秋山的国际销售网络，其光华子公司的产品销售收入在2003年同比增长30%以上，实现了内外两个企业、两个市场的优势互补、双向联动。考虑到沃伦贝格公司的技术优势、销售渠道和在欧洲市场的声誉，上海电气还通过零部件国产化配套等方式降低沃伦贝格公司的制造成本，进一步提高沃伦贝格产品的市场竞争力。此外，上海电气利用国内的重型机床销售服务渠道，拓展了沃伦贝格产品的中国市场范围。上海电气控股池贝公司后，根据产品和技术特性为池贝公司确定了国内对口企业，同时利用上海电气在国内的销售网络和海外营销的经验及资源，将新池贝公司的优质产品以合理的价格引进国内，并帮助池贝公司建立了稳定可靠的全球代理网络，增加外销产品在总销量中的比重。新池贝公司通过改革和管理调整，逐渐恢复了产品研发能力，未来将成为上海电气集团在该领域的技术研发中心和管理示范中心。

（二）跨国并购优质科技企业面临的经营难题

上海电气走出去也面临诸多的困难。主要包括以下几个方面：缺乏高级复合型人才；过去有没有一个真正的战略管理部门，规划只是计划经济产物；没有专门机构研究企业形象、品牌和公关；缺乏现代人力资源管理部门等等。

上海光华（与晨兴合资）引进单面彩印机生产，主机国产化率已达90%。但是从2004年以来至今性能不够稳定，用户反映不够好。实践中发现，双方协同实现的时间比预想的长。秋山在日本有完备的配件系统，上海电气没有，因此需要很长时间再搭建。另外，上海电气的工作人员技能和专业素质低，即使把秋山的零部件都进口，由上海电气来组装的机器与日本秋山的还是不一样。中国对外投资增加，主要不是基金式投资方式。中国对外投资主要考虑对方的技术和价值。美国并购多，但是敌意并购成功也不多。如果没有明确目标，要想迅速产生效益很难。

三、上海电气跨国并购的经验启示

（一）获取技术和跨国经营要循序渐进

上海电气在收购日本秋山和池贝后，并不是一下子拿到技术专利，而是通过培训人才共建研发中心的方式，提升技术的能力，从而走出因敌意收购导致两败俱伤的怪圈。目前，中国企业大量引进海外技术提升创新能力是不错的办法，但是引进技术后成功发展的并不多，而通过合资和市场换技术的方式也是难以成功的。因为技术发展是动态的，仅仅靠引进而不去动态地发展自己的能力，不可能取得动态提升技术的能力。收购国外企业，不能只获得技术和品牌，还要看学会技术和品牌背后的东西，包括先进的管理经验、制度以及文化。现代工业产品的全球一流品牌和技术需要长期培育。一方面加大自主创新力度，一方面可以通过并购加快品牌技术的国际化程度。

国有大企业应该率先走出去，但是要"有控制地走出去"，即"有控制的属地化生产"。既要适应当地的制度和社会，用当地人管理，又要派出人员参与当地管理，理解被收购方的心态。跨国并购后失去控制或控制过度都不行。失败的原因可能都发生在这两个极端上。例如，上海电气收购池贝后，收购的股权设计比较合理，管理者和投行各占30%，从而调动了他们的积极性。同时，上海电气也没有派长驻管理人员，而是通过经营会议决策以及经营月报来控制。一方面让被并购方感到并购方的存在，另一方面又让他们放手工作，不要破坏他们的自尊和感情。总之，跨国并购容易，经营整合较难，要缩短与国际先进制造企业的差距，就不能急功近利，要脚踏实地往前走，要积极谨慎，重点突破，干中学习，干中创造条件，不断地学习提升。

（二）优势互补和协同合作是跨国并购经营成功的必要前提

国有企业走出去应当有一流的产品、技术、管理能力以及人才，还要有足够的资金。但是并不是所有的企业都具备所有条件。上海电气就不具备所有的条件，但是上海电气充分利用自身优势，包括迅速成长的市场以及产业技术和成本优势，同时结合收购对象的软实力（持续的研发能力、全球销售能力、管理技术和质量的经验以及这些人才和品牌）产生新优势。例如，日本秋山公司上世纪90年代扩张过度，在美国投资成立销售服务公司，由于对美市场了解不够，导致大量库存，资金链断裂，亏损严重。2002年上海电气并购秋山公司后，发挥协同效应，销售、制造和研发开展内外联动,从而使秋山当年就扭亏为盈。海外收购美国高斯集团,瞄准的是技术、市场和人才这些"软资产"。发挥协同效应的关键在于找到双方企业的互补性,从中寻找更大的价值,通过并购提升原企业的价值。

(三)并购方品牌与自主品牌发展良性互动

通常,跨国公司下面都有各个独立的小公司,它们相互独立发展,共同推动全球总公司发展。上海电气在并购德国沃伦贝格和日本池贝后,并没有立即放弃两个品牌,而是实施多品牌战略,利用两种品牌在国际市场上良好的声誉,带同上海电气品牌进入国际市场。因为在现行条件下,上海电气品牌并没有做得比沃伦贝格和池贝品牌更好,因此应当积极利用好这两个品牌,以带动自主品牌发展。

参考文献

1. 王志乐访问上海电气陈大雄记录整理,2008 年 9 月 17 日。

2. 王志乐访问上海电气收购的池贝公司纪要,2008 年 9 月 1 日。

3. 刘向东,上海电气:机床制造业的跨国并购经营之路,2009 年 5 月。

万向集团:构建国际市场网络融入全球产业

企业国际化的过程就是参与国际分工,融入全球产业的过程,通过在全球产业中占据某一环节,提供产品和服务,将企业做大做强。万向集团在国际化过程中边干边学,从产品出口到对外投资并购,从市场到人才都遵循着三步走战略,逐步稳固和发展国际化成果,基本建成了国际化的经营网络体系,实现了通过国际化来做强做大企业的目标。

一、公司基本情况

万向集团创立于1969年7月8日,是国务院120家试点企业集团,国家520户重点企业之一。集团主业:致力于汽车零部件产业,已拥有万向节、轴承、等速驱动轴、传动轴、制动器、减震器、滚动体、橡胶密封件8大系列及悬架、制动2大系统产品。进入汽车零部件市场40多年,万向已经从当年只有7个人、4 000元起家的集体工厂,变身为中国最大、全球领先的汽车零部件生产企业,并且把触角伸向了汽车产业外的新能源、农业、金融、房地产等九大产业,年营收总额已超800亿元。

二、万向国际化基本情况

万向集团的国际化从20世纪80年代开始,主要与国外公司合作,让国外公司代理其产品,实现拓展海外市场的目的。

1984年,美国舍勒公司向万向订了3万套万向节订单,创下了中国汽车零部件出口美国第1。1987年,舍勒提出独家代理万向的产品,期望控制市场,遭到鲁冠球的断然拒绝,舍勒也与万向断绝了业务关系。1988年,万向度过最困难时期之后,舍勒又重新与万向开展合作。

2000年,万向集团与美国LSB公司合作,以42万美元的价格买下舍勒品牌、技术专利以及专用设备。万向一举成为世界上拥有万向节产品最多专利的企业。

万向美国公司一直想开发欧洲轴承市场,选择的目标是一家经营轴承销售的AS公司。万向美国公司提出一个方案,对方向万向转让60%股份,订单照常进行,对方销售后所得的利润算万向对其投资,同时,万向同意聘请AS公司总经理为新公司总经理。万向承诺在新公司发展的过程中,将得到万向全部的支持,包括财务、产品开发和市场。

万向美国公司还收购了美国IPPD公司51%股权,实现对其绝对控股。在此次收购中万向依然运用当初收购欧洲轴承公司时的做法,利用了自身对市场的控制能力。

今天,万向在美国、英国、德国、加拿大等欧美7个国家设立、并购、参股了19家公司。构建了覆盖全球50多个国家和地区的国际营销网络。直接或间接地成了通用、福特、克莱斯勒、大众等的零部件配套商。走出去的战略不仅扩大了万向的国际市场份额,更为其融入国际市场及利用国际资源打开了通道。

三、万向海外投资战略

20世纪90年代,中国对外开放力度越来越大,国际竞争日趋激烈,国内产品大量进人国际市场,大量外资涌入国内,使得中国的市场、资金、技术、人才、产品等竞争提高到一个新的阶段在"保护民族工业"成为一种呼声时,万向确立了"大集团战略、小核算体系,资本式运作,国际化市场"的"九五"发展指导思想。

万向在海外的拓展可以分两个阶段。

(1)在1998年以前,受资本的约束,以及万向自身抗风险能力和市场都不够强大的限制,万向在海外的投资基本上是单纯的资本运作,如房地产投资等。

(2)1999年以后,随着万向对市场控制能力的进一步深入,万向一方面向现有的制造领域以及与万向的互补领域投资,实现垂直兼并,进行全球市场布局,开展了风险投资,积极投向高新技术领域、金融保险领域等,开展跨国的跨行业经营。

万向国际化投资时,选定了美国。万向认为,要建成国际市场网络就首先到美国创办公司,当时确立了三大目标:①在美国树立万向的形象,把产品打人通用、福特、克莱斯勒等主机配套;②搜集市场信息及时反馈给集团,以拓展新的领域;③优化组合国际资源,尤其是国际资本。

从企业主体、市场提升、营销策略、技术进步、人才培养、效益增长、资金来源、战略延伸、企业形象等方面,万向通过三步走战略实现了国际化经营(见表3-1)。

表3-1　　万向国际化三步走战略体系

	第一步	第二步	第三步
企业主体	产品出口	外派人员	企业对外投资
市场提升	维修市场	间接配套	直接配套
营销策略	打别人的品牌	用自己的品牌	组合品牌
技术进步	产品仿制	自己开发	合作开发
人才培养	国内外派	用人本土化	国内外一体化培养
效益增长	别人赚钱	自己赚小部分	开始高于国内利润
资金来源	向朋友借	国内批准投钱	用国外银行的钱
战略延伸	国际营销	国际生产	资源全球配置
企业形象	国内企业认可	跨国公司认可	国内外政府认可

四、万向国际化成功的经验

1. 先生存,再发展,保持学习心态

鲁冠球谈到万向走出去时说:"当时企业还很小,市场打不开,素质提不高,只有通过与别人交往,特别是与具有先进技术、先进管理的大企业交往,才会提高自主,缩小差距。刚开始,我们并没有想也不敢想赚大钱。"万向的具体措施是实施"三接轨":一是接轨国际大公司运作,与其建立战略同盟,实现同步发展;二是接轨国际先进技术,在海外研发新产品,实现技术的同步开发;三是接轨国际主流市场,扩大国际主机厂配套份额,在一体化的竞争中赢得更大的生存和发展空间。

2. 进入全球采购体系,构建全球供应网络

在鲁冠球看来,与国外同行进行联合,与国外汽车厂建立战略同盟,纳入全球采购体系,才是万向真正成为世界级企业的必由之路。在构建全球供应网络时,重点抓万向美国公司,以点带面,连而成网,逐步形成以万向集团公司为中心的海外集团公司。建立起以中国为中心,开拓亚洲市场为目标的万向集团公司与以万向美国公司为中心的海外集团公司共同构成万向跨国公司的结构。以市场布点及建立市场网络为核心,重点建设零部件销售渠道和服务网络。同时,涉足非金融性投资及信息业,为国内提供融资渠道及最新的国际商情信息,增加国际性投资,通过跨国性收购、联合兼并等方式,扩大经营范围和经营规模。

3. 就地取材，开展本土化经营

万向的企业哲学是:收购美国企业,让它们自己运作,让竞争对手变成自己的合作对象。万向集团收购公司并开展本土化经营,这是万向收购整合成功的主要原因。一是市场营销的本土化。在美国,万向节销售借用洛克威尔公司的力量;在南美,万向吸纳了舍勒公司的销售网。二是管理的本土化。万向聘用当地的优秀人力资源,按当地最严格的标准管理公司,公司财务账目和法律事务等都由当地会计师事务所和律师事务所来承担。为取得客户的信任,万向用最短的时间,完成了管理体系完全按国际通用的标准定位。2006 年 2 月,万向海外公司尝试产权改革,在万向美国公司设立经营者基金,在集团投入仍归集团所有的前提下,公司每年利润增长超过 26.58% 的部分,划入基金,归经营者所有,并通过购买新股的方式,逐步转化为总额不超过 40% 的公司股权。三是资本运作的本土化。当地银行非常关注万向海外公司的经营效益和发展速度不仅在资金上支持,受信额度不断增加,而且在企业发展上为万向出谋划策。四是人才的本土化。万向美国公司的高管几乎全是美国人,总部的 30 多位员工中,还包括了来自墨西哥、秘鲁、波兰等国的员工以及不到 1/3 的中国籍员工。公司内形成了互相包容的文化,相互尊重的工作气氛。

4. 掌握主动权，海内外产业联动

万向控股一家美国公司时,不会派人进入或者参与管理,但一定要求得到采购权。采购权掌握在万向手中,“万向”在中国的工厂就会逐渐实现技术、工艺的改进升级,并引入新的质量体系,或者制造新的产品,从做零件向做部件、做系统升级,由“低级制造”向“高级制造”升级。这样的对接,既帮助了中国制造实现产业升级,也在帮助美国制造实现产业升级,因为,“万向”注入了新的资金与各种资源,使得被收购的美国企业甚至他们的客户都能获得新的发展机遇。收购的企业帮助美国汽车工业保住工作岗位,虽然要减少了一部分人员,但是也会留下一多半。这就比公司破产大家都失业好得多。而且,随着企业的发展,还会增加更多的岗位。实现了海内外的产业发展联动。

五、万向国际化带来的启示

1. 主动国际化掌握生存的主动权

中国改革开放以来，大量的引入外资企业，使得国内市场国际化，国际市场也国内化，使得中国企业在国际竞争中面临生存的压力。万向集团通过主动的国际化，不断扩展海外的生存空间，在国际竞争中获得了主动权，从而掌握了在国际激烈竞争环境中的生存权。

2. 国际化中不断积累经验

中国企业国际化的历史并不长，跨国经营的经验显得不足。企业在国际化也没有现成的理论和经验来指导，所以只有边干边学，在干中积累经验，总结出适合自身国际化的经验。万向集团在国际化过程中，就是不断学习，不断积累经验，通过三步走战略，实现了成功的国际化。

3. 融入全球产业网络

当前跨国公司在全球布局，通过国际分工打造了全球产业链。这样一来，企业之间的竞争也就变成了产业链之间的竞争，企业在国际化中生存就必须融入全球产业系统，通过整合全球的资本、人才、技术等实现国际化发展。

4. 提升在全球产业链的地位

中国企业在国际分工中地位比较低，这是一个不争的事实。企业通过国际化经营，一方面可以提高企业的形象，让国外、国内市场认可企业的国际形象；另一方面可以获得全球产业发展的信息，通过信息的收集，使得企业产品、技术保持国际领先。更为重要的，中国企业在国际化中，在海外建立研发中心，利用海外人才、资本、环境进行技术创新，拓宽了中国企业自主创新的内涵，这对中国企业自主创新和谋求新发展意义深远。

参考文献

1. 万向集团，万向集团的国际化经营战略，轴承工业，2002. 10

2. 万向集团官网

3. 康荣平，促进中国跨国公司发展座谈会纪要，2005 年

海外履责 创新经营 打造世界一流金属矿产企业

——中国五矿集团公司开展跨国经营的经历、战略及思考

随着经济全球化进程的加快和中国对外开放程度的加深，越来越多的中国企业实施“走出去”战略，通过在国际范围内重新配置并优化组合有效的经济资源和生产资源，逐步形成了经济全球化条件下参与国际经济合作和竞争的新优势。中国五矿集团公司作为国家金属矿产行业的排头兵，通过持续的专业性境外并购重组，创新开展跨国经营，积极履行海外责任，不断做强做优，走出了一条跨越式发展的转型之路，逐步将企业打造成为世界一流金属矿产企业。

中国五矿集团公司成立于1950年，曾经是国家专业骨干外贸公司，国家五金矿产品进出口主渠道，是被列入由中央管理的涉及国家安全和国民经济命脉的53家国有重要骨干企业之一。经过60多年的发展，中国五矿已从一个单一外贸企业转型成为中国最大的从事基础金属及大宗原料开采、冶炼、生产与流通的跨国经营企业集团。在中央企业第一、二任期（2004—2006、2007—2009）以及每年度业绩考核中均被评为A级。自2007年中国五矿入选美国《财富》杂志世界500大之后，排名逐年稳步前移，2011年最新排名为228位。2011年，中国五矿采取有效措施应对复杂的形势变化，实现营业收入3 552亿元，利润总额首次突破百亿，达128亿元，公司资源布局趋于完善，目前拥有铁矿资源量18.6亿吨，铜、铅锌资源量分别达到1 203万吨和2 709万吨，钨、锑、铋资源量居全球第一，钨精矿、氧化锑、硬质合金和中重离子稀土分离产能居世界第一。公司可持续发展能力进一步增强。

一、中国五矿跨国经营历程的三个阶段

中国五矿的跨国经营历程，大致经历了三个阶段。

1. 从成立到改革开放

作为在计划经济体制下专事金属矿产品进出口贸易的国家贸易公司，中国五矿一直发挥着我国金属矿产品进出口贸易主渠道的作用，在国民经济恢复和发展尤其是新中国“建立独立和完整的工业体系”这一过程中发挥了重要的资金和物质保障作用。

在这个阶段，中国五矿并没有自主的、明晰的全球化战略体系，业务人员“走出去”、外商“请进来”主要是为了更方便地从事国际贸易、获取商品信息，更好地完成国家下达的贸易任务。“出口是为了进口，进口是为了工业化”是这一阶段的主要特征。

2. 从改革开放以后到中国加入世界贸易组织之前

在这个阶段，中国外贸体制改革逐步深入，进出口专营权逐渐取消，政策优势的丧失迫使中国五矿扩展思路，谋求新的发展道路。在这一阶段，中国五矿利用长期从事国际经营的优势，在海外市场拓展方面进行了一些积极的尝试和探索。从 1978 年 12 月国务院批准外贸公司在国外设立代表机构起，中国五矿先后在欧洲、北美洲、南美洲、亚洲及中国香港等地区均设立了代表机构，并逐步拓展海外贸易。

这一阶段，中国五矿初试经营多元化，国际化也成为公司探索的主要路径之一。但囿于时代的局限性，当时的国际化更应该说是将触角主动伸出去，投石问路，在海外拓展贸易。但是，在我们拓展海外贸易空间的过程中，确实为国家赚取了很多外汇，更重要的是培养了一大批具有国际视野、熟悉国际贸易规则的优秀人才。

3. 从 2001 年加入世贸组织至今

进入新世纪以后，中国五矿逐步深化对相关产业发展规律的认识，制定了“以贸易为基础，集约多元，充分发展营销网络；以资源为依托，不断创新，积极提供增值服务；使中国五矿成为国际领先的金属矿产企业集团”的公司战略并坚定实施，首次提出了“稀缺资源开发商、优势金属生产商、产业综合服务商”的“三商”目标定位。“十二・五”伊始又适时提出“中国最具优势的有色金属资源商、中国最大的铁矿资源供应商、中国最大的钢铁产品流通服务商”的“新三商”战略定位。在公司新的战略和目标定位中，国际化被赋予了深刻的含义，既包括建立健全以贸易为基础的全球营销网络，又包括开展以资源为依托、采取多种合作方式获取国内稀缺资源的国际合作,还包括充分利用海外资本市场积极开展资本运作。随着中国五矿转型的深入和国民经济的发展,国际化的侧重点也适当进行了调整。

二、中国五矿开展跨国经营的主要成就

中国五矿坚定不移地实施"走出去"战略,取得了显著的成就。截至2011年底,中国五矿在22个国家和地区设有45家海外机构,与131个国家和地区有业务往来,公司的海外资产占其总资产的1/4强,海外收入占1/5多,海外利润则占据将近半壁江山。

在全球营销网络建设方面,中国五矿初步建立了覆盖全球主要经济体和矿业市场的营销网络体系,公司培育重点"大商品"的效果在经营收入中得到集中显现,覆盖基本金属前、中、后端的产业综合服务体系已经逐步清晰。钢材、铁矿石、铜、铝、锰、铬等多种战略性金属矿产品的进出口排名居国内第一或前列;

在"走出去"开展资源合作方面。早在2000年,在国务院的直接领导下,中国五矿与中国有色金属工贸集团进行重组,并承接了澳洲中矿国际与美国铝业公司为期30年、每年40万吨氧化铝供应的产能投资协议;2003年,通过商业化运作完成了有色金属(香港)集团下属两家红筹上市公司——东方鑫源、东方有色的收购,从而拓展了五矿在境外资本运作的战略空间。2004年收购了北美第二大氧化铝生产企业、年产160万吨的美国Sherwin氧化铝厂51%股权,后在产业市场高点成功出售,获取可观投资收益。2005年收购世界第三大铜矿企业加拿大诺兰达矿业公司未果,但使中国五矿在国际并购市场上试水,从而在团队培育、决策机制和并购经验等方面获得长足进步。2006年与智利国家铜公司组建合资公司,取得智利约85万吨电解铜供应权。2008年收购德国硬质合金加工企业——HPTec公司100%股权;联合江西铜业收购加拿大北秘鲁铜业公司100%股权;全资收购南非VIZI公司100%股权,获取2亿吨铬矿资源探矿权。2009年成功收购了澳大利亚第三大矿业公司OZ公司主要资产并成立MMG公司,此项交易被《亚洲金融杂志》评为"2009年全球最佳并购项目"。2011年4月发起收购加拿大Equinox项目,后因竞争对手出价过高、超出公司的估值范围而主动放弃,但因在收购过程中表现成熟理性和运作专业受到海内外的广泛赞誉。

在利用海外资本市场开展资本运作方面,从上世纪90年代起,中国五矿就先后在美国两次发行"商业票据",融资2亿美元。公司积极通过香港的红筹上市公司五矿资源和五矿建设进行投融资活动。2010年12月,五矿建设累计净融资近20亿元;2010年10月,中国五矿实施澳宝项目,以18.46亿美元的价格将MMG资

产成功注入五矿资源,这是2010年香港市场上最大的境外资产注资交易;2011年又运用五矿资源融资5亿美元。为五矿打造出一个全新的海外资源开发和融资平台。

三、中国五矿开展跨国经营的主要做法

在长期的跨国经营过程中,中国五矿在营销网络建设、资源获取、资本运作等方面形成了一套具有自身特色的方法。这里主要介绍中国五矿"走出去"获取资源的一些做法,重点介绍收购澳大利亚OZ公司主要资产、成立MMG并成功运营的有关情况。

2009年6月,中国五矿成功收购澳大利亚OZ矿业公司主要资产,并在此基础上成立MMG公司。收购完成后,五矿秉持"互利共赢"的责任理念,对MMG进行了卓有成效的战略、管理、业务、人员和文化的整合融合,通过模范履行企业社会责任,不断完善经营管理模式,MMG很快步入良性发展轨道,当年实现盈利1.92亿美元,2010年实现利润7.47亿美元,2011年利润继续增长,锌矿生产能力进入世界前三,实现了国务院副总理张德江提出的"加强对所收购OZ资产的经营管理,不断探索,不断总结"及原国资委主任李荣融提出的"努力实现预期目标,提高管理水平"的殷切期望。在MMG项目中,中国五矿进行负责任的并购、整合、运营和管理,并购双方实现互利共赢,成为中澳两国经贸关系的独特桥梁和成功典范。

1. 责任并购,开创共赢发展局面

原OZ矿业公司是澳洲第三大矿业公司、世界第二大锌矿生产商和重要的铜、铅、金、银生产商,公司拥有较为完整的矿业资产组合,其中在产矿山4个,处于维护状态矿山有1座,处于开发阶段的项目3个,还有多个前景良好的勘探项目。该公司此前由Oxiana公司和Zinifex公司合并而成,合并前Oxiana公司的市值就超过百亿美元。由于投资扩张过度,在全球金融危机中因资金链断裂陷入困境。这样大的公司如果倒闭,无疑将在澳大利亚引发一系列经济和社会问题。与OZ有着长期合作的中国五矿,本着互利共赢的责任理念,按照市场化原则,提出了"并购+偿债"的挽救方案,历经澳大利亚国库部否决整体收购申请、多家外资投行向OZ提出重组融资报价等重重困阻,赢得了OZ公司董事会和管理层的高度认可,最终以13.86亿美元的代价于2009年6月完成了对OZ的全资并购。

成功收购OZ公司,一方面增加了五矿在锌、铜、铅等紧缺金属的矿产资源储备,提高了中国金属矿产品原料的供应保障程度。其中,新增锌资源量1 820万吨,

相当于我国锌资源储量的18.7%；新增铅260万吨，相对于我国铅资源储量的6.3%；新增铜350万吨，相当于我国铜资源储量的4.9%。另一方面，该项目也构建了五矿海外资源开发的国际化平台，大大充实了集团的矿业人才队伍。

收购完成后，中国五矿严格遵守并认真履行了诸如保留原有管理团队和员工队伍、保持和增加当地就业等多项承诺；积极发挥原OZ的资源优势和五矿的资金渠道优势，努力将其建设成为具有国际领先地位的多样化有色金属和矿产公司和中国五矿进行全球矿业开发的国际化平台；完善了MMG的公司治理结构，通过“中方管控、西方运营”的方式，实现“中西合璧、合作共赢”；集中调动五矿在贸易渠道、生产加工等方面的资源，与MMG展开了全方位、大纵深的内部业务协同。

在中国五矿负责任的经营管理下，MMG于2009年当年就实现了盈利。五矿把所有盈利返还到MMG的运营中，继续推动公司快速发展。2010及2011年，MMG实现销售收入和利润双丰收，继续保持了锌精矿生产世界前三及重要的电解铜、铜精矿、铅精矿、黄金生产商的行业地位，为澳大利亚经济、社会的稳定和发展起到了积极的促进作用。澳大利亚副总理兼国库部长斯万说：“中国五矿收购OZ矿业，保障了近5 000名澳大利亚人的工作，符合我们的国家利益原则。”

为履行对澳大利亚外商投资审查委员会（FIRB）使MMG重新上市的承诺，中国五矿于2010年成功实施了澳宝项目，对MMG产生了强大的资本支持效应；2011年又融资5亿美元支持MMG勘探开发业务。这些都为MMG的未来发展开辟了广阔的空间。

成功收购并整合OZ公司，中国五矿主要把握了以下五个关键

（1）在战略指引下持续跟踪。中国五矿跟踪OZ公司已有5年多时间，此前两次战略合作与并购磋商皆因条件不成熟或代价过高而暂缓。五矿十分看重它的矿产资源、战略价值和发展潜力，2008年当机遇出现时，五矿快速作出科学决策，2009年一举收购。这一成功并非是盲目抄底，以低成本收购也绝非碰对了运气。

（2）审时度势，灵活应变。OZ收购过程可谓一波三折，比如2009年3月27日澳大利亚国库部以国家安全为由否决了整体收购申请，随后五矿紧急研究对策，仅用两天时间就拿出了新的收购方案，并于3月31日签署了资产收购框架协议。反应速度之快，令澳洲政府和媒体都感到惊叹。又如，面对多家国际投行提交再融资报价方案的不利形势下，6月10日五矿结合全球主要金属价格已大幅回升等因素，紧急研究决定适度追加报价，并力促OZ公司股东在6月11日股东大会上通过该交易。事实上，五矿已通过合理的汇率安排，完全对冲了所追加的那部分报价。

（3）全方位沟通与交流。五矿与OZ公司管理层和董事会的良好关系可追溯

到2004年。获悉OZ出现财务困难后,五矿真诚表示合作意愿,得到了公司管理层和董事会的欢迎。随后,不论是在尽职调查,还是在FIRB审批过程中;不论是在替代性报价告知方面,还是在目标资产合理分割方面,五矿都得到了OZ公司管理层和董事会的大力支持。特别是在FIRB审批中,我们与OZ公司一起向澳洲政府进行解释和说服。据FIRB官员说,由收购公司和被收购公司同时提交申请,这在澳大利亚外资审查史上还是第一次。正是这种良好的沟通交流,才使得五矿的收购方案始终保持最优,直至交易最终成功。

(4)公共关系策略到位。2008年澳大利亚政府一度提高了对外国企业的投资门槛和限制条件,原则上不支持外国公司100%收购在产矿业公司。为此,五矿派出高级管理人员多次前往澳大利亚,真诚与澳洲政府进行沟通交流,加强彼此间的信任。此外,我们还十分注重媒体的作用。在收购之初就制定了低调的公共关系策略,从而降低普通民众关注度,也间接减轻了澳大利亚政府审批压力。虽然历经波折,最终还是创造了澳大利亚外商投资审查史上的突破,收购获得成功。

(5)整合管理措施到位。①制定规划,明确中长期发展目标。MMG公司在3-5年内要进入国际金属矿业第二阵营企业的前3名,10年内要进入第一阵营。为此支持MMG公司在老挝湿法炼铜、澳大利亚铅锌矿、加拿大锌铜矿等新项目的研究开发,新增投资近2亿美元。②将MMG纳入五矿全球运营体系,加强国内、国外两个市场的协同,目前已将铜精矿、铅锌精矿、电解铜等产品纳入统一调配,在境外多个矿区开展外围、深部找矿方面也集中调配五矿和MMG的地质勘探力量。③充分利用好资源开发和资本运营两大平台,发挥MMG和五矿各自既有优势。在境外资源开发方面充分利用MMG平台,最大限度降低矿山建设和运营风险,确保投资安全。在资本运营方面,以五矿整体利益最大化为目标,全面统筹有色境外资产和境外上市平台。④全面推进企业文化交流与融合。集团总部与MMG各管理体系对接良好,总部尤其重视向MMG学习海外矿业公司优秀的运营管理经验。这些都有力凝聚了发展共识,促进了文化融合。

2. 责任整合,凝聚共同发展合力

企业并购是一项复杂的系统工程,以股价变动、盈利能力等指标衡量并购的失败率高达60%~80%,其原因主要是并购之后的整合融合不顺利、不成功。中国五矿收购OZ矿业、成立MMG之后成功运营,负责任的整合是不可或缺的重要因素。

收购OZ矿业是中国企业首次成建制收购西方主流矿业公司、打造具有国际影响力的海外资源开发平台的一次大胆尝试。然而,并购后如何做好管理整合和文化融合,是五矿面临的一个更为严峻的挑战。并购后的整合是一项复杂的工作,既需要各方共同努力,形成合力,全面推动;更需要以海纳百川的气度、心怀责任的虔诚,实现真正意义上的沟通和融合。

为确保有效的管理整合,中国五矿周中枢总裁亲自挂帅,组建了公司领导牵头负责的 MMG 管理对接与整合专项工作小组,小组成员包括财务、企划、投资、法律、人力资源、安全环保、风险管理、公关业务等多个部门。两年半以来,工作小组制定和实施了多项切实有效的管理对接与整合方案,与 MMG 实现了财务管控体系、投资活动管理体系、安全环保管理体系、社会责任管理体系等重要管控职能的有效对接。良好的管理整合使 MMG 在较短时间内实现了业务上的"1+1>2"。

中国五矿对 MMG 的人员整合无处不体现出"以人为本,和谐包容"的企业文化。收购完成后,五矿认真兑现收购前的承诺,坚持沿用公司原有员工和管理团队,保留资产涉及的所有人员,包括勘探、生产、管理、销售等近5 000人,实现了人员方面的平稳对接。对 MMG 的管理层,五矿采取"放权、授权"的方式,充分信任和继续支持原 OZ 公司 CEO Andrew Michelmore 及其团队的工作,使他们的能力得到了充分发挥。

在文化融合过程中,中国五矿与 MMG 积极交流,尝试认同,处处渗透着责任沟通的理念。2011 年 6 月,中国五矿集团总部社会责任管理部门前往澳大利亚就 MMG 的可持续发展事务进行调研,对 MMG 各级管理者和内外部利益相关方进行了详细访谈,共同探讨了可持续发展核心议题以及改进可持续发展管理的方式方法,并了解了 MMG 希望中国五矿集团总部对未来发展给予进一步支持的具体期望。这一主动沟通行为受到了当地媒体和社区的热烈欢迎,对促进集团总部与 MMG 的深度融合起到了巨大的催化剂作用。

中国五矿与 MMG 开展了多项交流活动,加强相互了解和学习。公司不定期抽派国内具有管理潜质的年轻人到澳洲做为期半年的管理实习生。MMG 邀请墨尔本孔子学院的老师到公司教授中国文化,向员工传递了理解和接受新股东的理念。

一系列的共同努力,增强了中国五矿与 MMG 的相互信任,提升了信息对称和沟通效率,促进了文化融合,并为实现战略整合、管理整合、人员整合奠定了坚实的基础。

如果说中国五矿收购澳大利亚 OZ 公司是"走出去"获取资源的一个成功典范,那么发起收购加拿大 Equinox 项目则是中国五矿跨国经营日臻成熟和专业的一个重要标志。

2011 年 4 月,中国五矿提出以 63 亿加元收购 Equinox 项目,后竞争对手 Barrick 提出了 73 亿加元的报价。中国五矿认为,这一价格远远超出五矿的估值范围,偏离了自己的价值标准,因而选择了主动放弃,但亦获得了 10 亿元运作收益。西方媒体评价:没想到中国企业对海外投资商业价值判断的成熟与谨慎;没想到中国企业商业化运作的公开与透明;没想到中国企业在人力资源利用上充分实现了本地化;没想到中国企业的国际公关意识和能力与日俱增。《澳大利亚人报》认为,"中国五矿决定退出突出表明,这家企业在按照常规的商业规则运营。这也具有启发意义:中国公司不会为获得矿产而不惜任何代价"。这四个"没想到"和相关评论有力改善了中国企业的对外形象。

四、积极履行海外责任,促进可持续发展

在全球化的运营发展过程中,中国五矿坚持倡导"珍惜有限,创造无限"的可持续发展理念,积极履行企业社会责任,实现与东道国社区与经济的共同发展。中国五矿良好的可持续发展绩效使其成为只有 55 家企业的联合国全球契约 LEAD 项目成员和只有 20 家企业的联合国全球契约环境先锋企业团队成员。在全球运营中,中国五矿切实履行优秀企业公民责任,通过带动经济增长、重视居民就业、加强环境保护、建设和谐社区等方式促进当地发展。

1. 带动经济发展

在老挝,中国五矿经营的塞班(Sepon)矿山贡献了老挝全国 8.2% 的 GDP 和 20% 的国民预算,2010 年给政府贡献了 5 亿美元收入,使政府有更多支出用于教育和健康。我们还通过将矿业融入当地经济使其发挥更大价值。塞班矿山为当地商业提供食品供应、交通服务和能源合同等机会,使人均年收入从 2001 年的 60 美元增加到 2010 年的 500 美元。中国五矿北秘鲁 LUMINA 公司鼓励所在社区发展非矿业领域服务,帮助了 96 家社区公司注册,并提供帮助使其中 80% 的社区公司收入翻倍。

2. 促进当地就业

在澳大利亚,MMG 公司积极吸纳土著人就业,截至 2011 年底,昆士兰的世纪矿山土著员工占到 25%,公司给他们提供培训和教育机会,使他们在矿山关闭之后也能得到发展。公司还支持 Golden Grove 矿区为当地原住民社区提供就业前的培训,掌握矿区岗位基本工作技能,帮助年轻人在采矿和其他行业寻找就业机会。目前,MMG 的员工人数已经增长到6 330人,全部来自当地社区,为增加当地就业

贡献了力量。北秘鲁 LUMINA 公司为当地居民提供电工、建筑和环境监测方面的技能培训,使 250 名居民受益。

3. 加强环境保护

保护环境始终是我们在经营发展中关注的重要工作。我们高度重视水资源管理,致力低碳发展,有效实施土地和生物多样性补偿方案,减少对环境的影响。在老挝矿区,我们的矿业运营经过 ISO14001 认证。并根据老挝国家规定和国际通行准则,推行了污水、大气等多方面的环保绩效监测,并逐步建立起排放许可、土地使用和干扰许可等程序,致力于发展绿色矿业,在矿区持续进行土地复垦,或以植被稳定地貌。我们的生物多样性计划帮助了最后仅存的暹罗鳄,还发现了新的鸟种——秃头夜莺。通过保护生物多样性,我们给后代留下了宝贵的遗产。

4. 构建和谐社区

中国五矿积极支持项目所在地的社区建设,以实际行动回报当地居民和政府。MMG 公司帮助土著居民发展养殖业和畜牧业。老挝 Sepon 矿山所在地是该国 47 个最贫困地区之一,被列为联合国千年目标地区。我们建立了由公司、政府和社区领导共同管理的 300 万美元社区信托基金,截至目前,共提供了 290 万美金的资助用于社区建设,已有 73 个村庄受惠于这项资金;还与联合国人居署、国际野生动物保护协会等非政府组织一起提供基础设施建设、教育、农业和小额贷款。我们与澳洲昆士兰州政府以及当地土著居民三方共同签订了社区共建的“海湾社区协议”,为海湾地区的居民提供教育、培训、就业机会,并保护当地的文化遗产和环境。在秘鲁,我们为贫困地区提供用水设施和医疗援助,为社区小学进行义务牙医会诊。在印度,我们捐资助学,为工厂周围 5 个小学提供了1 200多个学校关爱套装。

五、中国五矿跨国经营的经验与思考

中国五矿积极“走出去”,主要基于以下几方面的考虑。一方面来自于“建设世界一流的金属矿产企业集团”的公司自我发展的战略需求;另一方面,中国的金属矿产企业特别是中央企业,需要承担相应的经济和政治责任,在当前国际矿业垄断格局下,尽快提高资源供应能力,以缓解我国金属矿产品对外依存度过高这一主要矛盾。

当前国际矿业垄断比较严重,在矿业领域,几家国际巨头就控制了全球主要矿产品半数以上的产能。比如铁矿石,70%以上的国际贸易量被三家铁矿石巨头垄断。铝资源方面,美铝、加铝、必和必拓、力拓4家公司控制了全球产量的50%。根据2004年中国五矿和中国工程院做的课题,到2020年中国矿产资源对外依赖程度将达到65%。作为中央企业,我们对保障资源供应责无旁贷。

但是,纵观这些年来,很多中国企业“走出去”并不都是高奏凯歌,有成功的经验,也有失败的教训。这里结合中国五矿近年来海外运营特别是并购重组过程中的做法,给大家提供一些思考。

1. 跨国经营要符合企业自身战略

跨国经营无论以获取资源、拓展市场,还是获取技术、转移生产能力等为目的,一定要从战略出发,以提升竞争力为宗旨,不能盲目投资、盲目合作。跨国投资和全球化经营具有很高的风险性,我们始终认为,经营全球化要在企业发展战略大的框架下开展,有利于提高企业核心竞争力的,我们就做;自己难以消化的,先练好内功。

2. 要具备“走出去”的实力

企业综合实力如何当然是一个必要的因素,但是,是否对国别关系和国际经济政治环境有很专业的判断,比如说综合判断一个地区是否是投资高风险区,如何在当地应对突发事件,是否有一支国际化的专业队伍,在跨国经营中很关键。一定要重视国际化人才队伍的培养,重视对国际市场态势、国别投资环境、项目风险控制的研究,使之转化成企业“走出去”的能力。中国五矿的全球化经营是以长期的国际贸易优势为基础,我们有一批熟稔国际贸易、熟悉国际运作规则的专业人才,对于信息和市场的判断较为准确,在此基础上,以贸易促进资源获取,以资源获取支持贸易,并在这个过程中不断增强专业能力和资本运营能力。我们感到,“走出去”要以自身优势为基础,体现核心竞争力,还需要进行充分谨慎的评估。

3. 制定合适的全球化战略

目前,中国企业已经探索了多条全球化途径,比如品牌整合、兼并收购、海外上市、设立海外分支、建设海外总部等,全球化经营不能只靠海外并购一条腿走路,要结合公司自身情况,有序搭配全球化经营的多种方式,选择合适的投资方式,如独资、合资、并购、联盟等,打组合拳,才能取得成功。以中国五矿为例,公司获取资源有直接投资、长期协议、购买产能、风险勘探、控股收购等多种方式。同时,要配置好企业资金、人才、渠道等资源,确保战略意图实现。要在符合企业发展战略的情况下选择合适的经营方式。

4. 要运用恰当的投资战术

在符合公司利益的前提下,战术是个首要问题,结成战略联盟进行海外投资是一个被证明较为有效的投资战术之一。通过优势互补、形成战略联盟,以建立国内企业间长期稳定合作模式,既可以增强企业在市场的竞争力,形成与国际大型企业竞争的实力,也可有效规避市场风险,实现多方共赢。在跨国股权投资中要遵循国际准则,注重完善公司治理结构和运作机制,在公司章程制定、高管人员派驻等方面管控到位,以确保我方权益。此外,对于影响国际合作的几个边际条件,也应引起足够的重视,中国企业的全球化经营,尤其是海外并购中,容易受到投资地一些党派、群体、社区的抵制,所以在并购过程中要注重和不同利益群体的沟通,把握好公众舆论导向,创造宽松外围环境等。

5. 要切实履行社会责任

目前,越来越多的国家对企业的社会责任非常重视,许多国家对安全生产、利益共享等有着严格甚至苛刻的要求。同时,注重履行社会责任,在发展自身的同时繁荣当地经济,促进就业、环保、社区建设,既是企业可持续发展的需要,也有利于塑造中国企业"负责任"的形象。中国五矿在跨国经营过程中,始终注意社会责任的问题,严格遵守当地法律法规和商业规则,培育共同的愿景和价值观,注重安全环保,服务当地社区,坚持互利共赢,为当地经济发展和社会繁荣做出了积极贡献。比如前述在OZ项目的后续处理上,全面接受了原公司员工队伍,并对企业长期发展制定了科学的规划,得到了当地政府、员工的信赖与肯定。我们在北秘鲁的项目也被国资委评为企业社会责任工作的典型。切实履行好社会责任,对搞好跨国经营有着不可替代的重要作用。

中国远洋集团:从跨国公司向全球公司转变

成立于1961年的中国远洋运输总公司(以下简称中远)是当今世界第二大航运企业,拥有和经营近800艘现代化商船,5 800多万载重吨,航线遍及世界160个国家和地区的1 500多个港口。

一、中远国际化经营概况

20世纪80年代初,国家开始实施对外开放战略,中远是我国较早实施国际化的中央企业之一。中远海外事业大体经历了四个发展阶段:

第一阶段:20纪80年代之前的设立海外代表处时期;

第二阶段:20纪80年代在海外主要国家设立合资合营公司以及独资经营时期;

第三阶段:20纪90年代的业务全球化拓展和发展时期;

第四阶段:进入21纪后的从跨国经营向跨国公司转变,努力成为全球公司时期。

目前,除中国本土的下属公司外,中远集团在境内外形成中国九大区域公司。在海内外形成中国香港、欧洲、美洲、新加坡、日本、澳洲、韩国、非洲和西亚9个区域公司。中远在海外已有近200家控股企业,境外员工4 600多人,其中中方外派员工只占约10%,海外资产、收入、利润均已占到全集团的一半以上。

二、中远国际化的经验

中远丰富的国际化经验值得中央企业借鉴。比如,制定国际化战略实现了全球布局,开展国际化经营提升了经营服务水平,建立国际化的管治结构逐渐完善了治理机制，承担全球责任树立了良好的国际形象。

1. 实施全球化战略

企业发展与时代脉搏共振。在深刻认识到当今世界和平、发展、合作的时代背景下，中远以世界眼光，全局谋划，制定和实施了跨国经营战略，把自身的发展融入世界经济之中。在中国和平发展战略背景下，中远积极走出去，整合全球资源，不断提升企业国际竞争力。

（1）对产业发展趋势的深度洞悉。1998 年后，中远集团确定了“巩固做强航运业、大力发展现代物流业、调整优化陆上产业”的方针，海外业务做了相应调整，工作重心从投资扩张向注重提升对航运主业的服务转移。进入 21 世纪，经济全球化进程明显加快，中远提出了实现“两个转变”，即“由全球航运承运人向以航运依托的全球物流经营人转变，由跨国经营向跨国公司转变”的发展战略。

（2）国际化视野与清晰的战略定位。随着国际化的不断深入，依托国际资本市场，充分利用“两种资源”，以实现中远跨越式发展，是对企业国际化更高层次的要求。国际化也必须要有明确的战略和清晰的定位，服务中远全球化经营的大局，不能为国际化而国际化，关键是要通过国际化，依托国际国内“两个市场、两种资源”，提高企业核心竞争力和可持续发展能力。

（3）全球化与本土化经营相结合的战略思维。中远国际化始终坚持“全球化思维、本土化运作”，将企业经营管理活动融入到东道国的政治、经济和社会等各个层面，努力做到全球一体化和本地化之间的动态平衡。本土化运作的一个重要方面是推行海外员工的属地化管理，其中最重要的是海外员工待遇的属地化和市场化。坚持海外公司高级管理人员本土化方针，最大限度地发挥当地人员在开拓当地市场中的作用。不少当地员工被聘为海外公司的副总经理直至总经理。中远在海外上市公司高管中还推行了期股期权制，对一般员工也比照当地市场水平确定工资待遇，极大地激发了海外员工的工作积极性。

（4）强主业全球整合资源。近年来，中远围绕航运、物流和修造船三个产业重点，积极调整船队结构，提高船队的盈利能力；对航运相关业进行全球整合，大力发展现代物流业、修造船业。中国远洋整合了航运主业产业链，通过中远太平洋整合了码头业务，通过中远国际整合了船舶服务业，通过中远投资整合了修船和海洋工程制造业务。通过与全球同行上下游整合，实现了各业务的优势互补，产生战略协同效应，从而不断提高自己的核心能力。

（5）合作并购布局全球市场。在国际合作的道路上，中远的做法是在全球化经营中坚持竞争合作，真诚互信、互利共赢。通过合作，变竞争对手为合作伙伴，用他人的资源弥补自己的不足。通过一系列的合资合作,中远得以顺利进入国际码头市场。在集装箱运输领域,首先与日本的川崎汽船、中国台湾的阳明海运公司合作,后来又接受韩国的韩进海运公司加盟,互租舱位,协调派船,形成了世界上最大的集装箱运输服务联盟"CKYH"。中远还和世界最大的汽车船公司日本邮船合资成立了汽车专用船公司,与世界最大的重吊船公司荷兰的 BIGLIFT 进行合作等。2007 年年初,中远和日本唯一的铁路货运公司日本铁路货运公司签署合作协议,从事中国到日本的海铁联运项目,再次深度进入日本这个被称为世界上最难进入的市场。2009 年中远太平洋以,5.2 亿美元成功收购了马士基持有的盐田码头 10% 的股权,这是中远抢抓后金融危机时期机遇,购买"下午五点钟的鱼"的成功案例。中远还积极推进与外资在海外港口码头等项目上的合作。比如,在意大利的那波里码头、比利时的安特卫普港、希腊的比雷埃夫斯港、美国的长滩港、新加坡港、香港等,都拥有自己的码头。

2. 开展全球化经营

(1)经营服务全球化。中远的全球化最直接的表现就是经营服务全球化。目前,中远已经在 50 多个国家和地区设有公司和办事机构。海外形成了香港、欧洲、美洲、新加坡、日本、澳洲、韩国、非洲和西亚 9 个区域公司。为了有效推进经营服务全球化,中远重新调整了海外的管理模式,引进先进的 IRIS2 系统以及 SAP 全球财务信息系统,采用以业务为主的矩阵式管理模式,对集装箱运输开始实施全球范围的垂直一体化管理。通过合理重组,中远的国际化经营程度迅速提高,经营服务的全球化水平突飞猛进,同时还为今后在海外的进一步拓展奠定了坚实基础。

(2)资本运作全球化。相对经营的全球化,资本运作全球化是企业最具根本意义的全球化。多年来,根据航运业资金密集、回报期长的特点,中远在进入国际资本市场方面进行了富有成效的探索。一是海外上市。在中远集团的统一部署下,各上市公司依托资本市场对业务进行重组整合,有效实现了资本的放大和公司价值的提升。二是发行商业票据和资产证券化。中远集团于 1995 年 3 月 21 日在美国发行了第一笔商业票据,采用信用证担保方式。此后,中远集团连续 7 年在国际金融市场上发行商业票据,为自身实施全球化战略、提高在全球的市场竞争力提供了资金来源。三是船舶租赁。1998 年年底,魏家福被任命为中远集团总裁时,中远的资产负债表情况并不乐观,很难再通过银行借款的方式来发展船队。由于面临着潜力巨大的市场空间,中远创造性地提出"从拥有船经营向控制船经营转变"的发展思路,根据市场变化开始灵活租船经营。

3. 建立国际化管治结构

中远集团旗下的中远太平洋、中远国际和中国远洋等三家公司在香港联交所相继上市。2003 年,中远太平洋成为第一家晋升香港恒生指数成分股(蓝筹股)的中资航运公司。2004 年 3 月 1 日,中远投资成为新加坡海峡时报指数成分股。通过国际化的资本运作,不但为中远筹集到了宝贵的发展资金,而且促使中远建立了国际化的管治机制,实现了股东、社会、企业价值三个回报最大化的目标。

2006 年 11 月,“中国远洋”董事会凭借在企业管治方面的出色表现荣获由香港董事学会评选的“2006 年度杰出董事奖”上市公司非恒生指数成分股组别,成为首家获得该奖项的 H 股公司。

体制上为有效战略管理建立制度保障,近年来国资委推进规范的董事会建设。作为试点企业之一,2011 年 3 月,中远批准设立董事会制度,为此会新设董事长一职。魏家福将不再担任中远集团总裁职务,改任董事长一职。通过董事会建设,标志着中远制度建设又向前迈进了一步。

4. 承担全球责任

中远国际化过程中,不仅在母国承担起社会责任,如成立了国内第一家企业慈善基金“中远慈善基金”,参与抗震救灾,帮助在利比亚受困人员顺利撤离等,中远还承担全球责任,开展负责任的商业行为,树立起负责任的国际公民形象,为当地经济社会发展做出贡献。

中远积极履行社会责任,树立负责的“国际公民”形象,国际影响力不断提升。2002 年,中远决定将集装箱班轮挂靠濒临关闭的美国波士顿港,使9 000个面临失业的美国码头工人重新获得就业机会,并带动该港进出口货量一年内分别增长了 4 倍和 2 倍多。为表彰中远对美国经济所做的贡献,2009 年 11 月份,中远魏家福总裁被美国国会授予“人民大使”称号。为表彰中远的贡献,美国麻州经济促进委员会和美国东岸海港工会(ILA)授予中远“Economic Booster Award”和“Job Creation Award”大奖。马里兰州授予中远 Commodore 大奖,长滩港五次授予中远环保绿旗奖。在日本,魏家福董事长作为中日友好二十一世纪委员会的委员,致力于推动中日友好,加强互信,促进两国贸易和投资的健康发展。

中远还是积极采取行动关注环境保护和气候变化的中国企业。中远很早就注重承担广泛的“企业公民”职责。中远是第一个签署气候和人权宣言,积极采取行动关注环境保护和气候变化的中国企业。2006 年,中远完成了国内首份以保护环境、节约资源、反对腐败为重点的可持续发展报告,该报告后荣登联合国“全球契约”典范榜，是第一个中国企业也是世界上第一个航运企业入选。鉴于中远在履行“全球契约”方面的突出表现，联合国秘书长潘基文亲笔致信、邀请魏家福董事长参加了2007年7月初在瑞士日内瓦召开的联合国“全球契约”领导人峰会。2008年7月，又应邀参加了潘基文秘书长在北京召开的“全球契约”座谈会并在会上代表中远郑重承诺、正式加入联合国倡导的《关注气候宣言》。在《世界人权宣言》颁布60周年之际，中远集团还签署了《世界人权宣言》，成为我国第一家签署该宣言的国有企业。

中远在全球注重合规经营。面对不同的国家、地区有不同的文化习惯、法律法规，中远尊重当地的文化习惯，严格遵守所在地法律法规，依法诚信经营，才能确立在所在国的地位。

三、从跨国经营向全球公司转变

全球市场形成后，许多跨国公司正向全球公司转型，这些全球公司的跨国指数都超过了50%。全球配置资源能力得到了大大的增强。跨国公司向全球公司转变是企业不断调整自身适应全球市场的结果，是增强国际竞争力的需要。

中远也正在积极拓展海外业务，企业实现了从跨国经营向跨国公司的转变，正在努力向全球公司转变。这就要求中远要有更宽阔的国际视野来制定全球战略，建立起适应全球经营的管治结构，积极承担全球责任，不断提升企业的跨国指数，增强企业的国际资源配置能力，提升企业的国际形象。

中海油服：能源类企业的海外并购

我国经济保持高速增长的同时，也面临着严峻的能源资源瓶颈压力。2009年以来，我国的能源资源供应开始大量依赖海外供给。在今后相当长的一段时间里，我国需要向海外进口大量能源资源，以保证我国经济的平稳、快速发展。

为保证能源资源的供给，我国能源资源类企业必须积极开展海外投资经营，尤其是大型国有企业，承担着海外能源资源投资经营的重任，也是海外投资经营的主力军。通过国际化经营和海外并购的方式，来获得更多的海外能源资源，提升企业的国际竞争能力。

一、跨国并购成为企业国际化的主要手段

国际金融危机期间，全球跨国并购规模有所减少，但我国企业海外并购却依然保持增长势头，并成为金融危机后企业跨国投资经营的主要手段。通过跨国并购获取国外先进技术、营销网络和能源资源。据普华永道统计，2011年，中国大陆企业的海外并购交易数量达到创纪录的207宗，同比增长10%，交易总金额达到429亿美元，同比增长12%。2011年共披露了16宗交易金额大于10亿美元的海外并购交易，其中14宗是资源和能源领域的交易。近年来，中国企业在资源开发领域的并购活动不仅频繁而且因其交易规模较大，更是引起国际社会的广泛关注。跨国并购的大规模兴起，是企业国际化经营扩张的必然结果。我国企业应该通过跨国并购来进行国际化经营，加快我国国有企业国际化进程。

二、中海油服跨国并购案例

中海油服跨国并购历时将近两年，通过精心准备，最后并购了挪威海上钻井

公司(AWO)。

1. 中海油服简介

中海油田服务股份有限公司(以下简称“中海油服”,“China Oilfield Services Limited”或“COSL”)是中国近海市场最具规模的综合型油田服务供应商。服务贯穿海上石油及天然气勘探,开发及生产的各个阶段。业务分为四大类:物探勘察服务、钻井服务、油田技术服务及船舶服务。COSL 于 2002 年 11 月 20 日公开发行 H 股,并在香港联合交易所主板上市,于 2007 年 9 月 28 日在上海证券交易所上市。COSL 拥有中国最强大的海上石油服务装备群,截至 2008 年 12 月 31 日,公司共营运和管理 23 艘钻井船,其中 20 艘自升式钻井船(其中租用 1 艘,管理 1 艘)和 3 艘半潜式钻井船、2 艘生活平台、4 套模块钻机和 5 台陆地钻机。另外,COSL 还拥有和操作中国最大、功能最齐备的近海工作船队,包括 70 多艘各类工作船和 4 艘油轮;5 艘化学品船;8 艘地震船;4 艘勘察船及包括 FET、LWD、ONTRAK 等众多先进的测井、泥浆、定向井、固井和修井等油田技术服务设备。作为中国海上最大的油田服务上市公司,COSL 既可以为用户提供单一业务的作业服务,也可以为客户提供一体化整装、总承包作业服务。COSL 的服务区域包括中国海域,并延伸至世界其他地区,例如:南美、北美、中东、非洲、欧洲、东南亚和澳大利亚。

2. 中海油服的跨国并购

中海油田服务股份有限公司 2008 年已完成对挪威海上钻井公司(AWO)总价值约 171 亿元人民币的整体并购。收购完成后,曾在挪威首都奥斯陆上市的 AWO 公司将并入中海油服的挪威子公司。这次收购的成功,不但使中海油服获得有作业承包合同的海洋钻井设备,而且还将继承 AWO 公司原有国际业务管理团队丰富的经验。

原 AWO 公司的高层管理团队已经表示愿意与其他团队成员一道加入中海油服。中海油服与 AWO 公司达成协议,以有条件的自愿现金要约方式收购 AWO 公司 100% 的股权,收购现金对价为每股 85 挪威克朗,总对价约为 127 亿挪威克朗。收购要约由中海油服全资持有的挪威子公司提出。并购后,中海油服和 AWO 公司合并将建立世界第 8 大钻井船队,包括两公司在建的钻井平台在内,合并后将总共拥有 34 个运营钻井平台,其中一部分平台将承接国际业务。

三、中海油服跨国并购经验

我国企业国际投资经营还处在成长阶段,经验不足。中海油服并购挪威海上钻井公司(AWO)有许多经验值得总结。

1. 明确并购目标

中海油服围绕油田服务行业展开跨国并购,取得了好的效果。首先,收购进一步提升了中海油服的装备质量,提升了中海油服深海作业能力,使中海油服的自升式和半潜式钻井平台的船龄大幅下降,作业水深加大,提升了其在钻井服务方面的竞争力;其次,收购可以加速中海油服的国际化步伐,标的公司的船队大多在澳大利亚、挪威、越南、沙特、英国、利比亚等海外区域作业,客户包括 BP 等一些国际大型油气能源企业,收购完成后中海油服的海外业务比例将进一步提升,而成本节约、交叉业务机会、区域市场互补等协同效应也将逐步体现。

2. 善于捕捉并购机会

挪威 AWO 海上钻井公司的背景是一个很大的家族企业,主要业务是做油轮,是全世界最大的油轮公司,有 80 多条油轮,2008 年 5 月份下水了一条世界最大的油轮,这个公司通过投资建船挣钱。20 世纪 90 年代中期,挪威公司建了七、八十艘油轮,由于是风险投资,大部分船已被卖掉。AWO 公司的老板两年前就希望把公司卖掉,一年多前与美国公司谈判,美国公司一直没有动作,中海油服就获得并购的机会。

3. 选择合理的并购方式

中海油服海外并购收购 AWO100% 股权,当时希望找两个 PE 一起跨国并购,可以利用 PE 的管理、整合经验,降低风险。计划是中海油服出资 3/5,PE 出资 2/5,怎么投入,怎么计算回报,具体的退出方案都已经谈妥,最后双方对法律文本进行谈判时达不成共识,中海油服不得不单独行动用全现金自愿全面要约收购方式进行全面的收购。虽然 PE 的退出没有影响到交易,但是企业在海外并购中,选择合理的并购方式和并购策略是相当重要的,这能为企业尽可能避开风险。

四、中海油服海外并购的启示

中海油服成功收购 AWO 是中国国有企业跨国收购的又一成功案例,给我国国有企业海外并购带来有益的启示有以下几个方面:

1. 避开政治风险

政治风险往往是中国国有企业海外并购失败的原因,中海油意欲收购美国第九大石油公司 UNOCAL(优尼科)时,其中一个主要原因就是出于美国政治上的反对。收购 AWO 交易成功的关键原因之一是未遭遇明显的政治风险,分析其原因主要有以下几个方面:

第一,从收购资产本身来看,收购 AWO 主要钻井平台资产,虽然属于油田行业,但敏感性相对较低;而中海油竞购尤尼科是油气资产,为各个国家战略重要性最高的资产之一,敏感性很高。

第二,与标的所在国关系方面,中挪关系历来非常友好,挪威政府对外资收购态度相对更开放,对本次收购也表示支持。美国政府对外资收购关键资产的态度较为保守,最终政府对交易持反对态度。

第三,从竞争对手的情况来看,收购 AWO 时没有第三方公开声明要进行竞购,在收购优尼科时,中海油面对着 Chevron(美国公司)这样有力的竞购者,Chevron 对中海油发动了比较激烈的公关攻击,使得中海油在优尼科案上失败。

2. 提高透明度

主权财富基金未来几年在金融市场的影响可能会越来越大,按美林(Merrill Lynch)预计该类基金到 2011 年的规模将增至目前的四倍多,从 1.9 万亿美元增至 7.9 万亿美元。国际市场对主权基金持较强排斥态度的主要原因就是其操作缺乏透明性。主权基金大量进入全球市场,只有具有相对透明的主权基金才能够得到国际市场的认可,才能够在国际资本市场的竞争中获得胜。目前我国国有企业进行跨国并购时,资金的透明度很低,尤其是我国和主权基金在海外投资时,西方国家就指责带有政治意图和透明度低。认为前者会以投资控股为目的的战略性投资控制本国的政治、经济等综合目的,其投资可能危害到东道国的国家利益甚至是国家安全。不透明的运作会给外界的判断和决策造成困难,无法评估系统风险或无法确定主权财富基金是在寻求经济利益还是战略利益或政治利益。我国国有企业要增加跨国并购的成功率,就一定在跨国并购中提高海外投资经营的透明度。

3. 用开放的姿态处理海外公共关系

国外一些政客、政党及社会团体仍出于意识形态的差异甚至是对中国经济快速成长的敌视,通过各种途径向本国政府施加压力。中国企业包括一些涉外部门不大重视抢夺话语权,面对歪曲报道和恶意炒作沉默不语。长此以往,中国企业在海外渐渐失去信任。随着越来越多的中国企业国际投资经营,如何应对一些外国媒体的恶意炒作,已经成为中国企业面临的严峻挑战,也直接关系到中国的国家形象。企业必须采取有效的公关活动，最大限度地获得海外政客及媒体的支持，化解在海外并购中可能出现的舆论偏见和政治阻力。另外，我国企业往往对公共关系的认识不是很清楚，把公关当成处理与政府和媒体的关系，而现代的企业公共关系处理包含了企业利益相关方，不仅是企业所在国的政府、媒体机构，还包括了股东、工会、社团、社区、竞争对手等这些利益相关方，所以我国企业在处理公共关系时就要照顾好各个方面，不能只停留在一个方面或某几个方面。

4. 强化并购商业理由，塑造良好形象

我国国有企业对外投资经营应更多地强调商业理由，向公众与资本市场展示企业并购是出于商业目的而非政治任务。企业虽然是国有企业的身份，但自身是独立运作的，完全商业化的实体交易本身要有强有力的商业逻辑，以显示非“政府”驱动。强调中国企业海外经营能促进东道国的就业，增加东道国的税收，强调自身的参与能给并购的目标企业带来长远有利的发展，使得企业价值更大。在海外树立良好的企业形象对国有企业来说相当重要，这往往能赢得目标企业所在国的好感，得到投资所在国和投资所在地政府的支持和社区的支持，获得企业股东的认可，工会的认同，社团的理解，竞争对手的尊敬等，甚至能赢得消费者的心。拟向海外投资经营的企业一定要树立正面的形象。比如企业有合规的操守，有社会责任的理念，有良好的口碑等。在全球经营的舞台上，企业家要长袖善舞，注重形象宣传，多参与国际公共事务，积极参加国际公益事业，多为所在社区做好事，做善事，强调本土化，注重企业生态环境建设。还有一个值得注意的事情就是，做了好事要懂得宣传，善于宣传，学会向利益相关方散播好消息。

参考文献

1. 中海油服并购 AWO 公司的海豹项目总结
2. 参考中海油服公司执行副总裁陈卫东在“第八届跨国公司中国论坛”上的讲话内容
3. 参考中海油服公司执行副总裁陈卫东在“跨国并购与产业安全和发展座谈会”上的发言内容

中联重科:“聚变”中创新国际投资经营策略

中联重科通过“裂变”做强战略事业部,并围绕主业向国际化“聚变”做大企业。在“裂变”加“聚变”战略思想指导下,中联重科联合弘毅、高盛、曼达林基金并购意大利公司 CIFA,其成功经验值得借鉴,也给我国企业国际投资经营带来了许多启示。

一、中联重科简介

长沙中联重工科技发展股份有限公司(下简称:中联重科)是在建设部长沙建设机械设计研究院基础上设立的股份制企业。创建于 1992 年,总部位于长沙,是一家高科技上市公司。是中国工程机械装备制造龙头企业,全国首批 103 家创新型试点企业之一。主要从事建筑工程、能源工程、交通工程等国家重点基础设施建设工程所需的重大高新技术装备的研发制造。公司注册资本 7.605 亿元,总资产超过 80 亿元,员工13 000多人。2010 年,公司实现营业收入 321.93 亿元,归属母公司净利润为 46.66 亿元。

顺应全球经济一体化的趋势,中联重科以产品系列分类,组成混凝土机械、移动式起重机械、城市环卫机械、建筑起重机械、路面施工养护机械、基础施工机械、专用车辆等多个专业化事业部,拥有液压元器件、工程机械薄板覆盖件、消防设备、电梯产品、卫星导航电子产品等多个专业分、子公司,正在构建一个国际工程机械的精品集合,打造一个国际化的工程机械产业集群。

二、中联重科走向国际并购的过程

2008 年,香港特殊目的公司——ZoomlionCifa(Hong Kong) Holdings Limited 在

香港成立。2008 年 9 月,中联联合共同投资方向香港特殊目的公司出资,其中中联的投资实体 Zoomlion Overseas Investment Management(H. K.)Co., Limited 持有 60% 股权,弘毅的投资实体 Sunny Castle International Limited 持有 18.04% 股权;曼达林的投资实体 Ace Concept Holdings Limited 持有 9.04% 股权;高盛的投资实体 GS Hony Holdings I Ltd. 持有 12.92% 股权。同年 9 月,中联重科联合弘毅、高盛、曼达林基金收购了 CIFA100% 股权,中联重科支付 1.626 亿欧元收购 CIFA 60% 股权。收购完成后,中联重科一跃成为全球最大的混凝土机械制造企业。整个事件对中联重科来说是其国际化经营最为关键的一步,也是中联重科通过裂变与聚变相结合,由做强国内市场到做大国际市场的扩张理论指导下的成功实践。

1. “裂变”做强国内市场

中联重科以各个产品形成独立经营单元的事业部,形成战略事业部。通过让各个战略事业部在经营、生产研发、收入分配上都有相当高的自主权,使得各个事业部逐渐成为一个非常成熟的、有比较成功的营销体系、比较成熟的研发能力的独立经营单元。这样整个公司不断“裂变”成不同的事业部,各个事业部在国内市场都有相当强的竞争力和相当大的销售收入。以混凝土事业部为例,这个事业部销售收入就达到了七八十亿元。这些事业部在国内市场上都有相当强大的竞争力,是裂变的结果见图 3-1。

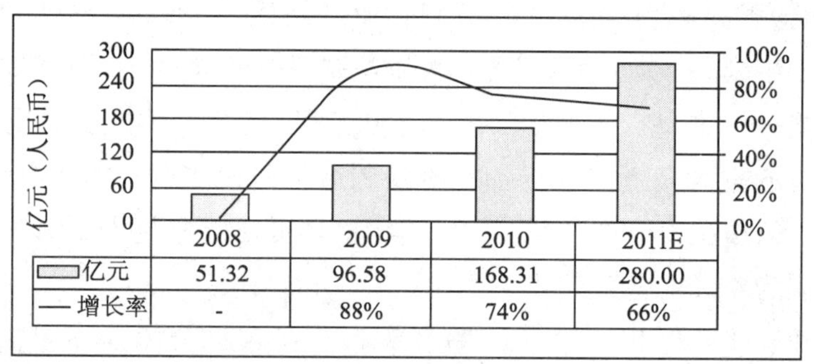

图 3-1 混凝土国际事业部销售额

资料来源:中联重科副总裁万钧发言稿

2. “聚变”并购国际市场

当一个战略事业部在裂变中不断变强后,强到一定的竞争力,就要不断做大,中联重科就以“聚变”作为战略事业部做大的理论指导。就是当国内某一个事业部已经成长到具有比较大的影响力的时候,这个事业部在国外寻求一个跟他对等的竞争对手作为并购对象，并购以后形成国际、国内两个市场合力，这就是中联重科的并购战略，也是中联重科做大到国际市场战略之一。

对中联重科来讲，任何一个并购的目的一定是非常清楚的，并购对象一定是在国内已经有一个对等的，非常成熟的事业部，他可以有足够的能力去整合，去驾驭新并购的对象，这就使得并购的对象不会失控。

并购后金融危机期间，CIFA 单一品牌相对竞争对手，市场占有率提升了 30%左右；而并购后的中联重科混凝土国际事业部销售额也大幅增长

3. 国内外市场的联动，形成合力

2002 以来中联重科提出了“专业化、股份化、国际化”，以及“核裂变”、“核聚变”的发展战略。2007 年提出未来五年 40% 产品销往海外、5 – 10 年进入全球工程机械前十强的企业远景。可见，中联重科国际化发展战略是明晰的。也正是在这样清晰的战略指导下，使得中联重科成功并购 CIFA。这次收购 CIFA 则是中联重科“国际化”战略和产业“核聚变”的成功演绎，把国内混凝土事业部和国外 CIFA 事业部联合起来，聚变成混凝土跨国事业部，将国内制造成本优势与国外技术领先的优势整合互补，从而产生“里应外合”的呼应效果。

三、中联重科国际化的经验

效率理论认为企业兼并往往是为获得规模经济或产生协同效应。中联重科实施国际并购就是为了更好地发挥企业与目标企业的效率优势，通过准确定位，发现目标企业带来的规模效应或者互补优势，在提高企业自身效率情况下展开的跨国经营。

1. 战略协同是并购的关键

在产品销售网络、研发制造能力等方面中联重科和 CIFA 之间具有很强的互补性，能够产生战略协同效应。一方面，可对国内外两张网络进行整合，产业协同效应。目前，CIFA 业务集中于欧美市场，在欧美市场拥有完善的销售网络；中联重科业务主体在国内，在国内拥有较庞大的营销网络，通过整合两张产品销售网络可产生协同效应。另一方面，CIFA 在混凝土技术研发方面具有雄厚实力，中联具有大规模的生产、制造管理能力，其成本控制管理较好，为围绕互补优势开展合作提供了可能。最后，双方诚信的企业文化和创新精神相近为双方互补融合提供了共同平台。

2. 突出主业是并购的前提

中联重科事业部不断聚变的过程，可以看出中联重科走的是一条专业化并购之路，通过专业化而不是多元化战略做强做精。围绕主业并购，在国际并购中把主业做大。中联重科的发展史，其实就是一部不断并购重组进而做大做强的历史，而纵观中联重科每次收购都是基于主业向心力的产业投资行为，此次收购 CIFA 也是中联重科基于主业向心力收购战略在全球化道路上的成功演绎。中联重科收购 CIFA 之所以被业内人士看好，也正是因为双方主业长期战略发展的需要，是一次基于主业的战略融合。

3. 联合 PE 并购降低整合风险

在此次收购中，中联重科出资 60%，共同投资者弘毅投资、高盛和曼达林基金出资 40%。这种交易安排一方面减轻了中联重科短期的财务负担，更重要的是联合这些熟悉西方商界游戏规则的机构组成了收购整合的“文化缓冲地带”。弘毅投资是具有国际视野的中国本土基金，其控股人联想集团收购整合 IBM 的经验为中联重科提供了很好的借鉴；高盛公司是具有全球投资管理经验的纯国际化基金；而曼达林基金的股东之一是意大利最大银行联合圣保罗，它的管理团队是相当了解中国国情的意大利本土团队，搭建了双方融合的桥梁。引入共同投资者可以有效缓解文化和理念的冲突，确保收购后重组整合顺利实施。

4. 公开并购后期整合计划是成功并购的重要因素

在中联重科决定收购 CIFA 的同时，塔塔集团、施维英、三一重工都有意参与竞购，但最终 CIFA 选择了出价相对较低的中联重科，这只是与中联重科多年来形成的核心竞争力有关，还与中联重科完整的并购整合规划有关。早在在第一阶段谈判，中联重科董事长詹纯新就提出了“保持 CIFA 管理团队和员工队伍的稳定、双品牌战略下 CIFA 自主经营、全球范围内的技术、市场等资源共享”的战略构想，获得了 CIFA 原股东和管理团队的高度认可，最终交易达成。

5. 依法依规依程序报批，避免法律风险

中国上市公司赴海外并购，面临着国家发改委、商务部、外汇管理局、证监会等部门的批准和东道国反垄断审查。中联重科熟悉中意两国法律法规，积极依法依规依程序报批，既在 6 个月内走完了国内外审批程序、保证了收购的顺利完成，又遵守了国家对海外投资的政策要求、避免了法律风险。

四、中联重科国际化带给我们的启示

通过研究中联重科顺利并购 CIFA 公司,其中的投资经营策略和金融手段创新值得我国公司借鉴。跨国文化融合也深受好评。同时,政府相关部门如何引导我国企业海外并购,避免我国企业在海外并购中相互竞争出现在海外“相互残杀”的局面这也值得深思。

1. 创新我国企业国际投资经营策略

我国企业在海外投资经营过程中,对海外投资经营策略的研究是相当重要的。企业单独向海外去并购还是联合金融资本一起去海外并购,是与金融资本一起去海外并购还是与产业资本一起去并购,这些都值得我国企业在实践中总结。本次中联重科通过与弘毅投资、高盛和曼达林基金相互联合,一起并购 CIFA,是一种新策略,能够应用彼此间优势,实现企业间的双赢。

随着我国银行业的海外并购咨询力量变强,能够为中国企业海外并购提供财务咨询,未来中国企业可以与银行企业、私人资本、产业资本等联合在一起,组成财团,共同开发海外市场。这是我国企业国际投资经营策略的一个创新。

我国企业国际投资经营的另一个策略创新,可以是中国企业联合国内、国外企业,成立一个贯穿整个产业链的企业群体组合,通过整个产业链上的企业群体进行海外投资经营,把一产业的各个环节都带向海外,实现整个产业向海外扩张的集群优势。

2. 创新经营国际市场的金融手段

经营国际市场的金融手段创新在国际市场经营中发挥着重要作用,通过金融手段的创新带来市场经营的成功,中联重科做到了。中联重科通过创新金融来源,整合大中华经济圈的金融资源,通过向买方提供信贷,从而在市场上获得成功。

中联重科把中国大陆、香港,中国台湾的金融资本纳入大中华经济圈内,把这个经济圈内的金融资源牢牢地整合到一起,形成强大的资本力量支持中国产品在国际市场上销售。别外,中联重科利用融资租赁这种方式,在海外所有的重点目标市场设立中联重科完全控制的融资租赁公司,向中联重科当地的客户提供卖方信贷,使得客户不但可以买到中国生产的产品,还可以获得来自中国的低成本资金的信贷支持,这成为了装备制造业走出海外获得成功的重要经验。中联重科在澳大利亚、俄罗斯、意大利和美国分别成立了融资租赁公司，当地 70 - 80% 的销售是通过融资租赁实现的。

3. 以包容、开放的文化实现企业双方融合

中外企业并购后整合最为困难的是文化融合，文化冲突往往导致企业并购失败。中联重科并购 CIFA 同样面临着中意企业不同文化融合的困难。中联重科的董事长詹纯新在哈佛大学演讲时总结了中联重科与 CIFA 的文化融合的经验。他说，中国企业要走国际化，一定要本土化。换言之，就是要做当地的人，做当地的企业。这是中国企业成为国际企业公民的新姿态，并把这种新姿态看作是一种新的商业文明和商业精神，即包容、共享、责任。比如共享企业愿景方面，在并购 CIFA 初期，CIFA 公司的员工和团队对收购后即将到来的变革怀有各种各样的心态。有怀疑的，有观望的，有恐惧的，有沮丧的，还有抵触的。因为他们不知道这群中国人到意大利来到底要干什么，很多人认为我们只是像他们原来的股东一样，先包装再转手。中联重科不厌其烦地跟他们谈如何协同，谈如何融合，但沟通效率极其低下。最后，中联重科终于认识到，根本原因是 CIFA 员工对 CIFA 的发展方向很茫然，双方缺乏一个共同的愿景，没有一致的目标，肯定达不成共识，形不成合力。于是，中联重科提出中联重科 CIFA 的发展愿景。对骨干团队实施股权激励，共享发展成果，共担发展责任。在一个得到大家认同的共同愿景下，文化分歧逐渐消失，随之而来的是迅速整合全球供应链、搭建全球研发平台、叠加全球市场网络、融入骨干员工的股权，真正结成了一个利益共同体。愿景的共享，让目标一致；利益的共享，让人心凝聚。

2010 年 1 月 25 日，意大利总统纳波利塔诺将素有“意大利企业奥斯卡奖”美誉的“莱昂纳多奖”的国际奖项颁发给中联重工科技发展股份有限公司（中联重科公司）董事长詹纯新。詹纯新获此殊荣是由于他在中意经济合作中作出的重要贡献，这也是中国企业家首次获得该国际奖项。

纳波利塔诺在颁奖致辞中两次提到詹纯新在投资收购意大利混凝土机械设备制造商 CIFA 公司的过程中对意大利所作出的贡献。他说，将这个奖项授予詹纯新具有非常重要的意义，说明意大利对新兴发展中国家给予越来越多的关注，发展中国家在经济建设中取得的成就也为意大利经济发展树立了榜样。

4. 海外并购要尽量避免出现国内企业相互残杀

在后危机时代，中国企业会大量进行国际投资经营。可能会出现这样的局面，几家中国企业都去竞争海外的目标公司，或者是海外的目标公司抓住中国企

业急于出海并购的心理，挑起几家中国公司一起去竞购，这样使得竞争目标公司的价格上升，出现国内公司在竞价上相互残杀的情况。

事实上，甚至包括一些中央企业在海外投标都发生过“窝里斗”。国内同行在海外，往往是“熟人相见，分外眼红”。这恰恰是中国企业无序竞争从国内向海外的延伸。导致许多中国企业派往海外投标的高管最怕的就是“他乡遇故知”。中联重科并购 CIFA 时注意到，同在长沙的竞争对手也投下标书。这两家企业是 CIFA 在中国仅有的两个潜在买家，另有三四家海外非工程机械行业企业参与并购，多为投资型企业。如果长沙的两家企业都去并购同一企业，就会出现国内兄弟企业在海外相互残杀。当时中联重科已先拿到国家发改委有关海外收购批文，通过湖南省政府相关部门出面协调，劝说竞争对手退出竞标，避免了两家中国企业到海外“火拼”的局面。

从这事件上可以看出，中国企业进行海外并购时，不能散乱出海并购。在国内进行激烈的竞争，但是走出国门一定要注意合作，做到该退就退，避免国内兄弟企业在海外并购竞争中出现“鹬蚌相争，渔人得利”的局面。

政府相关部门对中国企业海外并购一定要给予协调，从中央政府相关部门到地方政府相关部门都要有统一的认识。在国内批审时做到对去海外竞购的国内企业给予评估，看是否符合条件。对于符合条件的企业做到有先有后。中联重科并购 CIFA 时，竞争企业来都是在同一个城市，通过本省政府相关部门的协调可能相对容易，如果是跨省企业出现在海外竞购时，行业协会、中央政府相关部门就应该通过统一规划协调我国企业海外投资经营，避免出现国内多家企业到海外去竞购同一目标公司的局面。我国的行业协会也要发挥有效表达业内共同利益诉求的作用，提高本行业企业海外并购的协调能力。

参考文献

1. 中联重科提供的《中联重科并购重组意大利 CIFA 案例》是本案例重要的参考文献
2. 整理中联重科总裁助理、融资租赁事业部总经理万钧在“第八、九届跨国公司中国论坛”上的发言内容
3. 詹纯新在哈佛大学的演讲，中国企业融入国际的新姿态，2011 年 3 月

中铝集团:提升跨国并购能力

在《财富》杂志发布的2010年世界500大企业名单中,中铝公司以资产总额3 548亿元、销售收入1 356亿元,连续3年进入世界500大。

近些年来,中铝一方面实施战略转型,一方面进行海外大规模扩张。在中铝国际化扩张过程中,并购力拓案例值得中国企业研究。从中铝与力拓间的博弈过程来看,中铝第一次并购力拓显得非常成功,但第二次增持力拓股份时没有成功,主要原因是跨国并购中缺少对国际市场与竞争对手进行的动态研判和有效策略调整。中铝并购力拓的过程相当曲折与艰辛,有许多经验与教训,为我国企业海外并购带来了许多有益启示。

一、中铝与力拓的较量过程

中铝公司在国际金属市场呈现激烈的变化,全球矿产资源行业不断整合,世界矿产企业的竞争激烈的国际竞争背景下,以做“国际化多金属矿业公司”的战略定位积极进行国际化。2007年以来,中铝进行了多项海外投资,包括投资澳大利亚昆士兰铝土项目、收购世界排名第九的秘鲁铜业公司,参股力拓等,其中,中铝并购力拓历经波折起伏,备受关注。

1. 中铝携手美铝收购力拓

2008年2月,中铝集团携手美国铝业在市场高峰期以每股近59英镑的价格斥资140.5亿美元收购力拓英国公司12%的普通股股份,并持有力拓集团9.3%的股份成为其单一最大股东。其中,美国铝业以认购中铝新加坡公司债券形式出资12亿美元,其余128.5亿美元均为中铝出资。此次并购无论是中铝还是外界都认为中铝海外收购做得相当漂亮,中铝与美铝合作一起并购国外企业也被看成一种提高我国企业海外并购成功率的新策略与新模式。

2. 中铝增持力拓股权失败

最让业界关注的事件是在2008年至2009年期间发生的中铝并购力拓事件。由于金融危机爆发,截至到2009年2月,中铝首期投资已经浮亏了70%以上,每股股价下跌到不足10美元。与此同时,中铝开展实施第二阶段注资计划。2009年2月12日,中铝公司与力拓集团签署战略合作协议,中铝主动斥资195亿美元将其在力拓集团整体持股比例由目前的9.3%增至约18%。2009年6月5日,力拓单方面宣布撤销中铝第二次注资的协议,宣告了原本将成为迄今为止中国最大规模的海外投资交易彻底告吹。按照双方签署的协议规定,力拓需向中铝支付1.95亿美元的毁约费。虽然获得赔偿,但这次增持失败对中铝来说产生了较大的负面的影响,从战略层面看,可以认为中铝为这次失败付出了较大代价。

3. 再次合作

中铝第二次注资并购失败后,整个并购事件并没有完结。为了自身的战略利益,中铝参与力拓"152亿美元配股融资"方案。2009年7月1日中铝出资近15亿美元,全数执行力拓新股认购权,以维持现有的持股比例,摊低此前斥巨资入股的成本。随后,力拓在中国陷入"间谍门"风波。一边纠缠于间谍案,一边与中铝不忘密切合作,真可谓是两个"冤家"。2010年3月19日,中铝和力拓签署了非约束性合作谅解备忘录。

随后,中铝以47:53的股权比例与力拓组建合资公司,共同开发总储量达50亿吨的几内亚西芒杜铁矿项目,其中,中铝将投入13.5亿美元,用于该项目未来2至3年的开发。中铝不排斥与力拓再度联手,因为中铝目前正在蒙古OyuTolgoi铜金矿等矿业领域以寻求发展更多战略合作伙伴关系,这其中也包括力拓,中铝看重的正是力拓的蒙古铜金矿项目。

二、正确认识中铝海外并购

大家在高度关注中铝与力拓并购失败的同时,许多人都想去研究失败的原因。有的认为是中铝的国有企业背景受到了澳大利亚方的政治壁垒,中国国有企业并购涉及澳大利亚国家安全。有的认为这次力拓与中铝合作开始就是缺乏诚意。

1. 正确认识这次并购过程

如果排除金融危机的影响，中铝首期收购的方式和效果都是相对较成功的，当力拓出现危机濒临破产时，借助中铝也是无奈之举。任何企业都不愿意让竞争对手来并购自己，但是为了生存他又必须找一家企业来合作，当时选择中铝也是符合双方的利益的。在双方不断谈判的过程中，股市回升力度让力拓看到不用引入中铝也能生存的希望，这期间力拓通过媒体制造社会舆论进一步影响政府、监管机构以及民众，促使交易审查期由原定的30天延长到90天，引起澳大利亚民众对中铝"国家控制"的强烈抗议。在力拓赢得喘息机会的同时，还暗中与必和必拓商议合作事宜，这当中谁先提出合作不得而知，不过双方都是为实现利益的最大化。当力拓宣布拒绝中铝收购时，它迅速与必和必拓达成合作协议，中铝最终出局。

可以说这次中铝并购失败与力拓在并购消息释放后刺激股市回升的关系最大，在并购谈判过程中，中铝一直坚持2名董事会席位，这种坚持可能是没有考虑股市回升的背景。从并购角度看，当公司向目标公司发出要约公开后，目标公司的股价上涨说明市场释放出积极的信号，市场认为双方在并购中都是有利的，也说是目标公司的价值低估。中铝应该在得利的情况下看清力拓本身不情愿合作的本质，看清力拓可能在股市回暖或与别的竞争对手合作中就能解决生存的问题。中铝当时进行艰辛谈判而不能有结果的时候可以对谈判的条件进行退让，毕竟是收购战略资产，不必太注重资产价格本身的最低才进入，而是合适、有利就可以拿下。这就要求中铝根据并购过程中发展的新形势在并购策略与谈判条件上进行动态的研究、判断，及时调整，认清当时形势后改变策略，情况可能会不一样。

2. 提升企业国际并购能力

中铝第二次收购力拓失败，也暴露了中铝国际并购中博弈经验的不足。首先，中铝对力拓的认识不足，对力拓追求利益最大化的本质认识不够全面；其次，中铝没有动态调整谈判条件，预定目标控制得太死，力拓股票回升后，就失去了谈判的主动权。力拓在宣布破产倒闭前宣布大规模的注资计划，中铝承诺注资恰好强力刺激了力拓股票价格上涨，因而选择什么样的时机将是双方博弈势力消长的关键环节。再次，中铝这次收购暴露了国有企业"财大气粗"的急切心态，一方面中铝并没有像第一次收购那样注册新公司完成收购；另一方面中铝可能有急于抄底的心态。

三、中铝海外并购的启示

中铝与力拓的博弈给我国企业海外并购的启示是在并购中要动态地对国际市场进行研究、判断，并购在实现利益最大化的同时要与权益保护并重，要通过创新策略与模式开展跨国并购，注重海外并购的商业理性与商业逻辑。

1. 对国际市场进行动态研判

我国企业开展国际并购时，对国际市场宏观走势的研判非常重要，研判得是否准确直接影响到企业海外并购。当国际宏观经济较好时，企业海外并购融资容易，企业并购的前景也相当好。当国际宏观经济不好时，企业面临的不确定性也增加，融资也相对困难。

国际金融危机爆发后，使得国际市场萎缩，需求不足，企业海外并购要更多考虑市场的容量，考虑企业在海外的资产会不会遭到更大的损失等。在并购中，我国企业要密切关注目标企业受到并购事件以及宏观经济政策的影响，关注一些不相关的而一旦发生又会对并购交易产业深远影响的事件，这有利于企业做出前瞻性的预测和动态的调整，通过动态的调整使得并购成功的概率增大。

2. 利益最大化与权益保护并重

企业在国际并购主动出击时，一定要经过周密的策划和安排，有效减少不可预测的风险冲击，才能让自己立于不败之地。中铝第二次并购力拓没有成功，虽然得到了一定赔偿，但相对中铝自身战略受到的影响来说显得微不足道。企业在国际并购中，要充分注重利益的博弈，设计合同要以实现利益最大化为前提，在前期将可能发生的风险考虑进去，进行全面的评估并明确写入合同中。这一点 PE 就做得非常好，他们在并购中，总是通过严格的合同来保护自己，实现利益最大化。

法律是保护我国企业海外投资权益最好的武器，我国企业一定要注意设计合同时以本国与东道国的法律为依据，做到每条都有法可依，同时又要防止掉进海外企业联合设计的陷阱之中。特别是在谈判过程中，如果不掌握谈判技巧，对合同条款吃得不透，就容易陷入圈套。在谈判和合同理解方面，我国企业甚至不如印度企业做得好，因为印度人更容易理解英文的意思，对合同条款吃得很透。

3. 创新跨国并购策略与模式

因为东道国怀疑我国国有企业并购带有国家政治意图，导致国有企业海外并购因为身份问题频频受阻。而且,我国国有企业有大量的资金优势,还肩负着满足国家资源能源战略的使命。未来一段时间,国有企业加大海外投资的趋势不会改变,国有企业因身份问题被外国政府、媒体、竞争对手等炒作也不可避免。我国国有企业在未来的国际化扩张中,一方面要创新我国国有企业海外投资经营的策略与模式,另一方面,要改变我国国有企业自身的形象。

从创新我国国有企业海外投资经营的策略与模式方面讲,我国国有企业海外投资经营不要过分让对方觉得你是中国国有企业,要淡化国有身份。对此,国有企业可以在海外所在地注资新公司,设立海外投资基金,联合海外跨国企业,让民营企业打头阵等诸多“变通”收购的办法。国有企业提供资金优势,民营企业发挥机制优势,这样就能更好地避开国外监管机构和竞争对手设定的进入壁垒。如2004年,以民营企业江苏沙钢为平台,武钢集团、马钢股份和唐钢股份获得澳大利亚一铁矿企业40%股权就是成功案例。通过国有企业与民营企业的合作,就不会容易被扣上“政治化”收购的帽子,反而会被视为一种市场化操作行为,从而有效地帮助中国企业完成海外收购的战略计划,实现“走出去”的真正意图。在对外投资方面,跨国公司对投资的地区都相当熟悉和了解,具有丰富的跨国投资经营经验可资借鉴。举例来说,中铝首次注资力拓就是联合美铝共同完成的,这样,中铝能够有效利用美铝在国际重大交易谈判上的技巧和经验,促使力拓在双方博弈中不敢轻举妄动。目前,在华的一些跨国公司合作、合资、独资子公司最有可能成为受益者,能优先联合母公司走出去寻求海外发展机会。中国企业应积极探索并加强与重要合作伙伴、国际投融资公司以及咨询服务机构联合“走出去”的新模式、新策略,特别是就如何联合在华外资企业,利用双方优势一起走出去,则需要做出新的尝试。例如,上海汽车就联合通用汽车在印度组建一家合资企业,将中外合作范围扩展到中国以外。

4. 企业海外并购注重商业逻辑

任何一个国家收购海外资源的时候,都不可避免引起当地民众的反对情绪,企业需要采取不同的方式安抚情绪,论证自己行为的合法合理性。特别是在西方社会,有中国“新殖民地”、“中国威胁论”的论调。我国资源性公司以国有企业为主,为了抓住当前难得的机遇,不得不跨越现有的条件约束,加快获取海外资源,国外当地政府和民众出现一定程度上的担忧和阻挠,是正常的。

国外对国有企业实施海外并购的关注比民营企业开展海外并购的关注度要大得多,因为国有企业代表着国家利益,容易被国外媒体与企业用影响国家安全来说事。中铝并购中,就出现澳大利亚反对党和民族主义者的反对:“中国国有公司代表的是中国政府。其背后是中国政府的意志,澳洲公司卖给的是中国政府而不是中国公司,因为国企背后的资金是无限的,违反了市场经济公平竞争的原则。"同时,国内媒体对中铝收购力拓利益的过度宣传. 如同国有银行引入战略投资者的"贱卖论"一样。引起了澳大利亚民众的强烈不满。

这些年来,随着中国经济的发展,国有企业资金雄厚,在对外并购时更多关注的是战略利益,对标的价格高低就不太在意,相比西方公司出手也更大方,这容易给外界造成一种国有企业海外并购带有国家意志。所以,国有企业海外并购一定要有理性,要尊重并购规律强调海外并购的商业逻辑。如果不能给出一个合理的商业并购理由往往得不到国外政府批审部门的批审,也得不到海外舆论的支持,这样不符合商业逻辑的国有企业海外投资注定要失败。

参考文献

1. 蒋姮,王志乐,中铝投资力拓为什么受挫?
2. 商场如战场 商战有秘籍 力拓在中国倒施"三十六计",华夏时报[J],2009 年 08 月 15 日。
3. 吉密欧(Jamil Anderlini),森迪普·塔克(Sundeep Tucker). 中铝为何失手力拓? 英国《金融时报》,2009 年 06 月 15。

TCL 集团:国际化走向新生

改革开放三十年来,我国企业在引进外资进行合资、合作的同时也对走向海外跨国投资经营进行了积极的探索,这是我国企业从被动参与经济全球化到实施主动参与全球经济战略的必然选择。我国企业通过主动走出去,打造中国的跨国公司,从国外直接获取资金、技术、市场等资源来实现自己的可持续发展。TCL 集团国际化过程就是中国企业主动跨国投资经营的典型案例之一。

与国内其他企业相比,TCL 国际化起步早,先后经历了代工制造到跨国投资建厂再到跨国并购三个阶段。前两个阶段对 TCL 来说相对比较顺利。但到第三个阶段,实施跨国并购后,却由于并购后企业系统转型与全球彩电市场重大产业转型的“双波”共振使得 TCL 曾经一度出现大幅度亏损,但经历两年的卧薪尝胆,到 2008 年 TCL 终于扭亏为赢,实现健康发展,这得益于 TCL 的四维经营管理战略。

TCL 在痛苦的国际化后“浴火重生”,重生经验对 TCL 来说成为了一笔宝贵的财富,特别对中国企业值得借鉴。李东生在 TCL 集团 2010 全球经理人大会上谈到了 TCL 的未来发展方向:“未来我们要坚持国际化战略不动摇,努力巩固和发展我们的海外业务,继续培养国际化经营团队,在全球竞争中为我们的企业发展、为中国经济全球化杀出一条血路,让 TCL 成为真正的全球品牌。”

一、TCL 国际化的基本情况

TCL 即 The Creative Life 三个英文单词首字母的缩写,意为创意感动生活。这家 1981 年在广东惠州市创立的股份有限公司(前身为 TCL 集团有限公司),即将迎来而立之年。经历近 30 年的发展,已成为了中国最大的、全球性规模经营的消费类电子企业集团之一,旗下拥有三家上市公司:TCL 集团、TCL 多媒体科技、TCL

通讯科技。目前,TCL 已形成多媒体、通讯、家电和泰科立四大产业集团,以及房地产与投资业务群,物流与服务业务群。

自上个世纪 90 年代以来,TCL 就认识到国际化经营对于一个企业发展重要性,开始了海外经营的探索,在新兴市场开拓推广自主品牌,在欧美市场并购成熟品牌,成为中国企业国际化进程中的领头羊。它的企业愿景就是成为受人尊敬和最具创新能力的全球领先企业。

2004 年,TCL 并购法国 Thomson 彩电业务,成立 TTE(TCL – Thomson Electronics),同年 8 月正式运营。并购后出现了连续两年的亏损,到 2008 年才扭转亏损局面,开始健康发展。到 2009 年,TCL 实现营业总收入 442.95 亿元,净利润 4.70 亿元。其中,国内实现销售收入 263.38 亿元,占 61.37%,海外实现销售收入 165.81 亿元,占 38.63%。2010 年公司实现营业收入 518.70 亿元,其中销售收入 502.53 亿元,实现净利润 4.33 亿元。

目前,TCL 的 5 万多名员工遍布亚洲、美洲、欧洲、大洋洲等多个国家和地区。在全球 40 多个国家和地区设有销售机构,销售旗下 TCL、Thomson、RCA 等品牌彩电及 TCL、Alcatel 品牌手机。TCL 在中国、美国、法国、新加坡等国家设有研发总部和十几个研发分部。在中国、波兰、墨西哥、泰国、越南等国家拥有近 20 个制造加工基地。

二、TCL 国际化的三阶段

通过对 TCL 国际化经历了三个阶段,从最初的国际贸易,然后到东南亚国家进行跨国投资建厂,再到进入欧洲进行跨国并购,一步一步地成为了今天的国际化公司。

1. 国际贸易——积累海外经验

从 20 世纪 90 年代初到 1997 年亚洲金融危机其间,TCL 以 OEM、ODM 模式为国外企业代工制造,进行国际贸易,这是 TCL 海外业务的基本模式。

这期间 TCL 出口额得到稳步提升,实现了规模积累和品牌创立。通过代工和国际贸易,TCL 熟悉了国外企业生产标准,了解国外企业运作流程,积累了从事国际化生产、管理经验。在发生亚洲金融风暴的 1998 和 1999 年,TCL 出口额大幅下滑,TCL 开始重新思考企业的国际化业务模式。

2. 投资越南——跨国投资初探

TCL(越南)有限公司于 1999 年 6 月 1 日开始筹建,1999 年 10 月 29 日获得新营业执照,同年底完成生产工厂的更新改革,于1999年12月开始正式运营。这是一家100%的中资企业。它是TCL集团海外设立自营机构的方式推进国际市场的第一站,也是TCL实施跨国投资经营的初探。

当年TCL之所以选择越南作为跨国经营试验区和练兵场,是因为越南营运成本相对低,投资的风险小,加之由于越南与中国在政治、社会等方面的相似性和亲和性等特点。另外从市场潜力来看,越南人口规模有8 000万,彩电年销量仅为60－70万台,随着越南经济的不断发展,潜在购买大屏幕彩电空间相当大,极有可能是TCL今后在国际化进程中所要面对的主流目标市场。

TCL在越南的经营战略目标是以一流的产品、一流的服务和越南普通消费者买得起的价格,创建具有国际竞争力的品牌,以改变目前越南家电市场国际品牌产品价格居高不下、消费者有心购买但无力支付的局面,让越南广大普通消费者以能支付的价格享受国际一流的产品和服务。目前TCL在越南的市场份额位居第二,这缘于TCL对越南市场的正确判断和市场定位。正是通过在越南积累的国际化宝贵经验,TCL逐渐开始向东南亚市场不断扩张,由相对简单的市场向复杂的欧洲市场拓展。

3. 跨国并购——挫后重生

2002年,TCL尝试企业国际化的另一种方式——跨国并购。TCL集团以820万欧元收购德国“百年老店”施耐德公司。

TCL集团旗下的TCL国际控股有限公司通过其新成立的全资附属公司Schneider Electronics GmbH,与Schneider Electronics AG之破产管理人达成收购资产协议,根据双方协议,Schneider Electronics GmbH收购Schneider的生产设施、存货及多个品牌,其中包括“施耐德”(SCHNEIDER)及“DUAL”等著名品牌的商标权益。Schneider Electronics GmbH同时协议租用位于Tuerkheim面积达2.4万平方公尺的生产设施,用以建立其位于欧洲的生产基地。

2003年11月,TCL实施“泰山项目”即与法国汤姆逊公司的合作,向国际化经营又迈出了重要意义的一步。

汤姆逊的前身创建于1879年,当时埃利胡·汤姆逊和埃德温·休斯敦创建的是汤姆逊－休斯敦公司,总部在美国,在欧洲和南美洲都有分公司。1893年,在巴黎创立了法国汤姆逊－休斯敦公司(汤姆逊)。1929年,汤姆逊通过收购Etablissements Ducretet公司进入了收音机与电视机行业。1987年,汤姆逊购买了美国收音机公司(RCA)——通用电气下属的消费类电子产品公司。1988年,汤姆逊消费电子公司成立,1995年改名为汤姆逊多媒体公司,2002年更名为汤姆逊公司。

2003 年,法国政府将汤姆逊私有化。汤姆逊的消费类产品公司从 1996 年之后境况一直不容乐观。1996 年汤姆逊上报了 5.4 亿美元的亏损时,法国政府计划以 1 法郎的象征价格将其卖给大宇公司,而大宇将承担汤姆逊 10 亿美元的债务。然而,这桩买卖受到了工会的阻止。从 1999 年到 2002 年,汤姆逊的市场占有率在世界范围内继续下滑,分别从美国市场的 20% 下降到 13%,和欧洲市场的 9% 下降到 4%。2003 年的第 3 季度,汤姆逊消费类产品的销售降至 8.596 亿美元,与年前同期的 11 亿美元相比,下降了 12 个百分点。2003 年,汤姆逊的电视机业务总共损失了 1.3 亿美元。

2003 年 11 月 4 日,汤姆逊和 TCL 签署了谅解备忘录,将两家的电视机业务合并成 TTE(TCL－汤姆逊电子)公司。由于分析人士早就提倡两家公司各自寻找合作伙伴,市场对这次的合作持欢迎态度。TCL 一直在寻找技术、品牌和经销渠道向国外扩展,而汤姆逊需要一家更便宜的生产基地或者完全退出电视机市场。2003 年汤姆逊的股票价格上升了 14%,以年内新高收盘,而 TCL 的股票价格上升了 24%,以 3 年内的最高点收盘。

并购中,波士顿咨询公司和摩根斯坦利分别作为 TCL 的咨询顾问和投资顾问,而麦肯锡和荷兰银行分别作为汤姆逊的咨询顾问和投资顾问。这家 5.6 亿美元合资建成的 TCL－汤姆逊电子公司(TTE)的组成将由 TCL 多媒体公司占大部分股份(67%),汤姆逊控股公司占剩下的 33%。TCL 和汤姆逊将分别任命 2/3 和 1/3 的董事会成员。TCL 将提名首席执行官、首席财务总监和中国业务区负责人,汤姆逊将提名欧洲区和北美区业务负责人以及财务副总监。在该协议下,双方都将把各自的电视机转入 TCL－汤姆逊电子公司(TTE)。

两家公司对 TTE 进行投资。TCL 注入了现有电视机生产及销售业务相关的所有工厂等固定资产和运营资金。汤姆逊则注入了位于墨西哥、印度、波兰的生产工厂和位于德国、美国、印度的研发中心等的固定资产及流动资金和负债。TTE 的资产总额超过 4 亿欧元,持股比例为 TCL 占 67%,汤姆逊占 33%。双方达成协议,TCL 通过 TTE 公司取得汤姆逊公司的品牌 Thomson(主要面向欧洲)和 RCA(主要面向北美)20 年的有偿使用权;而汤姆逊一方则可以在 18 个月内用 TTE 的 33% 股份置换 TCLM 30% 以下的股权。

老欧洲业务模式是由设立在法国和波兰的工厂来解决采购和生产环节,生产出来的产品被送往在欧洲分布的 8 个仓库,销售由法国总部和下属的分布在欧洲主要国家的 7 个分公司来承担。

由于 TCL 对 CRT 产业升级的估计不足,欧洲 CRT 电视向平板电视过渡得非常快,超出了所有厂商的预期,2003 年时平板电视只占 20%,CRT 占 80%,但 2005

年，欧洲市场平板电视占到75%。而汤姆逊的组织体系、管理模式等还是基于CRT时代，在应对处理上有很多失误，导致在并购的第2年和第3年，TTE连续产生较大亏损。

作为TCL和汤姆逊的合资企业，TTE的政治影响颇具象征意味。关于这个不成功的合资企业，谣言流传甚广。中国政府倾向不进行干预，但的确有表示过关注。汤姆逊也不愿看到TTE欧洲部宣布破产——法国经济、财政与工业部部长蒂埃里·布莱顿曾在1997至2002年间担任过汤姆逊的董事会主席及首席执行官。

李东生更有长远考虑。他担心直接破产会导致一家中国公司被贴上"无社会责任感"的标签，担心它从此会永远被欧洲市场拒之门外及由此引发的无休止诉讼。2006年8月，TCL与汤姆逊提出了重组方案：汤姆逊方面将以现金的形式支付2000万欧元，而TCL方面则将出售市值2 500万欧元的部分TTE资产为重组筹资。在另一块阵地上，TCL的债权人（主要是一些国内银行）对此项计划持怀疑态度，因此李东生的另一项重任就是要说服他们。

2006年10月，TCL宣布了这项共斥资4 500万欧元的重组方案以用来停止其在欧洲的大部分电视机业务。该重组方案将优先偿付法国政府及雇员（税金及养老金等），其次是供应商和消费者。重组方案还涉及削减销售人员，致使公司和工会的谈判陷入了僵局。因为某些雇员可能不容易在别处谋到职位，工会方面坚持要求这样的人要得到优先就业，而TTE方面却只想保留业绩较佳的销售人员。谈判持续了3个月，其间TTE仍照常给雇员发薪水。李东生回忆道："如果现在再来看这件事，我想我们当时严重地低估了重组欧洲业务的难度和成本。我们本打算用几百万欧元来提升系统运作的效率，可实际成本要远远超过原预算。"

最终，TTE不得不于2007年1月向当时剩余的TTE Europe SAS（TTE欧洲）欧洲雇员每人支付平均10万欧元的遣散费。由于没有足够的资金清偿供应商与客户消费者，尽管已进行了多次谈判，到2007年5月底，TTE（欧洲）还是无法与其达成协议，最终TTE欧洲不得不申请破产。

TTE（欧洲）宣布破产以后，新任的副总裁阎飞需要重新开始。他通过TCL（澳门公司）建立起一个新的法人实体，开始了欧洲新的商业模式。与此同时阎飞也洞察到了市场上的两点变化：①液晶平板显示器的技术正日趋成熟。除了韩国的制造商以外，越来越多的公司也能够生产液晶屏平板显示器，它们的产品质量相当，在价格方面也具有竞争力。②欧洲将于2007年8月停止对电视机产品征收反倾销关税。

2007年TCL正式启动全新的无边界集中模式，这样在组织结构和经营模式上能够适应从CRT彩电向平板电视快速变化的竞争要求，不断推出创新产品。2008

年一季度，实现销售收入55亿港元，实现净利润5 400万港元，这是TCL多媒体继2006年第三季度以来取得的首个季度盈利，成功实现了扭亏的战略。

三、TCL国际化的四维战略

在跨国并购中，TCL既要应对跨国并购整合，又要应对CRT产业向平板电视的产业转型，被形容为“双波重合”，给TCL经营造成巨大考验，TCL不得不经历十八个月的亏损。亏损中TCL没有气馁，而是不断探索，不断改变和创新，最终获得重生。从TCL的实践经验来看，可以总结为四维经营战略模式。

1. 是国际化

TCL在亏损中，学习毛泽东主席的《论持久战》，借鉴毛泽东主席的战略防御、战略相持、战略反攻划分的三阶段论思想，把国际化从时间维度分成三个时段，即“扭亏、健康、成长”这三个阶段，实施“国际化三步走”的策略，在公司内部统一思想。经过了国际化的2年积累，“扭亏”阶段初步完成。经过2007、2008、2009三年的健康积累，实现了企业“扭亏”向“健康”阶段转变。前两阶段完成后，TCL在2010年就进入成长阶段，“成长”成为了TCL2010年的主题。

2. 是价值链垂直整合一体化

随着液晶电视的快速发展，发展上游液晶模组和液晶面板项目成为TCL整合产业链、完善产业生态的关键战略。一方面2008年开工建设TCL液晶模组整机一体化工厂的量产，使TCL的整机制造成本进一步降低，从而使整机产品拥有更强的市场竞争力。另一方面针对全球液晶电视面板快速成长的巨大市场需求，以及支撑中国彩电产业转型的战略需要，TCL在上游液晶面板进行拓展，与深圳市政府共同投资的华星光电8.5代薄膜晶体管液晶显示器件（TFT－LCD）生产线项目2010开工建设，于2011年正式投产，是国内首家也是唯一一家由电视整机厂商发起并主导的液晶面板生产线，也是目前国内最高世代的液晶面板生产线，彻底改变了国产彩电的话语权。而这两个项目的更深层次价值在于，TCL通过价值链向上的延伸，对价值链进行垂直整合，使得企业的价值活动链实现了一体化的布局。以前TCL只做整机，后来往上拓展，做模组，再拓展到整机一体化，最后做面板，形成了一条液晶产业链，对整个产业链进行了整合，从而真正与国际竞争对手站在了同一条起跑线上。

3. 是自主创新与系统创新

在自主创新方面，TCL 从 2006 年至 2008 年，年均研发投入 19 亿元，3 年共申请专利 919 项，形成了以 TCL 工业研究院为核心、以下属产业的研发设计部门为支点的关键技术研发平台和专利管理体制。在产业技术突破和升级方面，TCL 较早推出了全模一体机、积极探索数字电视端到端应用。由 TCL 参与并主导的中国 CBHD(蓝光高清播放器)拥有多项自主核心专利技术，而且产业链已全面启动。在产品创新方面，TCL 不断加大创新力度，以多媒体功能在电视机上的应用为开发方向，专注于高清晰度、高显示技术的应用开发及三维立体电视的研发，推出了全球首台互联网电视、全球首台 3D 互联网电视、中国首台 android 智能电视、全球首台商用 3D 电视等；在设计能力方面，TCL 不断增强产品技术创新与工业设计能力，发挥国际化后掌握的全球先进资源，重点推进平板显示核心技术，3G 技术和新一代互联网应用技术的研发，与著名设计公司合作进行设计元素定义和设计理念提升，建立公司长远发展的核心能力。

4. 是时间维度

TCL 的经营战略的前三个维度各个阶段都有时间界定，通过不同的阶段开展不同维度中的价值活动，不断放大各种价值活动的空间分布，实现从国际化到全球化，从薄弱的产业链到形成强大的有竞争力的产业链，从单一的创新转变成为系统的创新。

事实上，TCL 的四维经营战略模式，集合了 TCL 管理层的经验智慧，也充分吸取了国际化初期暴露出来的种种问题，从而让 TCL 的重生循序渐进，TCL 的国际化案例变得更有积极意义和创新价值。

四、TCL 国际化的启示

在 TCL 国际化过程中，有以下几个方面值得从事跨国投资经营的我国企业借鉴：

1. “先易后难”的国际化战略

TCL 在其国际化过程中，采取了“先易后难”战略，先从与中国文化背景相同或相近的东南亚国家人手，从自己产品占有相对优势的越南、菲律宾等国市场开始，占领市场，树立品牌，培育品牌知名度和品牌形象，积累丰富的国际化经验，储备足够的国际化人才，通过熟悉国际化规则，积蓄实力，然后再一步一步有步骤有计划地向发达国家市场扩张，在有充分准备的条件下开拓发达国家市场，尽最大努力规避企业风险。从新兴市场进入欧美市场，用并购手段来有效利用欧美市场的品牌和市场资源。这样 TCL 建立起了全球经营架构，成为在研发、制造、销售方面居于全球领先地位的彩电生产商之一。也使得 TCL 快速进入欧洲和美国的主流市场，化解了国内单一市场的经营风险，在彩电和手机业务领域形成了全球业务架构和竞争力。这种从简单市场向复杂市场层层推进、步步为营的战略对我国准备进行跨国投资的其他企业有借鉴意义。

2. 前期充分准备是国际化成功的前提

TCL 并购欧洲企业之初经营并不顺利，2008 年通过重组与业务模式的创新才实现了逆转。在跨国并购方面给我们的启示是：首先，并购前要做好尽职调查，对政策环境、市场环境，特别是对法规之外的“潜规则”要有透彻的了解。如合同中规定售后服务必须由他的人员进行，赚钱的东西没有给合资公司，反而向合资公司收费，如专利费等，这些并购前要有充分的考虑；其次要有清晰的全球化战略和“打持久战”的思想准备，一定要做好充足的资金等资源储备；再次，在发展国际业务的同时，要注重国内外的协同效应，要巩固好国内市场；最后，要迅速跟上国际市场技术的转变，迅速建立自己的竞争力，TCL 前几年在欧洲遭遇的失利就是由于对欧洲 CRT 电视向平板电视过渡估计不足，对 CRT 电视产业的生命周期没有很好地理解，从而使得合资后企业的组织体系、管理模式等还是基于 CRT 产业时代来构建，导致没有出现并购的预期结果。

3. 国际化管理队伍是国际化成功关键

做好国际化管理人才的储备和培养，提升企业自身的系统管理能力是企业国际化成功的关键。国际化经营首先要过语言关，在 TCL 进入越南之初，由于派出人员没有任何海外市场开拓经验，在越南首先遇到语言和风俗文化的问题，到后来只要被派到越南，所有人都必须要过语言这一关，以保证业务的开展。其次要建立起包容的文化，世界上的跨国公司都由有不同文化背景的员工组成，成功的跨国公司都有包容的企业文化，他们在共享企业的核心价值观下，能够尊重雇员的风俗与习惯。最后，要形成一支国际化经营队伍，TCL 吸引了大批具有国际化管理经验人才加盟，初步形成了一批擅长国际化经营队伍。目前 TCL 集团 5 万多名员工，其中外籍员工比例接近 10%，不同国籍和专业的员工在全球研发、制造、营销等管理岗位上。

4. 创新是改变生存状态的法宝

企业生存状态的好坏关键看企业的创新能力，只有强大创新能力的企业才能使企业生存得更好。国际化的企业面对激烈的国际竞争，对创新能力更应该得到重视，对创新环境的营造方面也要更加注意。TCL 欧洲之所以能回到健康发展状态，在于通过对组织模式的重组与创新，TCL 多媒体欧洲业务建立了以大客户、直接配送和多元渠道为主的无边界集中模式，正是通过这种创新的方式来运作跨国团队，终于发挥出了跨文化管理的优势，成功扭亏为赢。TCL 在国内具有竞争力，在国外能够取得市场，也是 TCL 注重技术创新，利用自己的研究院研究产业技术，与科研院校和国际跨国公司进行合作，不断地进行技术创新，开发了动态背光、自然光、LED 液晶电视、3D 立体电视等新型显示技术和网络电视技术，这些创新增强了 TCL 的竞争力。

5. 系统化的管理是企业稳步发展的保障

TCL 在国际化经营中不断摸索出了一套较系统的管理模式——全景管理模式，通过多维度的评价与考核，提升企业的经营管理能力，为 TCL 的稳步发展提供良好的保障。在全景管理模这个框架里，首先是政治。企业政治包括三方面的内容：治理结构、利益机制和权力分配。这个词没有褒贬色彩，它代表着调整人际关系和社会关系的最高准则和制度安排，主要解决公司权力和公司利益问题，是公司永续经营的基石。其次是经济，企业经济也包括三个内容：战略、商业模式和流程。企业要追求经济效益，就必须要找到最适合企业本身特色的路径，以赢得尽可能多的市场选择性。最后是文化，企业文化也包括三个内容：企业的愿景和使命、核心价值观和行为规范。文化是企业最深层次且不易察觉的发展动因，它既是企业存在的土壤，亦是企业发展的果实。在企业文化方面，重新明确了 TCL 的愿景：成为受人尊敬和最具创新能力的全球领先企业。

（丁继华　执笔）

参考文献

1. 走向世界的中国跨国公司，王志乐主编，中国商业出版社[M]，2004.5

2. TCL 公司领导讲话稿

3. 王志乐、许丽、丁继华对 TCL 高管调研访谈资料整理

4. TCL 集团：2009 年年度报告

5. 何志毅，全景管理模式，北大商业评论[J]，2010